W0296554

Barbara Hauck

Mords-Fälle

Barbara Hauck

Mords-Fälle

Verbrechen und Todesfälle
im alten Darmstadt

Waldemar Kramer
in der marixverlag GmbH

Die zitierten Quellentexte wurden um der besseren Lesbarkeit willen in Orthografie und Interpunktion den heute geltenden Regeln angepasst. Offensichtliche Fehler wurden zuweilen stillschweigend getilgt.

FSC
www.fsc.org
MIX
Papier aus verantwortungsvollen Quellen
FSC® C006701

Bibliografische Information der Deutschen Nationalbibliothek
Die Deutsche Nationalbibliothek verzeichnet diese Publikation in der Deutschen Nationalbibliografie; detaillierte bibliografische Daten sind im Internet über http://dnb.d-nb.de abrufbar.

Lektorat: Dr. Bruno Kern, Mainz
Covergestaltung: Groothuis. Gesellschaft der Ideen und Passionen mbH für Kommunikation, Marketing und Gestaltung, Hamburg Berlin
Bildnachweis: Grabstein auf dem Alten Friedhof in Darmstadt aus dem Jahr 1837, I A 58/59; Foto: Barbara Hauck
Satz und Bearbeitung: Medienservice Feiß, Burgwitz
Der Titel wurde in der Stempel Garamond gesetzt.
Gesamtherstellung: CPI books GmbH, Ulm
Printed in Germany

ISBN: 978-3-86539-708-9

www.marixverlag.de/Waldemar_Kramer/
www.marixverlag.de

Inhalt

Einleitung

Diese Leichen sind echt! Mausetot und doch lebendig, denn sie wurden nach Jahrzehnten in dunkler Grabestiefe ans Tageslicht befördert. Quasi wieder auferweckt, um ihre Geschichte zu erzählen. Sie waren Menschen aus Fleisch und Blut, lebten allesamt in Darmstadt und sind auf tragische Weise ums Leben gekommen. Sei es durch Gift oder einen wie auch immer gearteten Angriff auf ihr Leben. Dabei kam Arsen zum Einsatz, ein Steinhammer, ein einfaches Taschenmesser oder rohe körperliche Gewalt. Die Mörder verfügten über eine reichhaltige Palette an Mitteln und Wegen, um dem Objekt ihrer Begierde den Garaus zu machen. Dass es in einem Fall nicht gelang, ist nur dem Glück und vielleicht der Vorsehung zu verdanken.

Kurzum, wir haben es hier mit echten Kriminalfällen aus dem späten 19. und beginnenden 20. Jahrhundert zu tun, die zur Zeit ihres Geschehens in Darmstadt, aber auch weit darüber hinaus Aufsehen erregten. Dass sie nach all den Jahren rekonstruiert werden konnten, verdanken wir dem Hessischen Staatsarchiv in Darmstadt, in dessen Magazinen die Gerichtsakten über diese Fälle lagern: Beweisstücke, Zeugenaussagen und Bilder, die es ermöglichen, die Vorgänge zum Zeitpunkt der Tat nachzuvollziehen. Was nicht immer ganz einfach ist, denn oft lassen sich die wahren Sachverhalte nur zwischen den Zeilen erahnen, wie z.B. im Fall des Grafen Hardenberg, dem Vermögensverwalter des abgedankten Darmstädter Großherzogs Ernst Ludwig (1868–1937), der in seiner Wohnung im Neuen Palais in Darmstadt beinahe einem Raubmord zum Opfer gefallen wäre. Die Homosexualität des Grafen spielte beim Rätsel um die Gründe des Verbrechens eine wesentliche Rolle, aber auch Verstrickungen, die bis zur jüngsten Zarentochter Anastasia führten. Elise, die Gattin des Hofbuchdruckers Georg Heinrich Jacoby, erleben wir als ausgegrabene Arsen-Leiche; Wolfgang Heydrich, den Privatier mit den speziellen erotischen Vorlieben, als verbrannte Leiche auf dem Eberstädter Friedhof, und beim Überfall auf den jüdischen Studenten Alfred Weiser lichtet sich ein wenig das Dunkel um seine mysteriöse Ermordung auf der Rheinstraße. Nur der kleine „Frittie“ stellt eine Ausnahme dar. Denn der Spross großherzoglichen Geblüts starb nicht etwa durch die Hand eines gedungenen Mörders, sondern nach einem Fenstersturz an der Hämophilie.

Die Recherche zu den fünf Unglücks-Geschichten war aufwändig. Kiloschwere Akten der Staatsanwaltschaft und auch private Aufzeichnungen der Betroffenen mussten durchgearbeitet werden. Nicht selten waren darüber hinaus weitere Nachforschungen notwendig. Die Autorin hat dann selbst „Miss Marple“ gespielt und zuweilen Details herausbekommen, die zusätzliches Licht in das Dunkel der Vergangenheit brachten.

Die zahlreichen Quellenangaben sind ein Beweis für die Seriosität des Beschriebenen. Denn, egal worum es geht, und sei es nur die allgemeine Wetterlage, die Angaben stimmen. Dabei sei hervorgehoben, dass die fünf Fälle sowohl aus der Sicht des Krimi-Liebhabers als auch aus der des historisch Interessierten von Bedeutung sein dürften. Sie vermitteln immer auch ein Stück weit Darmstädter Geschichte. So gibt es z.B. Einblicke in das Alltagsleben der großherzoglichen Familie unter dem späteren Ludwig IV., in die homosexuellen Kreise der Hautevolee Darmstadts, in das Gefängnisleben im ausgehenden 19. Jahrhundert, in das muntere Morden im stadtbekannten Hause „Vieth“ und letztlich auch in Sitte und Moral des anfänglichen 20. Jahrhunderts.

Es geht also um *Sex, Crime and History*, um Geschichten von Personen, die längst in der Versenkung geglaubt schienen und die dennoch wieder präsent geworden sind. Deshalb hüte man sich vor derartigen Ausflügen ins kriminelle Metier! Vergeben ist eine Tat vielleicht irgendwann, aber wirklich vergessen nie. Schon Agatha Christie wusste um diese Besonderheit, als sie schrieb:

„Alle Verfehlungen werfen lange Schatten!"

Voilà die Schatten der Vergangenheit von fünf außerordentlichen Personen!

Barbara Hauck

Georg Heinrich Jacoby (1810–1871), Stahlstich.
(In: Schwurgerichtsverhandlung in Anklagesachen gegen Georg Heinrich Jacoby, Hofbuchdrucker zu Darmstadt, wegen Vergiftung seiner Ehefrau. Darmstadt 1862, Verlag Gustav Georg Lange. HStAD G 28 Darmstadt Nr. F 1813/21)

Arsen macht scheen

Elise Jacoby: Ihre Sonne ging unter, bevor es Abend wurde

„Ein Grab ist doch immer die beste Befestigung wider die Stürme des Schicksals!" Dieser Aphorismus des Darmstädter Gelehrten Georg Christoph Lichtenberg hat seine Tücken, denn es gibt im Leben wie im Tod genügend Beispiele, die eine solche These widerlegen.

Im Morgengrauen des 29. Oktober 1861 hatten sich auf dem Darmstädter Friedhof an der Nieder-Ramstädter-Straße bei widrigem Wetter einige Männer eingefunden, um einer gerichtlich angeordneten Tätigkeit nachzugehen: der Ausgrabung einer Frauenleiche. Die medizinischen Experten Obermedizinalrat Dr. Pfannmüller, der praktische Arzt Dr. Carl Weber sowie Dr. Winckler und Dr. Thiel von der höheren Gewerbeschule waren u.a. zugegen; außerdem ein Schreiner, der die letzte hölzerne Ruhestätte der Unglücklichen gefertigt hatte.[1]

Vorsichtig wurde der mit schwarzem Lineament verzierte Sarg in der seit 1848 belegten zweiten Abteilung des Alten Friedhofs aus dem Erbbegräbnis-Grab gehoben und auf seine

---

1 Wesentlicher Bestandteil der Recherche dieses Falles war ein Buch über die Schwurgerichtsverhandlung gegen Georg Heinrich Jacoby, das nach stenografischen Aufzeichnungen zusammengestellt wurde. Der Titel lautet: Schwurgerichtsverhandlung in Anklagesachen gegen Georg Heinrich Jacoby, Hofbuchdrucker zu Darmstadt, wegen Vergiftung seiner Ehefrau. Nach stenographischen Aufzeichnungen zusammengestellt von mehreren Juristen. Mit dem Portrait des Angeklagten, Darmstadt 1862. Das Buch ist unter folgender Signatur im Hessischen Staatsarchiv in Darmstadt einzusehen: HStAD G 28 Darmstadt Nr. F 1813/21. Wenn nicht anders angegeben, stammen die Zitate aus dieser Quelle.

Unversehrtheit geprüft. Nur die geleimten Fugen waren abgesprungen, wodurch sich beim Heben des Sarges einige deutliche Längsrisse zeigten. Außerdem war die ursprünglich gelbe Farbe in den drei Monaten unter der Erde in ein schmutziges Gelb-Weiß übergegangen. Die medizinischen Experten entnahmen eine kleine Portion der etwa drei Zoll dicken Erdschicht vom Sargdeckel sowie eine ebensolche vom Boden unterhalb des Sarges und füllten sie in verschließbare, glasierte irdene Töpfe, wobei man bemerkte, dass „sich unter dem Sargboden eine beachtliche Anzahl großer toter Fliegen“ befand.

Eine Überraschung brachte die Öffnung des Sarges: „Weder in unmittelbarer Nähe noch in der nächsten Umgebung der Leiche war ein auffallender Leichengeruch wahrnehmbar.“ Aber auch die Verblichene selbst präsentierte sich anders, als man es hätte erwarten können: „Alle nicht bekleideten Stellen des Körpers, insbesondere der Kopf und die Hände und ebenso ein großer Teil der Bekleidung, die Kopfbedeckung, die Strümpfe und die aus Manchester gefertigten Schuhe sowie die zu beiden Seiten des Körpers liegenden, ursprünglich frischen Blumen, waren mit dichtem, verschiedenfarbigem, schmutzig-weißem, gelbem und rötlichem Schimmel bedeckt, und insbesondere zeigte sich die dunkelgelblich braune Gesichtshaut auffallend trocken.“ Madame Nosferatu mit dicker Puderschicht? Wohl nicht, aber die Verstorbene wies Anzeichen einer Mumifizierung auf. Von zerstörten Weichgebilden im Gesicht, herausgefaulter Zunge und unerträglichem Leichengeruch, wie dies nach dreimonatiger Verwesung üblich ist, konnte keine Rede sein. Der Geruch war lediglich „modrig und nur in unmittelbarer Nähe widrig“.

Die vorgefundenen Fakten gaben Rätsel auf und bedurften der Klärung. Gewissheit über die Todesursache konnte nur eine Sezierung bringen. Die Experten entschieden sich zunächst, diese in einem entsprechenden Raum im hiesigen Hospital vorzunehmen. Doch dort wollte man von Leichen solcher Art nichts wissen und verweigerte die Zustimmung. Und da auch

„die Witterung die Sektion im Freien nicht gestattete, so wurde der Sarg in den Leichensaal des Leichenhauses verbracht ...“

Das 1860 fertiggestellte Leichenhaus des Friedhofs an der Nieder-RamstädterStraße bestand aus einer Vorhalle, einem Leichensaal, einer Aufseherwohnung und einem Sektionsraum.[2] In den Prozessunterlagen des Falls Jacoby wird die Räumlichkeit wie folgt beschrieben: „Das Sezierzimmer im neu erbauten Leichenhause ist hell, geräumig, enthält einen auch für einige chemische Arbeiten geeigneten Ofen und ist mit einem Anstriche von Ultramarin versehen. Es befanden sich außer einem verschließbaren Schranke nur noch ein Tisch und mehrere Strohstühle in dem Zimmer, überhaupt keine Gegenstände, von denen eine Verunreinigung der in Arbeit genommenen Substanzen zu befürchten gewesen wäre. Außerdem ist das Zimmer nach allen Seiten verschließbar.“ Um unliebsame „Eindringlinge“ abzuschrecken, wurde der Raum tagsüber durch den Bewohner des Leichenhauses und nachts durch die Polizei oder Gendarmerie bewacht.

Dr. Weber, assistiert von einem Wundarzt, nahm die Sektion der mysteriösen Frauenleiche vor. Dabei bestätigte sich, was bereits kurz zuvor am Grab aufgefallen war: Dass auch die entkleidete Tote „einen ungewöhnlich gut erhaltenen Zustand zeigte, kaum wirkliche Zeichen der Verwesung oder Fäulnis trug und bis zum Öffnen des unverletzten Unterleibs auch jetzt noch keinen Leichengeruch verbreitete“. Fleisch und Fett waren trocken und nahmen erst nach längerer Zeit der Öffnung eine fahle Leichenfarbe an.

Dann wurden Schlund, Magen, Leber, Milz sowie Unterleibs-Eingeweide entnommen. Als verdächtig erwiesen sich dabei intensiv gelbe Flecken, insbesondere im fast leeren Magen, und eine ölartige Flüssigkeit in der Bauchhöhle, die einen „unerträglichen, widerlichen Leichengeruch“ verströmte. Die

2 Karl Esselborn, Darmstädter Gärten geschichtlich betrachtet, Darmstadt 1935, 183.

Organe wurden in Gläser gelegt, luftdicht verschlossen und die Tiegel mit amtlichen Siegeln versehen.

Die chemische Untersuchung fand am folgenden Tag, einem Mittwoch, statt. Das Ergebnis war niederschmetternd. In allen Organen wurde Arsen entdeckt! Ein hochwirksames Gift, das bis zum Jahr 1836 ein beliebtes Mittel war, um unliebsame Zeitgenossen ins Jenseits zu befördern, da es sich nur schwer nachweisen ließ. James Marsh (1794–1846), ein britischer Chemiker, bereitete den vorzugsweise von Damen begangenen Arsen-Morden jedoch ein jähes Ende. Er entwickelte eine Methode zum Nachweis dieses Giftes in organischem Material, die sogenannte „Marsh'sche Probe", mit der selbst kleinste Mengen Arsen bis zu einem Zehntausendstel Milligramm zweifelsfrei bestimmt werden konnten. Die bahnbrechende Entdeckung des James Marsh ist auch heute noch eine geläufige Methode, Arsenik nachzuweisen. Für Menschen liegt die tödliche Dosis je nach Körpergewicht bei der Aufnahme von 60 bis 170 Milligramm.

Vorbei sind die goldenen Zeiten, als man mit Arsen und Spitzenhäubchen ungestraft morden konnte. Und so kamen auch die Experten der Todesursache der ausgegrabenen Verblichenen vom Darmstädter Friedhof recht bald auf die Spur. Dr. Winckler und Dr. Thiel fassten die Ergebnisse der Chemiker zwei Monate später, am 24. Dezember 1861, wie folgt zusammen: „dass in allen von uns untersuchten, aus der Leiche der verstorbenen Frau des Buchdruckers Jacoby erhobenen Organen und ebenso in der obigen Flüssigkeit und dem Abwaschwasser von den Eingeweiden Arsen, entweder als Schwefelarsen oder arsenige Säure oder beide Verbindungen zugleich, enthalten waren". Insbesondere ein großes Geschwür im Magen, bei dem die Schleimhaut völlig weggeätzt war und an dessen Rand infiltriertes gelbes Schwefelarsen nachgewiesen wurde, untermauerte das Gutachten der Darmstädter Ärzte. Ebenso der deutliche Knoblauchgeruch der Eingeweide, der ein weiteres charakteristisches Anzeichen für das Vorhandensein von Arsen ist.

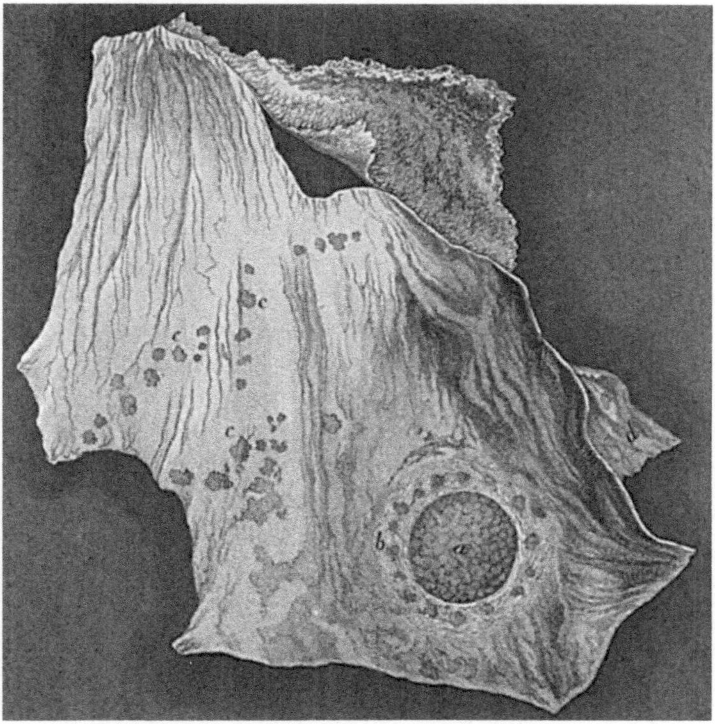

Zeichnung des Magens der vergifteten Elise Jacoby, von K. Weber. Das Bild zeigt ein großes Arsenik-Geschwür und einzelne, aus Schwefelarsen bestehende Inseln. (In: Schwurgerichtsverhandlung in Anklagesachen gegen Georg Heinrich Jacoby, Hofbuchdrucker zu Darmstadt, wegen Vergiftung seiner Ehefrau. Darmstadt 1862, Verlag Gustav Georg Lange. HStAD G 28 Darmstadt Nr. F 1813/21)

Selbst wie das Gift in den Körper gelangt war, glaubte man zu wissen. Als Beweismittel diente eine Tasse, die im Schlafzimmer der Verblichenen aufgefunden wurde. Sie wies eingetrocknete Reste des Giftes auf, die sich als Streifen im Innern abgesetzt hatten. Die Experten äußerten ihren Verdacht wie folgt: „… so kann darüber kein Zweifel sein, dass die Verstorbene im Leben und höchstwahrscheinlich aus der Tasse, in deren Inhalt wir

Spuren von Arsen resp. Schwefelarsen nachzuweisen vermochten, eine beträchtliche Quantität der aufgefundenen Gifte auf die eine oder andere Weise in sich aufgenommen hat und der Tod durch die Einwirkung des Giftes erfolgt ist". Die arme Verblichene hatte also wohl das aufgelöste Gift getrunken, die besagte Tasse selbst zum Mund geführt oder deren toxischen Inhalt in heimtückischer Absicht eingeflößt bekommen.

Dass in den Organen keine größere Menge des Giftes gefunden wurde, erklärte man durch Abgänge wie Erbrechen und wässrigen Stuhlgang, die typischen Nebenwirkungen einer Arsenvergiftung. Für die auffallende Hemmung der Verwesung wurde das ziemlich trockene Erdreich und die Tatsache verantwortlich gemacht, dass es zur Zeit ihrer Eingrabung wenig geregnet habe. Ob auch das Gift eine konservierende Wirkung hatte, die der Leiche zwar ein morbides Aussehen bescherte, sie aber nicht ihrer individuellen Züge beraubte, sei dahingestellt. Wobei der respektlose Spruch erlaubt sei: „Arsen macht scheen!" Manchmal auch posthum.

Das Zeitliche hatte Frau Elisabetha Jacoby nach den Angaben ihres Hausarztes Dr. Leydhecker am 3. August 1861 gesegnet, und zwar vormittags, gegen Viertel vor zwölf Uhr. Sie war 55 Jahre alt geworden. Da der Mediziner offenbar aufgrund der warmen Sommertemperaturen annahm, bereits erste Zeichen einer beginnenden Verwesung zu erkennen, riet er, die Beerdigung bereits für den Nachmittag des 5. August festzusetzen.

Dass die 55-Jährige freiwillig aus dem Leben geschieden war, noch dazu auf diese grausame Weise, mit höllischen Schmerzen in den Eingeweiden, Koliken, Erbrechen und zeitweiligem Fantasieren, schien eher unwahrscheinlich zu sein. Denn die respektable Gattin des Großherzoglichen Hofbuchdruckers Georg Heinrich Jacoby führte ein finanziell sorgloses, beschauliches Leben in gediegenem Wohlstand. Sie spazierte in der schönen Jahreszeit mit einem Sonnenschirm durch den Herrngarten oder promenierte nach Feierabend mit ihrem Gatten im Sonntagsstaat in der Gegend von Luisenplatz und Maintor. Die Hausarbeit erledigte eine Dienstmagd. Auch hatte sie zeitweilig ein Abonnement im Großherzoglichen Hoftheater und konnte so ihre schönen Kleider ausführen. Davon besaß sie nach Auskunft Heinrich Jacobys „einen ganzen Schrank voll". Darunter waren fünf bis sechs seidene Kleider, Accessoires wie ein Wintershawl, ein seidener Regenschirm und Goldschmuck. Nachdem Elisabetha eine goldene Collieruhr gestohlen worden war, schickte sie ihren Gatten gar nach Frankfurt, um auf der Zeil nach einem angemessenen Ersatz Ausschau zu halten. Der fand hingegen nur große Exemplare und zog es vor, ohne das gewünschte Prunkstück nach Darmstadt zurückzureisen. Stattdessen brachte er ihr einen Regenschirm mit. Sein Kommentar dazu: „Der war ihr auch lieb." Ob sich Heinrich Jacoby da nicht getäuscht hatte? Wollte er etwa an der Ausstattung seiner Angetrauten sparen?

Zumindest dachte er in ihrem Todesjahr 1861 nicht daran, erneut in künstliche Zähne für seine Gattin zu investieren. „Du hast ja Zähne, die zwei Jahre halten, du wirst mich doch nicht wieder in solche Ausgaben stürzen wollen", soll er gesagt haben. Worauf sie konterte, sie wolle schließlich nicht so eine „Zahnraffel" sein wie seine erste Frau. – Ganz so ungetrübt schien das Eheleben der beiden dann doch nicht gewesen zu sein.

Georg Heinrich Jacoby, im Todesjahr seiner Gattin 52 Jahre alt und damit um drei Jahre jünger als seine Angetraute, war ein hagerer, großer Mann mit magerem, blassem Gesicht und einem sorgfältig gepflegten schwarzen Bart. Er legte Wert auf sein Äußeres, vielleicht auch, um bei der hiesigen Damenwelt Eindruck zu machen. Außerdem war er strebsam. Bereits mit seiner ersten Frau, Dorothea Grimm, unterhielt er nach der Heirat im Jahr 1831 neben seiner eigentlichen Tätigkeit als Buchdruckergehilfe eine Schankwirtschaft. Sie lag am Neckartor hinter der Kavalleriekaserne im äußersten Westen der Stadt, unweit von Marienplatz und Neckarstraße. Später verdingte sich der junge Mann als Geschäftsführer einer Druckerei in

Kirchheim-Bolanden und gründete dann in Darmstadt selbst einen eigenen Betrieb – zuerst in der Schulstraße und später in der Schlossgasse, wo das Paar auch wohnte. Die Druckerei lag in der verwinkelten Altstadt, jenem Stadtteil Darmstadts, der bereits beim verheerenden Luftangriff vom 23. September 1943 und in der Nacht vom 11. auf den 12. September 1944 dem Erdboden gleichgemacht wurde. Heute befindet sich im Bereich der ehemaligen Schlossgasse die Erich-Ollenhauer-Promenade, ein Parallelweg zur Alexanderstraße.

Die Nachbarn der Jacobys waren allesamt Handwerker: Schneider, Schlosser, Schuhmacher, Metzger und Bierbrauer[3], redliche Leute, die in unmittelbarer Nähe von Schloss und Theater ihrer Tätigkeit nachgingen. Heinrich Jacobys Geschäfte standen unter einem günstigen Stern. Die Druckerei florierte, und schon bald konnte er sich eine zweite Presse und sogar eine Schnellpresse zulegen. Da seine Arbeit offenbar auch bei Hofe geschätzt wurde, erhielt er den „Ritterschlag des Gewerbes“ und wurde zum Großherzoglichen Hofbuchdrucker ernannt.

Die Zweisamkeit der kinderlosen Eheleute währte nur zwanzig Jahre. Sie fand ein jähes Ende, als Dorothea Grimm an einem Polypen im Körper erkrankte und nach einer Operation Ende Juli 1851 verstarb. Der behandelnde Arzt, Dr. Heydenreich, konstatierte „Pyämie“, eine Vergiftung des Blutes durch Eiter, das sogenannte Faulfieber. Jacoby trauerte öffentlich, indem er folgende Anzeige in dem von ihm herausgegebenen *Darmstädter Journal* kundtat:

Es hat dem Allmächtigen gefallen, meine geliebte Frau, Dorothea Jacoby, geborene Grimm, in einem Alter von 48 Jahren von meiner Seite abzuberufen. Eine vollzogene ärztliche Operation sollte sie von einem langjährigen Leiden befreien, aber ein nervöses Fieber kam dazu, und sie musste unterliegen.

---

3 Darmstädter Adressbuch von 1854, Hofbuchdruckerei Ernst Becker, Stadtarchiv Darmstadt.

Indem ich diese Traueranzeige allen nahen und entfernten Verwandten und Bekannten mitteile, bitte ich um stille Teilnahme.

Darmstadt, den 21. Juli 1851
H. Jacoby, Hofbuchdrucker[4]

Ist es nicht merkwürdig, dass der Gatte in aller Öffentlichkeit die Todesursache seiner Frau preisgibt, ihr Ableben quasi erklärt? Diese Frage drängt sich auf, insbesondere unter dem Aspekt der späteren Arsenvergiftung der Elisabetha Sohl. Dachte der frisch gebackene Witwer, durch seine Rechtfertigung böse Gerüchte erst gar nicht aufkommen zu lassen? Wie auch immer die Sachlage gewesen sein mag, sie verleiht diesen Zeilen eine makabre Note und den Hauch eines ungeheuerlichen Verdachts.

Bevor Dorothea Jacoby verschied, hatte sie ihren Ehemann Heinrich als Universalerben eingesetzt, sodass der 41-Jährige – im besten Mannesalter und finanziell gut gestellt – erneut auf Brautschau gehen konnte. Seine Wahl fiel auf eine hiesige Bürgerstochter – eben jene Elisabetha Sohl, die arme Exhumierte vom Friedhof an der Nieder-Ramstädter-Straße, um deren Hand er schon einige Wochen nach dem Ableben seiner ersten Frau anhielt. Die Auserwählte war Witwe des Metzgermeisters Nungesser aus der Ochsengasse und hatte einen erwachsenen Sohn. Ob es Jacoby um wahre Liebe ging oder doch das Kalkül eine Rolle spielte – wer weiß das schon. Ein junges Ding, das ihm noch Kinder hätte gebären können und ihm auch sonst in Liebesdingen vielleicht mehr Vergnügen bereitet hätte, kam aber offenbar, aus welchen Gründen auch immer, nicht in Betracht.

Während die Absichten Jacobys nicht zweifelsfrei zu deuten waren, scheint sich die vier Jahre ältere Elisabetha tatsächlich in den gut aussehenden Hofbuchdrucker verguckt zu haben. Ja, sie konnte es kaum erwarten, als nächste Frau Jacoby vor

4 Schwurgerichtsverhandlung (s. Anm. 1), 296.

den Traualtar zu treten. Schon am 29. August 1851, also fünf Wochen, nachdem die erste Gattin unter der Erde lag, schrieb sie ihm folgende Zeilen:

Guten Morgen lieber Heinrich!
Gott ließ heute schon so gleich die Morgenröte über unseren Häuptern leuchten. Ich möchte glauben, dass Gott mir zeigen wollte und die unglücklichen Freitage, die vielleicht in meiner Bestimmung lagen, nun in Freudentage verwandeln will! In diesem Vertrauen auf seinen heiteren Himmel wünschte ich gerne dich bei mir mit Herrn Hauser zum Kaffee zu bitten; um denn noch einige Visite abstatten zu können.

Einen Kuss und Gruß
von deiner dich ewig liebenden
Elise Nungesser
geborene Sohl[5]

Elisabetha spricht bereits zu diesem frühen Zeitpunkt des Kennenlernens von ewiger Liebe. Sechs Monate später, am 21. Februar 1852, ist in einem Gedicht zum zweiundvierzigsten Geburtstag ihres Liebsten von „Deiner dich bis in den Tod liebenden Elise“ die Rede. Ihr trauriges Ende lehrt uns, dass man zu Lebzeiten mit derartigen Aussprüchen vorsichtig sein sollte. Auch schienen sich die beiden Liebenden schnell persönlich näher gekommen zu sein, sodass ihre Heirat am 5. Oktober 1851 als eine logische Konsequenz des fortgeschrittenen Verhältnisses gedeutet werden kann. Die Braut hatte sich zur Hochzeit von ihrem Liebsten ein neues Gebetbuch gewünscht, das der Buchdrucker dann wohl aus eigenem Geschäftsbestand entlehnte. Er entschied sich für *Jehovablüten aus dem Gottesgarten*, eine christliche Hausandacht. In ihrem Gesangbuch hat Elise später die Heiratsanzeige aus dem *Wochenblatt* aufbewahrt und mit folgendem Spruch versehen: „Wir sind kein Spiel des blinden

5 Schwurgerichtsverhandlung (s. Anm. 1), 341.

Zufalls, sondern wir stehen in Gottes Hand. Auch heute und für immer mein Wahlspruch! Tue Recht, fürchte Gott und scheue niemand." Wenn sich nur Gatte Heinrich zeitlebens an diese Lebensweisheit gehalten hätte!

Heinrich Jacoby war innerhalb von drei Monaten Witwer und frisch gebackener Ehemann geworden. Er hatte in Windeseile die eine Gattin im Ehebett gegen eine andere ausgetauscht und führte fortan ein Leben wie zuvor. Während seine privaten Angelegenheiten auf eitel Glück und Sonnenschein hinausliefen, schienen sich auch die Geschäfte des geachteten Darmstädter Bürgers gut zu entwickeln. Im Jahr 1847[6] investierte er z.B. in einen neuen Kamin im Seitengebäude seiner Druckerei in der Schlossgasse. Aber bald reichte der Platz in der beengten Altstadt nicht mehr aus, um sein florierendes Gewerbe zu beherbergen. Aus Unterlagen des Großherzoglichen Kreisamts Darmstadt ist ersichtlich, dass Jacoby 1856 ein Gesuch zur Ausführung eines Wohnhauses in seinem Garten an der Chaussee von Darmstadt nach Arheilgen stellte und am 17. Juli 1856 die Genehmigung dazu erhielt.[7] Es sollte sich dabei um eines der ersten Häuser handeln, die seit 1855 gegenüber dem Herrngarten entlang der heutigen Frankfurter Straße erbaut wurden.[8]

Der zunehmende Wohlstand des Heinrich Jacoby spiegelte sich auch am geplanten Gebäude wider. Der Hofbuchdrucker entschied sich für ein dreistöckiges Haus im spätklassizistischen Landhausstil[9] mit zwei Front-Risaliten zur Fassa-

6 Baugenehmigung zur Aufstellung eines Kamins im Seitengebäude des Buchdruckers Jacoby in der Schlossgasse, Großherzoglich Hessischer Kreisrath, Darmstadt, 6. Dezember 1847, Stadtarchiv Darmstadt, Bestand ST 12 A. Konzession zur Errichtung von Gebäuden, Abt. 26, Konv. Fasz. 84.

7 Genehmigung zum Bau eines Wohnhauses an der Chaussee von Darmstadt nach Arheilgen, 14. Juli 1856, Stadtarchiv Darmstadt, Bestand ST 12 A, Abt 26, Konv. Fasz. 84.

8 „Warum Abi und Herr Ludwig gerne hier sind". Darmstädter Straßen, in: Darmstädter Echo, 20. Dezember 2010, 9.

9 Ebd.

dengliederung, einem Balkon und Kniestock-Mauern im Dachbereich. Dem damaligen Großherzoglichen Stadtbaurat Louis[10] scheint das Gebäude dennoch nicht edel und großbürgerlich genug gewesen zu sein, denn er vermerkte, dass der „Bittsteller einen Plan ausgewählt habe, welcher sich weder durch Schönheit des Äußern noch durch Zweckmäßigkeit des Innern auszeichne“[11].

Elise, die Gattin mit dem Hang zum Luxus, wünschte sich für die neue Wohnstatt etwas ganz Besonderes: eingebaute Wandschränke. Oder besser gesagt, sie bestand darauf. Der Maurer des Hauses hingegen ließ ausrichten, dass dies nicht möglich sei. Und so wurde nichts aus ihrem ehrgeizigen Plan. Gatte Heinrich erzählt, wie es mit dem Hausbau weiterging: „Ungefähr vierzehn Tage darauf stürzte das ganze halbe Haus ein und hat dem Maurer einen Schaden von 2200 fl. [Gulden] verursacht. Hätte ich das mit den Wandschränken zugegeben, so würde ein größerer Schaden erwachsen sein. Da fiel sie mir um den Hals und sagte: ‚Lieber, ich sehe, dass du mehr Verstand hast als ich. Nimm mir das nicht übel, dass ich so heftig war.‘“

Das repräsentative neue Wohnhaus der Eheleute lag direkt gegenüber dem großen Westportal des Herrngartens. In einem Plan der Haupt- und Residenzstadt Darmstadt aus dem Jahr 1874 ist ersichtlich, dass besagtes Gebäude die Hausnummer 28 trug. Es wurde ergänzt durch einen langgestreckten Bau entlang der Alicestraße, in dem die Druckerei untergebracht war. In späteren Jahren wohnte in dem respektablen Anwesen der bekannte Dirigent Erich Kleiber (1890–1956), der von 1912 bis 1918 als Kapellmeister am Darmstädter Hoftheater tätig war.[12]

10 Anton Louis, geb. in Eulbach, Architekt, war von 1851 bis 1865 Stadtbaumeister in Darmstadt.

11 Genehmigung zum Bau eines Wohnhauses an der Chaussee von Darmstadt nach Arheilgen, 14. Juli 1856, aaO.

12 Der gebürtige Wiener Erich Kleiber war Korrepetitor am Landestheater in Prag, wirkte von 1912 bis 1918 in Darmstadt und ging schließlich nach Elberfeld-Barmen, wo er die Stelle eines ersten Kapellmeisters

Zeitweilig nutzte ein gewisser Gustav Fehrer die Räumlichkeiten für seine Weingroßhandlung. Im Zweiten Weltkrieg trotzte das Haus allen Bombenangriffen und blieb als solches erhalten. 128 Jahre später ist es in den Fokus des Darmstädter Stadtgeschehens gerückt, als sich dessen späterer Besitzer Theodor Vieth (1947–2007) einen erbitterten jahrelangen Streit mit der Stadtverwaltung über die Erhaltung des Hauses lieferte.[13] Das ursprünglich hinter dem Wohnhaus entlang der Alicestraße stehende Druckereigebäude Heinrich Jacobys wurde nach dem Tod Vieths abgerissen und durch einen Neubau ersetzt, das Wohnhaus für Eigentumswohnungen umgebaut.

Die neuen Nachbarn der Jacobys zeichneten sich durch eine bunte Mixtur der Berufszweige aus. Das Adressbuch von 1860 verrät, dass u.a. die Kinder des Ofenfabrikanten Gärtler, Hofschauspieler Pirscher, Hofzimmermeister Lautenschläger und Oberlieutenant Dormann dort lebten. Man wohnte nun in gutbürgerlichem Milieu, was dem Paar angesichts seiner neuen gesellschaftlichen Stellung durchaus behagt haben dürfte.

Die Ehe von Heinrich und Elise steuerte jedoch in dieser Zeit ungünstigeren Gefilden zu. Beide stritten immer häufiger miteinander, die Gattin machte Szenen und flüchtete sich in Krankheiten. Einen Hinweis auf die schleichende Verschlechterung im ehelichen Miteinander mag das Gesangbuch der Elise Jacoby geben, in dem bereits fünf Jahre nach der Verehelichung folgende Zeilen zu lesen waren:

---

innehatte. Anschließend war er Operndirektor in Düsseldorf und Mannheim und übernahm die Leitung der Berliner Staatsoper als Generalmusikdirektor. Außerdem war er Dirigent der Berliner Staatskapelle.

13 Theodor Vieth ließ das Haus Alicestraße 2 verfallen, nachdem seine Umbaupläne aus dem Jahr 1982 nicht genehmigt worden waren. Später zerstörte ein mysteriöser Großbrand die Innenbereiche des Hauses und gab das Gebäude weiterem Verfall preis. Erst nach dem Tod Vieths im Jahr 2007 konnte das Gebäude saniert werden. Vgl. Echo online – Nachrichten aus Südhessen, 24. Dezember 2009.

Nur in der Religion
fand ich meinen Trost
und Gott helfe mir weiter
Elise Jacoby geborene Sohl, 1856[14]

Doch damit nicht genug. Die Gattin wurde von düsteren Vorahnungen geplagt, wie ein Eintrag Anfang 1859 zeigt:

Ich bin deinen Worten gefolgt. Deinen Worten und deinen Blicken. Das waren Töne, wie ich sie nie vernommen; Blicke, wie ich sie nie gesehen. Eine dunkle Ahnung sagt mir, was ich gehört und gesehen, aber aussprechen kann ich es nicht. Ich fühle und empfinde, aber ich kann es nimmer wiedergeben.
Gedruckt E. Jacoby, geb. Sohl[15]

Im März 1861 spricht Elise gar von Angst und Verzweiflung, und am 4. Mai schreibt sie folgende Worte in ihr Gesangbuch:

Dem, der die Gottheit versucht,
ist schwere Strafe beschieden.
Und tausendfach sei versucht,
wer störet menschlichen Frieden.
Wer nie sein Brot mit Tränen aß,
wer nie die kummervollen Nächte auf seinem Bette weinend saß,
der kennt euch nicht, ihr himmlischen Mächte.
Elise Jacoby, geb. Sohl[16]

Was war geschehen? Um es kurz zu machen: Heinrich Jacoby ging offenbar wieder seiner heimlichen Leidenschaft nach, den jungen Weibsleuten hinterherzusteigen. Bereits während der

14 Schwurgerichtsverhandlung (s. Anm. 1), 57.
15 Ebd.
16 AaO., 58.

Vierzigerjahre soll er während seiner ersten Ehe ein Verhältnis mit einem Frauenzimmer gehabt haben. Herausgekommen ist die ganze Geschichte durch einen Brief, den die Schöne an den Buchdrucker sandte. Gattin Dorothea bekam ihn durch einen unglücklichen Zufall in die Hände und machte ihrem Heinrich heftige Vorwürfe, worauf dieser nach Aussagen einer gewissen Dorothea Walther handgreiflich geworden sein soll und sie geschlagen habe. Selbst erwischt hatte Dorothea ihren untreuen Gatten, als er besagte Person „im Herrngarten unter dem Mantel gehabt habe". Doch damit nicht genug. Der Filou soll auch heimliche Kutschfahrten mit einer Dienstmagd unternommen haben. Was bei diesen lauschigen Tête-à-Têtes geschah, verschweigen die Quellen.

Heinrich Jacoby hatte es bei seinen Damenbekanntschaften meistens auf Dienstmädchen abgesehen, also auf solche, die jung, hübsch und willfährig waren. Schon der Standesunterschied dürfte es ihm leicht gemacht haben, die liebreizenden Mädchen zu verführen. Auch in der Ehe mit Elise pflegte er offenbar diese Leidenschaft. Seine Gattin hatte zunächst nur einen vagen Verdacht – wie eines Abends, als sie auf dem Heimweg war und bemerkte, dass in ihrem Haus kein Licht brannte. Als sie aber vor der verglasten Haustür stand und klingelte, soll plötzlich das Licht angegangen und Jacoby mit einer Magd aus dem Zimmer gekommen sein. Um Gewissheit über die amourösen Abenteuer ihres Gatten zu erlangen, soll Elise oft halbe Nächte auf dem Balkon ihres Hauses an der Arheilger Chaussee gesessen haben, „um etwa ihn mit einer Schönen oben herkommen zu sehen", wobei sie sich öfter erkältete und krank wurde. Ihren Kummer klagte die Unglückliche u.a. einer Bekannten aus Bessungen, die sie einst auf dem Dippelshof kennengelernt hatte, einer gewissen Emilie Achenbach, der sie verriet, „dass ihr Mann sich mit allen Mädchen einlasse, und wenn die Magd ihm nicht willfährig sei, so müsste sie aus dem Hause". Feine Zeiten waren das, als kein Mangel an Dienstmädchen bestand und somit immer eine junge Frau da war, der Heinrich Jacoby nachstellen konnte! Aber auch andere Damen waren nicht vor ihm sicher, wie z.B. seine Nachbarin Christiane Gärtler, ein schon nicht mehr ganz so frisches Fräulein von 42 Jahren, mit der ihm ebenfalls ein Verhältnis nachgesagt wurde. Sie kam ins Haus, um für Elise einzukaufen und zu kochen, wenn diese unpässlich war.

Heinrich Jacoby war das Nachspionieren seiner Frau in höchstem Maße lästig. Aber dennoch ließ er sich nicht davon abbringen, weiter jedem Rockzipfel hinterherzulaufen. Sein Schwarm der späten Jahre hieß Marie Huber, ein junges Ding von Anfang 20, das als Kindermädchen bei Kreisassessor Küchler diente. Mit ihr konnte die Gattin in keiner Weise mithalten. Zwar soll Elise in jungen Jahren von außerordentlicher Schönheit gewesen sein, aber das war lange her. Nun zeigten sich die Spuren des Alters. Und nicht nur das, zänkisch und kränklich war sie geworden. Ganz anders dagegen gab sich die süße Tochter des Schuhmachermeisters Adam Huber aus Stuttgart. Sie hatte eine kesse Art, die dem untreuen Heinrich neben ihrem schwäbischen Dialekt ganz besonders gefiel. Kennengelernt hatten sich die beiden im Jahr 1859, als der Buchdrucker wie gewöhnlich des Abends ausgegangen war, um ein Glas Bier zu trinken. Am Maintor begann sein Hund, einem Mädchen nachzubellen. Da habe er gerufen, sie brauche sich nicht zu fürchten, der Hund würde ihr nichts tun. Erst als Jacoby näher kam, will er gesehen haben, dass es besagtes Mädchen war. Bei dieser Gelegenheit habe er ein paar Worte mit ihr gesprochen. So weit die Version Heinrichs über das Kennenlernen. Außerdem soll ihm Marie bereits an diesem Abend gesagt haben, sie brauche eigentlich nicht zu dienen, denn ihre Eltern hätten ein eigenes Haus und auch Dienstboten.

Der Buchdrucker begann, die 30 Jahre jüngere Frau zu umwerben und schenkte ihr zum Geburtstag ein Paar goldene Ohrringe, die er am 21. Februar 1859 beim Darmstädter Hofjuwelier Schmidt für 6 Gulden und 12 Kreuzer gekauft hatte. Ob dies eine Investition in den raschen Fortgang oder

der Liebeslohn für traute Stunden war? Allerdings verstand es Jacoby nicht besonders gut, seine Beziehung zu dem jungen Mädchen geheim zu halten. Sogar die Köchin des Kreisassessors bemerkte, dass beide ein Verhältnis unterhielten. Mit den Worten der 29-jährigen Henriette Wolf hörte sich das wie folgt an: „Die Huber ging öfters des Abends aus und holte Trinkwasser. Da sie oft länger ausblieb als gewöhnlich, so fragte ich sie, warum sie so lange ausbliebe, ob sie Bekanntschaft habe. Sie bejahte dies, wusste mir aber keinen Namen zu nennen. Bald nannte sie diesen, bald jenen; bald sagte sie mir, es sei ein Angestellter bei der Eisenbahn, bald der, bald jener. Eines Abends ging die Huber weg, um Wasser zu holen. G. Gärtler ging ihr nach. Als er in die Anlage an dem Maintor kam, sah er jemanden dort stehen und erkannte, als er näher hinzutrat, die Huber und Hrn. Hofbuchdrucker Jacoby. Gärtler kam zurück und sagte mir, er habe die Bekanntschaft entdeckt, es sei der Herr Nachbar Jacoby. Die Huber kam kurz nachher auch ganz schnell zurückgestürzt."

Herr Gärtler hatte danach nichts Besseres zu tun, als Elise Jacoby das Fait accompli mitzuteilen, und so nahm das Verhängnis seinen Lauf. Der sittenstrenge Kreisassessor kündigte seiner Magd den Dienst, und Marie sah in dieser ausweglosen Lage keine andere Möglichkeit, als sich zu nächtlicher Stunde in die Fluten des Herrngartenteichs zu stürzen, um ihrem jungen Leben ein Ende zu bereiten. Glücklicherweise – oder auch nicht – wurde sie von Jacoby im letzten Augenblick davon abgehalten. Er nahm sie beim Arm und brachte sie nach Hause. Da das Tor ihrer Dienstherrschaft schon verriegelt war, hob er die Gute mit einem gewissen Herrn Lautenschläger über die Mauer. Elise Jacoby, der auch diese Eskapade zu Ohren gekommen war, reagierte mit einem Eifersuchtsanfall und gab dem Gatten keine Ruhe, sodass er handgreiflich wurde, ihr den Hut auf den Kopf schlug und sie auf das Kanapee warf.

Anders als bei seinen früheren amourösen Abenteuern, gingen die Reize der jungen Geliebten dem Mittfünfziger nicht mehr aus dem Sinn. Und so kam, was niemand vermutet hätte: Er erwog, das Verhältnis zu legalisieren, sprich, sich von seiner Gattin zu trennen, um die Huber zu ehelichen. Als Beweis für seine Absicht gilt eine Aussage der Köchin Henriette Wolf. Sie berichtet von einem abendlichen Gespräch mit Marie, in dem die junge Frau erzählte, „dass sie Jacoby auf dem Friedhof getroffen: Dort habe er sie mit an das Grab seiner ersten Frau genommen und ihr mit entblößtem Haupt Treue geschworen und versprochen, er werde nicht ruhen noch rasten, bis sie Besitzerin seines Hauses und Gartens sei".

Wen wundert es, dass Elise unter diesen Umständen immer unglücklicher und verzagter wurde! Sie hatte sorgenvolle Tage und kummervolle Nächte. Doch es sollte noch schlimmer kommen. Die Gute wurde von einer mysteriösen Krankheit heimgesucht. Alles begann am Montag, dem 29. Juli 1861. Elise hatte bei bester Gesundheit einen Besuch im Garten des Herrn Schmidt gemacht und war gegen Abend noch einmal ausgegangen, um einen Schreiner am Friedhof zu sprechen. Danach aß sie mit ihrem Gatten zur Nacht. Die Dienstmagd Elisabethe Gansert erinnert sich, dass beide Bier tranken, was ein Druckerjunge für Herrn Jacoby geholt hatte. Elise nahm auch noch Dickmilch zu sich und aß dazu Käse und Butter. Die Kombination der Getränke schien wenig günstig zu sein, denn tags darauf begann die Hausherrin zu erbrechen. Am Mittwoch nahm das Erbrochene eine grünliche Farbe an, wurde schleimig, und der Stuhlabgang war auch grün. Elisabethe kümmerte sich nun ständig um die Hausherrin. Sie verließ das Zimmer oft nur, um im Garten hinter dem Wohnhaus die Ziegen zu füttern oder in der Küche Fleischbrühe, Tee oder Kaffee für die Kranke zu kochen.

In der Nacht zum Donnerstag räumte der Gatte gar sein Ehebett, und das Mädchen schlief nun im Zimmer seiner Frau. Letztere wurde von großem Durst geplagt. Um leichter erbrechen zu können, trank sie jetzt warmes Wasser. Auch scheint sich die Kranke zunehmend gefürchtet zu haben. Elisabethe Gansert erzählt: „Wenn die Frau schlief, musste ich meine Arbeit verrichten, da sie sagte, ich solle sie nicht allein lassen, denn sie fürchte sich, wenn sie aufwache, und habe so Angst.“ Gatte Heinrich scheint sich nicht viel um die Pflege seiner Frau gekümmert zu haben. Immerhin bat er Medizinalrat Dr. Leydhecker, die 55-Jährige zu untersuchen. Fräulein Gansert berichtet über den Fortgang der Ereignisse: „Der Herr Doktor verschrieb ihr eine Arznei, und Herr Jacoby gab ihr selbst den ersten Löffel voll.“

Von Donnerstag auf Freitag ging es Elise besser. Gegen Mittag war sie sogar aufgestanden, hatte sich angezogen und war mit der Gansert ins Comptoir ihres Mannes gegangen. Dort wurde es ihr aber auf dem Kanapee schlecht, und der Gatte brachte sie mit Unterstützung der Dienstmagd zu Bett.

Abends zwischen sechs und sieben bekam sie von Jacoby ein Pulver verabreicht und später, gegen neun Uhr, noch einmal. Die Magd erinnert sich, dass er das Pulver selbst in seiner Verwahrung hatte. „… es hat auch nicht auf dem Nachttisch gestanden, denn da stand nur ein Glas Wasser und die Arznei.“ Sie fährt fort: „Herr Jacoby sagte, er wolle seiner Frau das Pulver eingeben, forderte einen Löffel, den ich ihm gab, drehte sich nach dem Fenster herum und tat das Pulver in den Löffel. Als er sich drehte und Wasser hineinschüttete, habe ich gesehen, dass das Pulver weiß war; er rührte es mit Wasser und mit Tee an.“ Ob es aus einem Fläschchen oder vielleicht aus einem Stück Papier genommen wurde, konnte die Dienstmagd nicht erkennen.

Elise setzte sich im Bett auf, nahm das Pulver ohne Argwohn und trank danach reichlich Wasser, weil es offenbar schlecht schmeckte. Kurz darauf erbrach sie wieder. Jacoby meinte später, dass er ihr das zweite Pulver gar nicht erst geben wolle, da das erste nicht gewirkt habe.

Die halbe Nacht zum Samstag verbrachte der Gatte in einem vorderen Zimmer, das zur Frankfurter Straße hinaus lag. Die

Schlafstube ging mit Blick auf den Garten, also nach Westen. Gegen Mitternacht unterbrach Jacoby seine Arbeit – er hatte Korrektur gelesen – und sagte den Damen, dass er zu Bett gehen wolle. Nach dem Befinden der kranken Gattin soll er sich nicht erkundigt haben. Um drei Uhr früh legte sich auch die Dienstmagd schlafen. Doch bereits zwei Stunden später wurde sie von der jammernden Elise geweckt. „… sie saß mit dem Rücken gegen die Wand gelehnt auf der Bettpfanne …“ Um diese Zeit kam auch Jacoby an die Türe und fragte, was wäre. Darauf antwortete die Gansert, seine Frau „wolle herüber ins Bett. Jacoby ging weg und zog sich an, und wir legten sie hierauf in das andere Bett, sie war ganz kalt“.

Später verlangte die Kranke selbst nach einem Arzt. Doch anstatt so schnell wie möglich zu Dr. Leydhecker zu laufen, dachte der Gatte gar nicht daran, sich dorthin zu begeben. Er gab vor, nicht passend angezogen zu sein, und wollte den Gang später einem der Druckerjungen überlassen. Da Elise das Dienstmädchen auch nicht fortließ, verrann die Zeit ungenutzt. Wie groß die Ängste der Kranken waren, zeigte sich daran, dass sie zu diesem Zeitpunkt ihre Magd nicht einmal entbehren wollte, als diese die Ziegen melken sollte. Als Jacoby vorgeschlagen wurde, diese notwendige Tätigkeit zu übernehmen, soll der Hausherr geantwortet haben, in diesem Fall „ständen sie noch drei Tage“.

Kurzum, der Gatte war wenig kooperativ und schickte tatsächlich erst gegen sieben Uhr morgens einen Druckerjungen zum Arzt. Dr. Leydhecker kam sogleich, ebenso Elises Sohn. Dieser erinnert sich an die letzten Stunden seiner Mutter: „… sie schrie hu, hu! (den Ton nachahmend), sodass man es fast vor dem Hause hören musste …“ Leydhecker gab ihr vier bis fünf Löffel Medizin, ließ der Kranken Senfmehl auf die Füße legen, warme Krüge machen und ihr den Leib mit Branntwein einreiben. Doch die Krankheit war schon zu weit fortgeschritten, um den traurigen Ausgang abzuwenden. „Auf einmal fiel sie zurück in das Bett, verdrehte den Kopf von links nach rechts, verdrehte die Augen und verfiel in einen krampfartigen Zustand, der einige Minuten währte. Alsdann verfiel sie in einen ruhigen Zustand, an dem ich erkannte, dass die letzten Augenblicke meiner Mutter gekommen seien.“ Um Viertel vor zwölf starb die Unglückliche. Ihre Sonne ging unter, bevor es Abend wurde.

Dr. Leydhecker wusste der Krankheit der Elise Jacoby zunächst keinen Namen zu geben. Wäre die Cholera in Darmstadt ausgebrochen gewesen, hätte er sicherlich diese Diagnose auf den Totenschein geschrieben. So aber entschied er sich schweren Herzens und mit einem unguten Gefühl für die Brechruhr – eine Krankheit, die zur damaligen Zeit in Darmstadt grassierte und als Epidemie in ganz Deutschland verbreitet war.

Da lag nun die Verblichene in der Schlafstube, die noch eine Woche zuvor Schauplatz einer in die Jahre gekommenen Ehe war. Doch schon bald ging es dort umtriebig zu. Schreinermeister Friedrich Kunz und die Leichenfrau stellten sich ein, um ihrer Tätigkeit nachzugehen. Elise Bissinger begann, die Leiche auszukleiden. Dabei fiel ihr auf, „dass Frau Jacoby sie mit hellen Augen angesehen habe“, weshalb sie zu Kunz sagte, „die Frau käme ihr gar nicht vor wie tot“. Auch dem Schreiner war dies aufgefallen. Vor allem, dass die Augen Elises „nicht gebrochen“ und mit einem „kleinen Flor“ bedeckt waren. Dennoch konnte ihr Anblick nicht als wirklich schön bezeichnet werden. Aus den Mundwinkeln war bläulicher Schaum hervorgetreten, und die rechte Körperseite war blau angelaufen, was wohl von den heißen Krügen herrührte. Noch während die 58-Jährige mit dem Waschen der Leiche beschäftigt war, kam Jacoby und verlangte die Ohr- und Fingerringe seiner Frau – wohl, damit auch nichts Wertvolles an ihr bliebe, was man einer neuen Liebe hätte schenken können. Der Gatte nahm das Hinscheiden seiner Angetrauten ohne große Gefühlsregungen hin. Sein Ausspruch nach dem Tod Elises soll gewesen sein. „Hin ist hin und fort ist fort.“

Man hatte der aufgebahrten Toten einen Strauß Blumen in den Sarg gelegt, damit sie einen würdigen und schönen Anblick bot. Zwangsläufig fiel der Blick der Besucher, die Elise zu Hause die letzte Ehre erwiesen, auch auf ihre Hände, die das Gebinde hielten. Und die zeigten einen unübersehbaren gelben Fleck in der Größe eines Guldenstücks. Auch die übrige sichtbare Haut war von ähnlichen Flecken übersät, und der Leib war unnatürlich aufgetrieben. Katharina Reichardt, die 50-jährige Stiefschwester der Verstorbenen, war bestürzt von diesem Anblick und soll zu Heinrich Jacoby gesagt haben: „... um Gotteswillen, was hat Ihrer Frau gefehlt?"

Am Sonntagabend fand sich die Totenfrau erneut ein, um nach der Leiche zu sehen. Wollte sie sich davon überzeugen, ob Elise auch wirklich das Zeitliche gesegnet hatte? Immerhin war es tags zuvor nicht möglich gewesen, die Augen der Verblichenen zu schließen. Jacoby hielt eine nochmalige Nachschau nicht für nötig, aber die Frau bestand darauf und meinte, es sei ihre Pflicht. Da Elise am folgenden Montag beerdigt wurde, kann man davon ausgehen, dass keine Anzeichen des im 19. Jahrhundert so sehr gefürchteten Scheintods erkannt wurden.

Die Darmstädter erfuhren vom Tod der Buchdruckersgattin durch eine Zeitungsannonce – doch nicht etwa in Heinrich Jacobys eigener Zeitung, dem *Hessischen Anzeiger*, sondern bei der Konkurrenz, der dreimal wöchentlich erscheinenden *Darmstädter Zeitung*. Bereits einen Tag nach Elises Hinscheiden standen dort folgende Zeilen in der Sonntagsausgabe:

Todesanzeige
Entfernten Freunden und Verwandten zeige ich hierdurch den nach kaum fünftägigem Krankenlager erfolgten Tod meiner lieben Frau Elisabetha, geb. Sohl, an und bitte um stille Teilnahme. – Darmstadt 3. August 1861.

Jacoby, Hofbuchdrucker[17]

17 Darmstädter Zeitung, Sonntag, 4. August 1861, Stadtarchiv Darmstadt.

Die sechszeilige Annonce stand zwischen dem aktuellen Wetterbericht des Katasteramts und einer weiteren Todesmeldung. Daher wissen wir heute, dass es am Todestag der Elisabetha Jacoby eher kühl für einen Sommertag gewesen ist. Gemessen wurden maximal 17,6 Grad, der Wind kam aus Südwest. Auch die daneben abgedruckte Todesmeldung entbehrte nicht eines gewissen makabren Beigeschmacks. Hier wurde von der Gattin des Dichters Longfellow berichtet, die, während sie einen Brief siegelte, in Flammen aufging, weil brennender Lack ihr Kleid entzündete. „Ihr Mann stürzte hinzu, um die Flamme zu löschen, aber sie riss sich von ihm los, lief, besinnungslos vor Schrecken, die Treppe hinab und fiel, unten angekommen, tot nieder.“[18] Welch ein Drama!

Während der Dichter unerschrockenen Einsatz zeigte und selbst schlimme Brandverletzungen erlitt, war Heinrich Jacobys Engagement für seine Frau als eher dürftig zu bezeichnen. Nicht einmal zur Beerdigung der eigenen Gattin am Montagabend um fünf Uhr ist er erschienen! Stattdessen saß er während der Trauerfeier bei seiner Schwester. Angeblich, weil ihn die Beisetzung auf dem Friedhof zu sehr angegriffen hätte. Interessant ist in diesem Zusammenhang, dass der Buchdrucker auch der Beerdigung seiner ersten Gattin ferngeblieben war. Plagte ihn am Ende gar ein schlechtes Gewissen?

Dafür schmiedete der frisch gebackene Witwer bereits Zukunftspläne. Schon am Todestag Elises habe er sich bei seinem Nachbarn, Hofzimmermeister Lautenschläger, erkundigt, welche Papiere er für eine erneute Heirat benötige. Und am Tag der Beerdigung hat er gegenüber der Gattin des Kreisbauaufsehers Heiratsprojekte geäußert.

Acht Tage nachdem die verblichene Elise ihre letzte Ruhestätte im sandigen Boden des Friedhofs an der Nieder-Ramstädter Straße bezogen hatte, vergnügte sich Jacoby bereits wieder bei einem Turnerfest auf dem Exerzierplatz, trank ein Glas

18 Ebd.

Bier und schaute, was die Darmstädter Damenwelt zu bieten hatte. Einige Bürgerstöchter waren ihm bisher aufgefallen, wie Ernst Dressels Minchen und Schreiner Schmitts ältere Tochter, doch für keine konnte sich sein Herz so sehr erwärmen wie für Marie, die Dienstmagd vom Herrngartenteich, jene Schöne, die er einige Monate zuvor noch ehelichen wollte. Aber die Auserwählte promenierte nicht mehr zwischen Paradeplatz und Grenzstraße. Sie hatte Darmstadt längst verlassen und ihr Glück u.a. in Frankfurt und Soden[19] gesucht. Man munkelte, sie habe aufgrund der pikanten Liebesaffäre mit Jacoby am Woog keine neue Stellung mehr gefunden.

Bei einem Besuch auf der Frankfurter Messe traf der Witwer das junge Mädchen dann zufällig wieder, offenbar am Stand ihrer Mutter, die auf dem Domplatz Schuhe aus der heimischen Produktion des Vaters verkaufte. Jacoby erfuhr, dass Marie jetzt in Homburg[20] bei der Gräfin Liegnitz Beschäftigung gefunden habe, worauf sich der verliebte Witwer später mit der Eisenbahn auf den Weg machte, um Marie zu besuchen. Das war gerade mal vierzehn Tage nach dem Tod seiner zweiten Frau. Am liebsten hätte er das junge Mädchen auf dem Rückweg gleich mit nach Darmstadt genommen – angeblich, weil er jeden Abend bis zwölf Uhr arbeiten musste und sich nicht ausreichend um seine Haushaltung kümmern konnte. Dabei hatte er zu diesem Zeitpunkt eine Dienstmagd, eben jenes Fräulein Gansert, das Elise während ihrer Krankheit gepflegt hatte. Doch diese war ihm – aus welchen Gründen auch immer – nicht genehm. Vielleicht hatte sie keine besonderen Reize. Oder wollte sie am Ende nicht mit ihm das Ehebett teilen?

In Homburg hatte Heinrich Jacoby zunächst kein Glück. Marie gab ihm nicht gleich die Einwilligung zur Heirat und war außerdem nicht bereit, vor Ende der Saison ihre Herr-

---

19 Die Bezeichnung „Bad“ erhielt Soden erst im Jahr 1922.

20 Der Kurbetrieb Homburgs begann mit der Entdeckung des Elisabethenbrunnens im Jahr 1843. Das Prädikat „Bad“ erhielt die Stadt erst im Jahr 1912.

schaft zu verlassen, da sie auf das zu diesem Zeitpunkt fällige „Trinkgeld“ warten wollte. Deshalb wandte sich der verliebte Heinrich an ihren Vater. Die Formulierungen an den Schuhmachermeister Huber in Stuttgart lassen vermuten, dass die einstige Beziehung doch eine ziemlich nahe gewesen sein muss. Denn in seinem Brief vom 5. September 1861 spricht Jacoby davon, dass er „jetzt in der Lage sei, die Marie zu Ehren zu bringen“. Er spricht von einer geplanten Heirat, „jedoch nur unter der Bedingung, dass Marie gleich ihre Kondition aufgibt und längstens bis zum 10. September bei meiner Behausung ab- und zugeht“. Der Vater mag froh gewesen sein, das unehrenhafte Verhältnis der Tochter auf diese Weise legalisieren zu können, und gab seine Einwilligung zur Heirat. Allerdings setzte er hinzu, dass es ihm am liebsten wäre, wenn Marie erst am Tage der Hochzeit ins Haus des Buchdruckers käme.

Heinrich und Marie hingegen pfiffen auf den schönen Schein und machten das, was sie bisher im Geheimen taten. Diesmal allerdings brauchten sie nicht einmal das Geschwätz der Nachbarn zu fürchten. Marie war selig und schwärmte von ihrer neuen Wohnstatt. In einem Brief an den Vater vom 13. September 1861 schreibt sie: „Zu leben habe ich im Vollauf, denn in dem Garten steht alles, was man für den ganzen Winter nötig hat. Es sind viele Hühner u. Enten da, wo wir täglich mehr Eier bekommen, als wir nötig haben. Eine schöne Geiß, wo wir mehr Milch bekommen, als wir brauchen. Im Vorratsschrank ist alles für ein ganzes Jahr: Kaffee u. Zucker, Reis und Gerste, Nudeln u. Dörrobst, Erbsen u. Linsen, Gewürz, Seife. Alles. Ist das nicht Glück genug, wenn man von dem schmerzhaften Worte ‚Nahrungssorge‘ erlöst bleibt?“

Ganz frei von Arbeit waren aber auch Maries Tage nicht. Sie musste u.a. mit dem Dienstmädchen die frisch gedruckten Zeitungen des von Jacoby herausgegebenen *Hessischen Anzeigers* falten, die dann von drei Burschen ausgetragen wurden. Auch schreibt sie an die Eltern, dass man viel Arbeit für die Großherzoglichen Behörden habe.

Heinrich zeigte sich in dieser Zeit von seiner spendablen Seite, sodass Marie voll des Lobes über ihn war: „O Mutter, was habe ich all schon von meinem geliebten Bräutigam bekommen! Einen Koffer voll Sachen, was ich dir all mündlich erzählen werde. Einen Spitzenschal prachtvoll, welchen du sehen musst. Nun, liebe Mutter, ich bin überhaupt mit einem Wort sehr zufrieden, denn ich bekomme alle meine Wünsche erfüllt. Alle."

Auch die gesellschaftliche Stellung Jacobys scheint dem jungen Mädchen imponiert zu haben, insbesondere unter dem Aspekt, dass sie jetzt das Glück hatte, selbst in diese Kreise aufzusteigen. Mit ihren Worten hört sich das wie folgt an: „Welche Achtung dieser Mann in den höheren Ständen besitzt, habe ich dadurch erfahren, dass uns bei unserem ersten Ausgange diese Woche, wo wir Besuche machten, die Geheimräte u. Konsistorialräte ganz auffallend entgegentraten, begrüßten und gratulierten."

Und Liebe war wohl auch dabei. Marie spricht davon, dass ihr Bräutigam sie achte und liebe und dass sie von ihm fast auf Händen getragen werde. Selbst Heinrich konnte seine Glücksgefühle über die eroberte Partie nicht verbergen: „Ich habe Marie gekannt, aber so noch nicht. Wie sie alles ordnet und bei mir einrichtet, es ist ein wahres Vergnügen. Mit einem Worte, wenn ich alles in allem fasse: Ich fühle mich glücklich, sehr glücklich durch den Besitz dieses Mädchens, ja, täglich und stündlich wird sie mir werter. Ich habe gefunden einen Juwel in ihr, es ist daher auch mein sehnlichster Wunsch, bald mit ihr ganz vereint zu sein ..."

Kurzum, es herrschte eitel Glück und Sonnenschein, und das gerade mal einen guten Monat nach Elise Jacobys Tod.

Die Verlobungskarten waren gedruckt, die Papiere für die Trauung in Stuttgart beisammen und das Geld an die Stadtkasse gezahlt, damit Marie Huber Darmstädter Bürgerin werden konnte, als düstere Wolken am Schicksalshorizont aufzogen. In der biedermeierlichen Residenzstadt ging das Gerücht um,

Elise Jacoby sei ausgegraben worden und Gatte Heinrich hätte sich im Arresthause erhängt. Jacoby hörte davon durch seinen Maschinenmeister in der Druckerei und tat entsetzt. Er dachte zunächst daran, sich in seiner eigenen Zeitung zu rechtfertigen und 200 Gulden zur Ergreifung des Übeltäters auszusetzen, der das Gerücht in Umlauf gebracht hatte. Später verwarf er jedoch sein Vorhaben und wartete ab. Wenn auch das Gerücht jeglicher Realität entbehrte, so enthielt es doch ein Fünkchen Wahrheit. Und das war die Tatsache, dass Elises Sohn Georg Nungesser inzwischen Anzeige erstattet hatte, um die Todesursache seiner Mutter klären zu lassen. Da hierzu eine Leichenöffnung nötig war, musste man die verblichene Elise wohl oder übel wieder ans Tageslicht befördern.

Die Ausgrabung des Sarges fand am Dienstag, dem 29. Oktober statt. Einen Tag später hörte Heinrich Jacoby durch seine Arbeiter von den Vorkommnissen und machte sich sogleich auf den Weg zum Neuen Friedhof, um Näheres zu erkunden. Dort traf er auf den Friedhofsaufseher und fragte diesen, ob das, was gesprochen werde, wahr sei. Worauf der Mann antwortete: „Ja, es ist so, aber es ist alles wieder in Ordnung." Der Witwer mag erleichtert gewesen sein und ging wohl mit einem guten Gefühl nach Hause zu seiner Liebsten, nicht ahnend, dass ihm die letzte Nacht in den Pfühlen mit seiner liebreizenden Marie bevorstand. Bereits zwei Tage später, am 31. Oktober[21], wurde er wegen des Verdachts der Vergiftung seiner Ehefrau verhaftet und ins städtische Arresthaus gebracht.

Während Jacoby ab Donnerstag hinter Schloss und Riegel saß, geriet sein Haus an der Frankfurter Chaussee in den Fokus der Observation. Die Wohnräume wurden versiegelt und durch Gendarmen bewacht, sein Geschäft wurde geschlossen. Am Samstag Vormittag machte sich die Polizei an die Siche-

21 Akten des Großherzoglichen Stadtgerichts Darmstadt, Hessisches Staatsarchiv Darmstadt, Abt. G 28 Amtsgericht Darmstadt, F Nr. 1813/21.

rung der Spuren. Von besonderem Interesse waren dabei die Magdstube, die Küche, das Wohnzimmer, das Schlafzimmer und Jacobys Comptoir.

Aus der späteren Aufnahme des Inventars wissen wir heute, dass die Dienstmagd Elisabethe Gansert eine Stube neben der Küche bewohnte. Die Einrichtung war einfach, aber zweckmäßig. Es gab einen einteiligen Kleiderschrank, einen großen und einen kleinen Stuhl, ein Tischchen sowie eine Bettlade, in der das Mädchen auf einem Strohsack mit Polster schlief. Außerdem zierten ein Spiegel und zwei Bilder das Zimmer.

Die Küche war zweckmäßig eingerichtet. Dort standen zwei Küchenschränke, in denen u.a. 23 Porzellanteller, zwei Zuckerschälchen, 15 Gabeln und 7 Messer aufbewahrt wurden.[22] Außerdem gab es eine Messingwaage mit Gewichten, ein eisernes Bügeleisen, steinerne Töpfe sowie die typischen Küchenaccessoires wie Krauthobel, Mörser, Hackbrettchen und ein Walgerholz. Das Wasser wurde aus zwei Butten geschöpft.

Die Wohnstube zeugte vom gediegenen Wohlstand ihrer Bewohner. Man machte es sich auf einem Kanapee oder in einem Sessel bequem und saß beim Essen um einen Tisch mit sechs Stühlen. Elise hatte ihr Handarbeitszeug in einem kleinen Nähtischchen verwahrt und die Kostbarkeiten aus Porzellan oder Silber in einem Glasschrank oder einer der zwei Kommoden platziert. Außerdem waren da noch ein Klapptisch und ein kleines Arbeitstischchen.

Das Schlafzimmer lag neben dem Wohnzimmer und ging auf den Hof und die Waschküche hinaus, also nach Westen. Es hatte zwei Fenster, die mit jeweils zweiteiligen kattunenen Vorhängen behängt waren. Das Weißzeug der Hausherrin war in zwei extra dafür vorgesehenen Weißzeugschränken verstaut, und die Kleidung der Herrschaften wurde in zwei tannenen Kleiderschränken aufbewahrt. Zwei Bettladen, ein

22 Ebd.

Waschtisch, ein Nachttischchen und Stühle komplettierten das Mobiliar.[23]

Außerdem ist überliefert, dass man einen Schreibtisch mit Aufsatz vorfand, der wohl im Comptoir des Hausherrn stand, sowie ein Pult, das Jacoby wahrscheinlich zum Redigieren der Zeitungsartikel nutzte.

Während daheim an der Frankfurter Chaussee an jenem Samstag jede Tasse und jeder Teller umgedreht wurde, fristete Jacoby sein eher tristes Dasein im Arresthaus. Jenem Bau, in dem die Darmstädter Untersuchungsgefangenen seit Anfang der Dreißigerjahre untergebracht waren. Er lag inmitten der Altstadt auf dem Gelände am Runden Turm, also direkt an der Stadtmauer, in der Nähe von Ballonplatz und Alexanderstraße und damit nur ein paar hundert Meter von Jacobys erster Druckerei in der Schlossgasse entfernt. Auf dem Grundstück befand sich auch das eigentliche Gefängnis, das durch einen Verwaltungstrakt mit dem Arresthaus verbunden war. Der gesamte Gebäudekomplex wurde nach den Entwürfen von Franz Heger und Georg Moller aus dem Jahr 1831 gebaut. Als fortschrittlich galt vor allem die Installation einer Luftheizung, die auf den Stadtbaumeister Moller zurückgeht. Mit anderen Worten: Heinrich Jacoby dürfte zumindest nicht unter allzu großer Kälte gelitten haben, als er im „goldenen Oktober" die heimische Stube mit dem Arresthaus tauschte.

Durch die „Allgemeine Hausordnung im Großherzoglichen Gefängnis zu Darmstadt" kann die Aufnahme des Buchdruckers in die Welt hinter Gittern rekonstruiert werden.[24] Als erstes musste sich Jacoby wohl einer ärztlichen Unter-

23 Hessisches Staatsarchiv Darmstadt, Abt. G 28 Amtsgericht Darmstadt, F Nr. 1820/2.

24 Allgemeine Hausordnung im Großherzoglichen Gefängnis zu Darmstadt, 25. April 1874, Hessisches Staatsarchiv Darmstadt, G 24 Generalstaatsanwalt, Nr. 451, Instruktionen. Die Hausordnung wurde mehr als ein Jahrzehnt nach Jacobys Inhaftierung erlassen, lässt aber dennoch in etwa Rückschlüsse auf das Gefängnisleben zu jener Zeit zu.

suchung unterziehen. Dann folgte das Kurzschneiden des Haupthaars und Abnehmen des Bartes (mit Ausnahme des Backenbarts). Da der 52-Jährige sicherlich mit ordentlicher und reinlicher Kleidung eingeliefert wurde, ist anzunehmen, dass ihm das Tragen seiner eigenen Sachen gestattet wurde. Ansonsten hätte er ein leinenes Hemd bekommen, Hose, Jacke, ein Paar wollene Strümpfe, ein Schnupftuch, Hausschuhe, ein Halstuch und, da es dem Winter entgegenging, ein Paar baumwollene Unterhosen. Alle drei Wochen gab es frische Wäsche. Lediglich das Hemd wurde wöchentlich gewechselt. Vorbei waren die Zeiten, als die Magd im Waschhause des Jacoby'schen Haushalts die Wäsche schrubbte und sich der Hausherr daheim je nach Gusto an frischer Kleidung bedienen konnte.

Für die tägliche Körperpflege erhielt der Gefangene ein „hölzernes Buttchen mit Wasser und ein Handtuch“[25]. Erstaunlich ist, dass damals schon warme Wannenbäder vorgesehen waren – im Sommer wöchentlich und winters alle vierzehn Tage. Wenn auch nicht sicher ist, ob diese Hygiene- und Wohlfühlmaßnahme bereits dreizehn Jahre vor ihrer Erwähnung in der Hausordnung von 1874 eingeführt war, so kann man bei der strikten Zeiteinteilung des Gefängnisalltags davon ausgehen, dass Heinrich Jacoby ähnliche Strukturen vorfand. Zum Wecken wurde um halb sieben Uhr früh geläutet, im Sommer bereits um fünf Uhr. Schon fünfzehn Minuten später musste der Gefangene gewaschen und angekleidet sein. Frühstück gab es um sieben Uhr. Anschließend ging es in den Arbeitssaal, und nach einem Gebet wurde mit dem Tagwerk begonnen. Das bestand je nach beruflicher Qualifikation und persönlicher Geschicklichkeit des Häftlings in Schuhmacher- oder Schneiderarbeiten, der Weberei, dem Spinnen von Wolle sowie sonstigen Arbeiten wie dem Anfertigen von Abschriften oder

25 Ebd.

Holz machen.[26] Da Heinrich Jacoby Untersuchungsgefangener war, wird für ihn u.U. keine Arbeitspflicht bestanden haben.

Zu Mittag gegessen wurde um elf Uhr. Da auch Unterlagen über die Verköstigung der Gefangenen erhalten blieben, wissen wir heute, wie die Gefangenen versorgt wurden. Unterschieden wurde im Jahr 1885 – und wohl auch schon früher – zwischen der Kost für Gesunde, der für Kranke und sogenannter Gratifikationskost, die für Gefangene mit körperlich schwerer Arbeit ausgegeben wurde, wie z.B. für Wäscherinnen und Drucker. Gesunde erhielten täglich 750 Gramm Schwarzbrot, einen Liter Suppe sowie alle vierzehn Tage sonntags 200 Gramm Fleisch.[27] Auf den Teller kam alles, was die Gemüsegärten Darmstadts hergaben, wie Erbsen-, Bohnen-, Kartoffelsuppe, saures Kartoffelgemüse oder Polnische und Französische Suppen, die alle möglichen Arten von Gemüse der Saison enthielten. Sogar den heiß begehrten Kaffee gab es 1883 in der Welt hinter Gittern. Es wird sich dabei aber nur um Getreidekaffee gehandelt haben, der zu gleichen Teilen mit Milch gemischt wurde.

Im Laufe des Tages war während des Sommers täglich eine Stunde Aufenthalt im Gefängnishof vorgesehen, im Winter wurde die Zeit auf eine halbe Stunde reduziert. Gegen sieben Uhr wurden die Arbeitssäle gereinigt, und anschließend gab es Abendessen. Dann kam auch für Heinrich Jacoby die Zeit der freien Einteilung, die z.B. zum Lesen genutzt werden konnte. Zur Nacht begab man sich um neun Uhr, aber nicht etwa in einer Zelle mit einem gewissen Maß an Privatsphäre, sondern in einem der Schlafsäle, wobei eine Anweisung bestand, dass das Bett während der Nacht nur „zur Befriedigung eines Bedürfnisses" verlassen werden durfte. Zur Stärkung der christlichen Gesinnung und wohl auch im Sinne künftiger Besserung hatte jeder Gefangene sonntags dem Gottesdienst beizuwohnen.

---

26 Ebd.

27 Hessisches Staatsarchiv Darmstadt, G 24 Darmstadt, Generalstaatsanwalt, Nr. 508, 11. April 1885.

Das Leben im Gefängnis war straff organisiert und gewiss kein Zuckerschlecken. Dennoch verwundert es, wie fortschrittlich die Darmstädter das Leben hinter den Gefängnismauern in einigen Bereichen geregelt hatten. So gab es z.B. eine Bibliothek, in der sonntags oder in der Freizeit gelesen werden durfte. Sicherlich wurden die Inhalte der Bücher so ausgewählt, dass die Nutzer nicht im Entferntesten auf unlautere Gedanken kommen konnten. Auch hatte man bereits zu dieser Zeit ein Belohnungssystem eingeführt, das dem Gefangenen bei guter Führung gestattete, sich aus eigenen Mitteln Seife, Haaröl, Salz, Pfeffer und Schnupftabak anzuschaffen.[28] Die Besorgung der ersehnten Luxusgüter übernahm die Verwaltung.

Und was geschah, wenn sich ein Gefangener renitent aufführte und die Regeln des Hauses missachtete? Dann gab es kein warmes Essen, keine Post, Einschluss im Arrestzimmer oder im schlimmsten Fall das Anlegen einer Kette für drei bis acht Tage. Die Störung des Gottesdienstes wurde z.B. mit achttägigem Kettentragen geahndet.[29]

Besonders schmerzlich dürfte es für Heinrich Jacoby gewesen sein, dass die holde Weiblichkeit ab sofort tabu für ihn war. Selbst wenn er eine weibliche Gefangene sah, durfte er sich weder durch Worte oder Gebärden noch durch schriftliche Mitteilungen mit ihr in Verbindung setzen. Verstöße gegen dieses Gebot wurden mit achttägiger Einsperrung im Arrestzimmer und ebenso langer Entziehung der warmen Kost bestraft, im Wiederholungsfalle sogar mit einer Verlängerung der Maßnahmen auf vier Wochen.[30] Aber vielleicht hatte Jacoby ja auch gar keine Lust, sich mit den schönen Dingen des Lebens

28 Allgemeine Hausordnung im Großherzoglichen Gefängnis zu Darmstadt, 25 April 1874, Hessisches Staatsarchiv Darmstadt, G 24 Darmstadt, Generalstaatsanwalt, Nr. 451 Instruktionen.

29 Allgemeine Hausordnung im Großherzoglichen Gefängnis zu Darmstadt, 25. April 1874, Hessisches Staatsarchiv Darmstadt, G24 Darmstadt, Generalstaatsanwalt, Nr. 451 Instruktionen.

30 Ebd.

zu beschäftigen. Immerhin stand sein Prozess bevor, und dabei ging es um seine Existenz. Ganz zu schweigen von der Ehre, die auf dem Spiel stand – seinem Ansehen als Bürger der Stadt Darmstadt. Denn in diesem öffentlichen Spektakel kam alles zur Sprache, selbst die intimsten Details. Da während der gesamten Verhandlungszeit stenografische Aufzeichnungen gemacht wurden, können die Ereignisse vor Ort wieder zum Leben erweckt werden. Ein Jahr später wurden sie wegen der außerordentlichen Besonderheit dieses Falles sogar in einem Buch veröffentlicht. Der Titel: *Schwurgerichtsverhandlung in Anklagesachen gegen Georg Heinrich Jacoby, Hofbuchdrucker zu Darmstadt, wegen Vergiftung seiner Ehefrau. Darmstadt 1862.*

Der Prozess gegen Jacoby begann am Montag, dem 27. Januar 1862, also rund drei Monate nach seiner Inhaftierung. Die Darmstädter warteten gespannt auf die Ereignisse, die da ans Tageslicht kommen sollten, und strömten in Scharen in das neu erbaute Gerichtsgebäude am ehemaligen Maintor, um den öffentlichen Sitzungen beizuwohnen. In der damaligen Berichterstattung las sich das wie folgt: „Sowohl im Saale, außerhalb der Schranke, als auch auf der Galerie hatte sich ein außergewöhnlich zahlreiches Publikum eingefunden, sodass selbst einzelne Personen auf den Fensterbrettern standen." Interessant ist die Einschätzung, die der Angeklagte auf den Gerichtsschreiber machte. Dieser beschreibt den mittlerweile 52-Jährigen hageren großen Mann und fügt hinzu: „Sein Gesicht macht eher den Eindruck eines beschränkten, als den eines geistig angeregten Mannes." Dass Jacoby nicht mit „großen Geistesgaben" ausgestattet sei, behauptete später auch sein Verteidiger, Hofgerichtsadvokat Dr. Vogel. Ja, man vermutete sogar, dass der Buchdrucker nicht einmal in der Lage gewesen wäre, die Artikel für seine eigene Zeitung zu redigieren. War Heinrich tatsächlich schwerfällig in geistigen Dingen oder eher ein gerissener Giftmörder und Schauspieler, der mit allen Mitteln um seine Reputation kämpfte? Die zurückliegenden

Ereignisse lassen jedenfalls keineswegs den Eindruck zu, dass er seinen vielfältigen Lebensaufgaben nicht gewachsen war.

Dass es sich bei der ausgegrabenen Leiche tatsächlich um die verblichene Elise Jacoby handelte, bewiesen ausgerechnet ihre künstlichen Zähne, die schon einmal Ärger mit ihrem Gatten verursacht hatten. Der Zahnarzt Jochheim identifizierte das Gebiss als das seiner Patientin. Er hatte es seinerzeit für 45 Gulden gefertigt. Daran war also nicht zu rütteln. Auch nicht am Urteil der Experten, die sich zwar über allerhand chemische Details stritten, aber anhand des Marsh'schen Apparats zweifelsfrei Arsen nachgewiesen hatten. Da es außer dem Ehemann der Verstorbenen keine anderen verdächtigen Personen gab, fragte man sich nun, wie das Gift in die Hände des Angeklagten gelangt sein könnte. Staatsanwalt Dr. Siebert bemerkte hierzu, dass es durchaus nicht schwer sei, sich Arsenik zu verschaffen, ja, dass dieses nach Auskunft des Rattenvertilgers Melzer oft sogar in größeren Quantitäten von Landleuten feilgeboten werde. Also folgerte er, dass Jacoby sich das Gift vielleicht auf einer seiner Reisen nach Frankfurt und Stuttgart beschafft haben könnte. „Es stand ihm Schwefelarsenik und ebenso arsenige Säure, letztere als sogenanntes Rattenpulver, zur Vertilgung des Ungeziefers überall zu Gebot", so Dr. Siebert. Gleichzeitig schloss er aus, dass Jacoby das Gift in einer Apotheke beschafft haben könnte. „Es liegt aber auf der Hand, dass derjenige, der damit ein Verbrechen beabsichtigt, sich wohl hüten wird, offen in die Apotheke zu gehen, sich Gift zu kaufen und sich gar noch in das Giftbuch einzuschreiben." Dabei wäre es bis zur Merck'schen Engel-Apotheke auf dem Luisenplatz gar nicht weit gewesen!

Heinrich Jacoby bestritt vehement, jemals Arsen besessen zu haben. Was er aber einräumen musste, war die Tatsache, dass Rattengift im Hause war, und zwar sowohl seinerzeit im alten Haus in der Schlossgasse, wie auch im Neubau an der Frankfurter Chaussee. Das Gift hatte er durch den Rattenvertilger Fries bekommen, ein weiteres aus „Gipsmehl und Kalk berei-

Haus des Heinrich Jacoby in der Frankfurter Straße, Ecke Alicestraße, direkt gegenüber dem Westportal des Herrngartens. Die Baugenehmigung dazu wurde Jacoby 1856 erteilt. In späteren Jahren wohnte in dem spätklassizistischen Anwesen der bekannte Dirigent Erich Kleiber (1890–1956). In den Fokus des Stadtgeschehens rückte das Haus durch seinen späteren Besitzer Theodor Vieth (1947–2007), der sich mit der Darmstädter Stadtverwaltung einen jahrelangen erbitterten Streit über die Erhaltung des Gebäudes lieferte. Foto: Barbara Hauck

tetes Mittel" von Carl Melzer. 24 Kreuzer hatte Jacoby dem Melzer dafür bezahlt. So konnte der Ratten- und Mäuseplage Einhalt geboten werden. Das war offenbar auch bitter nötig, denn auf dem Hof seines neuen Hauses waren bereits deutlich sichtbare Löcher durch die Tiere entstanden, und auch in der Druckerei sowie im Hühner- und im Entenstall tummelte sich das Ungeziefer.

So weit schien alles noch einigermaßen unverdächtig zu sein. Nur die Aufbewahrungsorte des Rattengifts waren eher ungewöhnlich. Laut Aussage Heinrich Jacobys verwahrte er die übriggebliebenen Reste zunächst in seinem Sekretär. Von dort aus kamen sie ins Papiermagazin der Druckerei, und dann landeten sie in der Küche, und zwar ausgerechnet im Küchenschrank, also in unmittelbarer Nähe von Lebensmitteln. Selbst die zwölf Geschworen dürften an dieser Stelle aufgehorcht haben. Rattengift im Küchenschrank! Das war schon sehr verdächtig, denn jeder hätte davon nehmen und die eine oder andere Prise ganz unauffällig ins Essen streuen können. Diese Gedanken mochte auch Elise gehabt haben, denn sie versteckte das Gift darauf im Weißzeugschrank. Jacoby hingegen platzierte es wieder in der Küche, wo es dem allgemeinen Zugriff preisgegeben war.

Zu denken gab auch der Umstand, dass Elise Jacoby schon zu Lebzeiten öfter die Vermutung geäußert hatte, dass man sie vergiften wolle. Mal misstraute sie den Äpfeln, mal den Leberklößen, die ihre Schwiegertochter zubereitet hatte. Zudem formte sich bei der Verhandlung ein Bild von der Hofbuchdruckersgattin, das sie als eine Frau mit zuweilen eigenartigen Verhaltensweisen zeigte. Gegen die große Hitze in ihrem Körper steckte sie z.B. ihren Kopf in ein Lavoir mit Wasser. Sie nahm abends kalte Fußbäder und hatte auch schon mal „das Fantasieren", wobei sie den Unterrock über der Ausgehkleidung trug. Außerdem war Elise häufig krank und lag tagelang zu Bett.

Dass sich Heinrich bei einer derart exzentrischen Gattin des Öfteren in ein Dienstmädchen verguckte, schien seinem Verteidiger Dr. Vogel plausibel zu sein. Und auch Elises Tod sah der Hofgerichtsadvokat nicht etwa durch ihren Gatten begründet, sondern eher als unbeabsichtigte Selbstvergiftung infolge ihrer gekränkten Persönlichkeit und ausgeprägten Hypochondrie. Seine Argumentation: „Unbemerkt wurde indes die Frau älter, körperliche Vorzüge und Reize nahmen ab, alle angewandten Reizmittel, deren sie sich vielfach bediente, waren nicht imstande, dem alternden Körper aufzuhelfen: Wer will in Abrede stellen, dass Frau Jacoby hierbei des Arseniks sich bediente, welches, wie allgemein bekannt und vielfach in Unterhaltungsschriften mitgeteilt, in kleinen Dosen genommen, dem Körper Frische verleiht, die Muskelkraft erhöht und die Formen abrundet." Arsen als Schönheitsmittel? Angewandt, um das längst vergangene liebreizende Äußere wiederzuerlangen? Diese These war gewagt und überzeugte die Geschworenen und den Staatsanwalt in keiner Weise. Letzterer argumentierte denn auch mit der bekannten Version des Tötens um der neuen Liebe wegen. Mit den Worten des Dr. Siebert hörte sich das wie folgt an: „Er glaubte, die Welt täuschen zu können, und glaubte, in den Armen der ehr- und pflichtvergessenen Huber ein neues, sinnliches Leben zu beginnen. Doch die Rachegöttin hat ihn erreicht, und auch sie, die Huber, die all dieses Unheil gebracht, soll ihres Anteils, den sie an dem Tode der unglücklichen Frau hat, nimmermehr froh werden!"

Vor allem die Tatsache, dass es sich nach Meinung Dr. Sieberts um einen Giftmord handelte, wurde als besonders schwerwiegend angesehen. Ein Verbrechen, so der Staatsanwalt, das „mehr verabscheut wird als selbst das Verbrechen des Raubmordes und das Verbrechen des gewöhnlichen Meuchelmörders. Denn es liegt die große Gefährlichkeit dieses Verbrechens in der Heimlichkeit und in der oft sehr schwierigen Entdeckung, und es liegt das Niederträchtige und Verabscheuungswürdige in der darin betätigten Hinterlist und Feigheit." Vorzugsweise sei deshalb diese Art von Arsenmorden das „Privilegium des weiblichen Geschlechts". Dass es sich hier bei dem vermuteten Mörder um einen Mann handele, bezeichnete der Staatsanwalt als Ausnahme.

Die Stimmung im Gerichtssaal schien während der neun Verhandlungstage eindeutig gegen den Angeklagten gerichtet gewesen zu sein, was dem Staatsanwalt in seinem Schlussplädoyer zu folgenden Worten veranlasste: „Es liegt im edelsten Gefühle des Menschen begründet, dass selbst der größte Verbrecher hin und wieder Mitleid erweckt, wenn er vor seinen Richtern steht. Umso bemerkenswerter und unerhörter mochte es sein, dass sich gegen diesen Angeklagten eine so entschiedene allgemeine Abneigung zu erkennen gibt, dass sich auch nicht eine Stimme für ihn erhebt, nicht eine Stimme von allen, welche diesem Prozesse aus Fern und Nah mit Spannung und Aufmerksamkeit folgen ...“ Mit anderen Worten: Heinrich Jacoby hatte durch die perfide Art des ihm angelasteten Giftmordes jegliche Sympathien seiner Mitmenschen verloren.

Erstaunlich ist, dass sich der Buchdrucker auch unter der erdrückenden Beweislast niemals zum Mord an seiner Gattin bekannte. Ja, selbst in den letzten Worten vor der Urteilsverkündung beteuerte er verzweifelt seine Unschuld: „Meine Herren Geschworenen! Ich befinde mich in einer grässlichen Lage. Verfolgt von meinen Feinden, ließ ich mir allerdings einige unüberlegte Handlungen in Bezug auf mein Verlöbnis zu Schulden kommen. Ich bin dafür durch die Untersuchung und den gänzlichen Ruin meines Geschäfts entsetzlich bestraft, und nun will man mich als Mörder meiner eigenen Gattin hinstellen. Die Experten sagen, es sei Gift in ihrem Körper gefunden worden, ich muss es glauben, aber wie es hineingekommen ist, darüber kann man nur Vermutungen Raum geben. Mein Gewissen ist rein, das weiß Gott, ich bin unschuldig.“

Genützt haben dem Hofbuchdrucker weder das Eingeständnis seines fehlerhaften Verhaltens im Fall Marie Huber noch seine Unschuldsbeteuerungen bezüglich des Giftmords. Der nach eingehender Beratung am 5. Februar von den zwölf Geschworenen verkündete Spruch lautete auf „schuldig“. „Bei Anhörung der Antwort brach Jacoby, der bis dahin gestanden hatte, mit einem Schrei des Entsetzens auf der Anklagebank zusammen“ – wohl wissend, dass dies das Ende seines bisherigen Lebens bedeuten würde. Da keine Strafminderungsgründe vorlagen, folgte eine Strafzumessung, die als die höchstmögliche des damaligen Rechtssystems galt: die Todesstrafe. Sie war in Artikel 276 Absatz 1 des Strafgesetzbuches festgelegt, der besagt: „Wer einem andern Gift oder andere Substanzen, von denen ihm bekannt war, dass sie wie Gift den Tod bewirken können, beigebracht, und dadurch den Tod desselben verursacht hat, wird mit dem Tode bestraft ...“ Nach einer kurzen Beratung verkündete der Präsident, Hofgerichtsrat Draudt, das Urteil mit den Worten: „Hiermit wird von Großherzoglichem Assisenhof der Provinz Starkenburg durch Urteil zu Recht erkannt: dass der Angeklagte Georg Heinrich Jacoby von Darmstadt wegen Tötung seiner Ehefrau durch Vergiftung zur Todesstrafe und in die Kosten der Voruntersuchung und des öffentlichen Verfahrens sowie seiner Atzung, zusammen liquidiert bis heute auf neunhundert achtzehn Gulden sieben und einen halben Kreuzer, zu verurteilen sei. So geschehen, geurteilt, in öffentlicher Sitzung verkündigt.“ Heinrich Jacoby wurde das Recht zugestanden, innerhalb einer Frist von drei Tagen das Rechtsmittel der Nichtigkeitsbeschwerde einzulegen. Der Präsident riet ihm allerdings zur Standhaftigkeit und zur Ergebung in sein Schicksal.

Wie sich der Verurteilte nach diesem niederschmetternden Urteil verhielt, verschweigen die Quellen. Dafür wissen wir um die Stimmung im Gerichtssaal: „Das sehr zahlreich versammelte Publikum folgte mit der gespanntesten Aufmerksamkeit und mit einer zu seinem bisherigen, zuweilen höchst unangemessenen Benehmen im Gegensatze stehenden Ruhe der Schlussverhandlung. Namentlich herrschte bei der Verkündigung des Verdikts [Urteilsspruchs] feierliche Stille, wenn wir auch nicht wie andere so glücklich waren, etwas von dem den Saal durchschreitenden Geiste der Frau Jacoby zu bemerken.“ War das die späte Rache Elises? Einer Frau, die zu Lebzeiten in ihr Gesangbuch geschrieben hatte: „Tausendfach sei verflucht, wer störet menschlichen Frieden“?

Wenn man an Vergeltung und Gerechtigkeit über den Tod hinaus glaubt, kann das Urteil ein Gefühl der tiefen Befriedigung auslösen. Was aber wäre, wenn sich das hohe Gericht getäuscht hätte und Jacoby gar nicht der Mörder seiner Gattin war? Wenn eine andere Person die arme Elise in heimtückischer Absicht vergiftet hätte? Immerhin deutete der Angeklagte bei seinem Schlussplädoyer an, dass es aus seiner Sicht

Vermutungen gäbe, wie das Arsen in den Körper seiner Frau gelangt sein könnte. Lassen wir uns auf dieses Spielchen ein und suchen nach einer Person, die Möglichkeiten gehabt hätte, die Hofbuchdruckersgattin ins Jenseits zu befördern. Bei genauer Betrachtung der damaligen Verhältnisse kristallisiert sich eine Verdächtige heraus: das Hausmädchen Elisabethe Gansert. Sie kam an Johanni 1861, also am 24. Juni, ins Haus Jacoby. Vielleicht machte sie dem Hausherrn schöne Augen oder dieser war hinter dem neuen Mädchen her. Fest steht jedenfalls, dass Elisabethe, als sie den Jacoby'schen Haushalt nach der Inhaftierung des Buchdruckers verließ, schwanger war. Ihr Kind bekam sie wohl in Ober-Beerbach, ihrem neuen Wohnort. Doch wer war der Vater? In den Verhandlungsaufzeichnungen ist nichts von einer Liebschaft des Mädchens erwähnt. Sollte etwa Heinrich Jacoby der Erzeuger gewesen sein? Hinzu kommt, dass sich die Magd im Prozess erstaunlich gut an die vermeintlichen Arsen-Gaben des Hausherrn an seine Gattin erinnern konnte. Jedes noch so kleine Detail beschrieb sie. Ja, sogar die Farbe und die Konsistenz des Pulvers wusste sie anzugeben. Merkt man sich Derartiges, wenn zunächst noch gar nicht von Gift die Rede ist? Vor allem aber hatte das Mädchen selbst Zugriff auf Arsen. Schließlich lagen lange genug Reste von Rattengift im Küchenschrank, zugänglich für jedermann. Was spricht also dagegen, dass die Magd das Gift nahm und es der Hausherrin ins Essen mischte? Doch warum sollte sie das tun? Vielleicht, weil Jacoby nichts mehr von ihr wissen wollte, nachdem die Schwangerschaft entdeckt worden war, oder weil ihm die Marie Huber nicht aus dem Sinn ging? Womöglich hat er Elisabethe sogar überreden wollen, nach Heidelberg in die Karpfengasse zu fahren, um dort „unter strengster Diskretion und zu billigen Bedingungen zu entbinden“. Derartige Anzeigen für ungewollt Schwangere gab es sogar in seinem eigenen Blatt, dem *Hessischen Anzeiger*. Wie auch immer es gewesen sein mag: Die Magd hatte gute Gründe, die Hausherrin um die Ecke zu bringen, um selbst an deren Stelle das Regiment im Hause zu übernehmen und sich den begehrten Platz im Ehebett des geachteten Darmstädter Bürgers zu sichern.

Wenn die Vermutungen stimmen und Heinrich Jacoby wirklich zu Unrecht verurteilt wurde, könnte man sagen, die Strafe sei eine Vergeltung für das Lotterleben des Weiberhelden aus der Frankfurter Chaussee gewesen. Doch dafür das Leben zu lassen, wäre ein allzu hoher Preis. Ganz so schlimm ist es dann in der Tat auch nicht gekommen. Jacoby ergriff das Rechtsmittel der Nichtigkeitsbeschwerde und wurde begnadigt: zu lebenslanger Zuchthausstrafe, was ihm zwar das Weiterleben garantierte, doch zu welchen Bedingungen!

Schon Heinrich Jacobys Auszug aus dem Gerichtsgebäude am Tage der Urteilsverkündung geriet zum Spießrutenlaufen. Offenbar wurde er in aller Öffentlichkeit durch die Straßen geführt, dem Spott und der Häme seiner Mitmenschen preisgegeben. In der damaligen Berichterstattung liest sich das wie folgt: „Der Angeklagte wurde unter starker militärischer Bedeckung durch die mit großen Menschenmassen angefüllten Straßen in das Kriminalgefängnis zurückgebracht." Perdu waren auch bald viele seiner irdischen Güter, für die er zeitlebens gearbeitet hatte und auf die er stolz war. Mobiliar und Inventar seines Wohnhauses in der Frankfurter Straße sind noch im selben Jahr in mehreren öffentlichen Versteigerungen verkauft worden, ebenso Bestände seines Haushalts wie Hühner, Hasen, Düngematerial, Rüben, Korn und Obst. Für die Abschätzung der Druckerei wurden eigens Sachverständige hinzugezogen, und dann wurden Buchbinderpressen, Papier und noch vorhandene, bereits gedruckte Bücher versteigert, darunter viele Bibeln. Von dem Erlös bestritt man die noch zu bezahlenden Rechnungen und anfallenden Ausgaben. Darunter waren z.B. die hohen Gerichtskosten und die Entlohnung für die Bewachung des Wohnhauses. Auch Jacobys Verköstigung im hiesigen Arresthaus wurde davon bezahlt. Offenbar blieb der Inhaftierte aber weiterhin Besitzer seines Hauses und

Gartens in der Frankfurter Straße, denn es gab in seinem späteren Nachlass ein Taxationsformular, in dem das Anwesen als Vermögen angegeben und auf 28.000 Gulden geschätzt wurde. Die Versteigerungen wurden in der *Darmstädter Zeitung*, im *Darmstädter Wochenblatt* und im *Frankfurter Journal* angekündigt. Außerdem hatte man einen Ausscheller beauftragt, die Sache unter die Leute zubringen.

Jacobys Zeitung stellte ihr Erscheinen zeitgleich mit seiner Inhaftierung ein. Die letzte Ausgabe des *Hessischen Anzeigers* erschien am Donnerstag, dem 31. Oktober 1861. Dabei hatte nichts auf dieses abrupte Ende hingedeutet. Selbst der Roman *Das Schoßkind des Glücks* war noch mit dem Zusatz: „Fortsetzung folgt" versehen.[31] Das wöchentlich dreimal erscheinende Blatt wurde zum vierteljährlichen Verkaufspreis von vierzig Kreuzern abgegeben. Es ist später nicht weitergeführt worden. Dabei hatte Jacoby die Zeitung erst am 23. Februar 1861 als solche benannt. Sein Vorgängerblatt hieß *Darmstädter Anzeiger* und war im Gegensatz zum Nachfolger eine reine Lokalzeitung gewesen.

Von all dem Trubel und Geschwätz um die Veräußerungen seines Besitzes wird Heinrich Jacoby nicht viel mitbekommen haben. Denn dort, wo er sich aufhielt, war kein Raum für die monetären Sorgen des Lebens. Anhand der Aufzeichnungen seines ehemaligen Verteidigers und seinerzeitigen Vermögensverwalters, Dr. Vogel, wissen wir, dass der 52-Jährige spätestens Mitte April 1862 ins Landeszuchthaus Marienschloss verlegt wurde, in jene Haftanstalt in Rockenberg bei Butzbach, die einst zur Entlastung der Einrichtungen von Darmstadt und Gießen vorgesehen war. Es handelte sich dabei um ein ehemaliges Zisterzienserkloster, das nach einem Erlass von Großherzog Ludewig I. (1753–1830) aus dem Jahr 1804 umgebaut und

31 Hessischer Anzeiger, Verantwortlicher Redakteur H. Jacoby, Druck und Verlag der Jacoby'schen Hofbuchdruckerei, 31. Oktober 1861, ST Z 7, Städtisches Archiv Darmstadt.

seit 1811 mit Gefangenen belegt wurde.[32] Heute ist dort eine Jugendstrafanstalt untergebracht.

Um nach Marienschloss zu gelangen, bestieg der verurteilte Buchdrucker mitsamt seinen letzten Habseligkeiten eine Kutsche, die vom Darmstädter Kutscher Baußler und seinem Knecht geführt wurde. Damit der Häftling nicht etwa auf der Fahrt entfliehen konnte, reisten zur Bewachung ein Brigardier und ein Gendarm mit. Jacobys letzte Impressionen von Darmstadt werden ein Blick auf die kleinen Häuser der Altstadt, auf das respektable Residenzschloss und vielleicht sogar auf sein ehemaliges Wohnhaus in der Frankfurter Straße gewesen sein, denn dort vorbei müsste sein Weg über Frankfurt in Richtung Norden geführt haben.

Wie bald schon mag sich der Verurteilte nach seiner Heimat und vielleicht auch nach dem hiesigen Arresthaus mit der modernen Moller'schen Luftheizung gesehnt haben! Denn im Landeszuchthaus in Rockenberg war es derartig feucht und kalt, dass die Insassen starben wie die Fliegen. Selbst junge Burschen und Mädchen, die noch ihr ganzes Leben vor sich hatten, wurden oft schon nach wenigen Monaten durch fiebrige Erkrankungen, Lungenentzündung oder Tuberkulose dahingerafft.

Heinrich Jacoby bekam während seiner Zeit in Marienschloss ein- bis zweimal pro Jahr Besuch von Dr. Vogel, der immer Reisekosten und Vergütungen für die Arbeitstage in Rechnung stellte. Ob er wohl den Häftling über seine Darmstädter Vermögensverhältnisse unterrichtete oder vielleicht Eingaben zur Begnadigung vorbereitete? Mit Sicherheit dürfte er ihm regelmäßig kleinere Geldsummen aus dem restlichen Vermögen und das ein oder andere Kleidungsstück mitgebracht haben.

---

32 Marienschloss, Beiträge zur Klostergeschichte, Heft 3, Strafvollzug in Rockenberg, Kultur- und Geschichtsverein Oppershofen e.V., Rockenberg 2007, 79 – 80.

Und wie hat er gelebt, der verurteilte Giftmörder? Dazu gibt es leider keine Unterlagen. Man weiß nur so viel, dass er in einem der 28 seit 1852 geschaffenen Arbeitsräume einer Tätigkeit nachgegangen ist, vielleicht sogar in seinem Beruf als Buchdrucker, dass er in einem der 16 Schlafsäle seine Nächte verbrachte und unter Umständen auch mal einen der vier Einzelhafträume oder der acht Disziplinarzellen von innen sah.[33]

Dennoch hat es Heinrich Jacoby vergleichsweise lange an diesem unwirtlichen Ort ausgehalten. Erst neun lange Jahre nach seiner Verlegung ins Landeszuchthaus hat er das Zeitliche gesegnet. Jacoby starb am 4. Juli 1871. Im Sterbebuch der Anstalt hat Pfarrer Friedmann Folgendes eingetragen:

Georg Heinrich Jacoby aus Darmstadt, Kreis Darmstadt, 62 Jahre alt, evangelischer Religion, Buchdrucker, starb am vierten Juli Achtzehnhunderteinundsiebzig vormittags um 9 ½ Uhr in Folge eines mehrmals erfolgten apoplektischen Anfalls.

Marienschloss, den 5. Juli 1871

Friedmann Pfarre«[34]

Mit anderen Worten: Der Buchdrucker hatte mehrere Schlaganfälle, die ihn das Leben kosteten.

Seine letzten Habseligkeiten hatten in einem Koffer aus Tannenholz Platz. Darunter befanden sich erstaunlich hochwertige Kleidungsstücke wie z.B. ein schwarzer Tuchrock, dazu passende schwarze Hosen, eine schwarze Samtweste, ein schwarzer Atlas-Binder und Stiefeletten. Wahrscheinlich handelte es sich dabei um Jacobys Sonntags- oder Festtagskleidung. Außerdem hinterließ der 62-Jährige einen dunkelbraunen Winterrock,

33 AaO. 98.

34 Hessisches Staatsarchiv Darmstadt, Abt. G 30, Marienschloss, Nummer B 12, Verzeichnis der verstorbenen Protestanten. Heinrich Jacoby war bei seinem Tod 61 Jahre alt. Wahrscheinlich wollte der beurkundende Geistliche kundtun, dass der Verstorbene in seinem 62. Lebensjahr stand.

einen weiß-grauen Sommerstoffrock, vier leinene Hemden, ein wollenes kariertes Halstuch und zwei Paar grau-wollene Strümpfe. Auch 19 Bücher sowie eine Heilige Schrift und ein Neues Testament befanden sich in seinem Besitz. Das Barvermögen Jacobys belief sich auf 38 Gulden und 3 Kreuzer.[35]

Da der ehemalige Hofbuchdrucker verstarb, ohne ein Testament zu hinterlassen, und auch keine Kinder hatte, erbten entfernte Verwandte das noch vorhandene Vermögen.

Was mit den sterblichen Überresten des Gefangenen geschah, lässt sich nur teilweise rekonstruieren. Offenbar blieb Heinrich Jacoby das Schicksal erspart, als Untersuchungsobjekt für die Anatomie in Gießen zu dienen, was den meisten Verstorbenen der Anstalt widerfuhr – also im Dienst der Wissenschaft in Einzelteile zerlegt zu werden. Die Leiche wurde definitiv bestattet, wie ein Eintrag Dr. Vogels unter „Ausgaben Beerdigungskosten" beweist. Leider ist nicht bekannt, wo Jacoby seine letzte Ruhestätte fand. Nachforschungen auf dem Alten Friedhof in Darmstadt haben kein Ergebnis gebracht. Auch wurde kein entsprechendes Grab auf dem Friedhof in Rockenberg gefunden. Die letzte aller Fragen bleibt also unbeantwortet.

Und hat nicht auch seine Gattin Elise die finale Beantwortung der Frage nach ihrem Mörder mit ins Grab genommen? Der Mensch muss eben akzeptieren, dass im Leben wie im Tod nicht alles endgültig geklärt ist, wenn sich der letzte Vorhang schließt.

„Der Rest ist Schweigen"
Hamlet

35 Hessisches Staatsarchiv Darmstadt, G 28 DA 1819/1, Nachlass des am 4. Juli 1871 zu Marienschloss verstorbenen Buchdruckers Georg Heinrich Jacoby zu Darmstadt.

Graf Kuno von Hardenberg in seinem Wohnzimmer im Neuen Palais in Darmstadt. Die Aufnahme entstand nur einige Monate nach dem Überfall auf den Grafen zum Jahreswechsel 1928/1929. Das Foto wurde dankenswerterweise von Gebhard Graf von Hardenberg zur Verfügung gestellt.

Das Geheimnis um Graf Hardenberg

Rätselhafter Raubüberfall im Neuen Palais

Graf Kuno von Hardenberg (1871–1938) war eine stattliche Erscheinung: groß gewachsen, von schlanker Gestalt, stets perfekt gekleidet und mit den Attitüden eines Gentleman ausgestattet, die den Herren des Adels eigen sind. Am Abend des 7. Oktober 1928, einem Sonntag, zog sich der Kunstliebhaber und Bonvivant für eine Abendgesellschaft um. Er schlüpfte in seinen Smoking[36], legte einen Mantel über, nahm Hut und Spazierstock und verließ zu Fuß seine Wohnung im Neuen Palais in Darmstadt – jene noble Wohnstatt des 1918 abgedankten Großherzogs Ernst Ludwig (1868–1937), in der Hardenberg im Hochparterre des Südostflügels zwei Zimmer mit Bad bewohnte.

Der Weg führte den 57-jährigen Junggesellen durch das nächtliche Darmstadt: über die laternenbeschienene Wilhelminenstraße und den Luisenplatz bis zum Hotel „Zur Traube", dem ersten Haus am Platze, das für sein edles Ambiente bekannt war.[37] Dort hatte sich eine Tagungsgesellschaft mit ausländi-

36 Die gesamte Akte über den Raubmordversuch an Kuno Graf von Hardenberg ist im Hessischen Staatsarchiv in Darmstadt unter der Signatur G 27 Darmstadt Nr. 3532 zu finden. Es handelt sich um Unterlagen der Staatsanwaltschaft beim Landgericht Darmstadt, die das Justiz-Aktenzeichen J 5045/28 tragen. Soweit nicht anders angegeben, entstammen die Zitate dieser Quelle, die unter anderem die Aussage der verschiedenen Verfahrensbeteiligten, die zitierten Zeitungsberichte und andere Dokumente enthält.

37 Im Dachboden des Gasthofes „Zur Traube" wurden im Jahre 1814 die verschollen geglaubten Bauzeichnungen zur Fertigstellung des Kölner Doms gefunden.

schen Gästen versammelt, unter denen so illustre Darmstädter Persönlichkeiten wie der philosophierende Weltbürger Graf Keyserling[38] und der schwerreiche Dr. Willi Wilbrand weilten. Jurist Hardenberg, ehemals Hofmarschall und jetzt in der Position des Vermögensverwalters beim ehemaligen Großherzog, begrüßte die Anwesenden und zog sich dann in den Speisesaal zurück, um zu dinieren. Nach dem Genuss der kulinarischen Köstlichkeiten des renommierten Hauses bezahlte er seine Rechnung in Höhe von acht Mark beim Oberkellner, und es ist anzunehmen, dass er den restlichen Abend bei angenehmer Konversation verbrachte.

Gegen ein Uhr nachts machte sich der Graf auf den Heimweg, begleitet von dem ihm bekannten Dr. Flügge und dessen Gattin. Allerdings wählte man diesmal einen kleinen Umweg über den Weißen Turm und die Ernst-Ludwig-Straße. Am Palais[39] angelangt, das in direkter Nachbarschaft der Kirche St. Ludwig lag, öffnete Hardenberg das schmiedeeiserne Gartentor mit den pfeilähnlich stilisierten Lilien-Spitzen, schritt zur südlichen Zugangstür und öffnete sie mittels Drücker und Schlüssel. Die Treppenstufen des Mittelaufgangs waren mit einem weichen Teppich ausgelegt, und so konnte der Nachtschwärmer nahezu geräuschlos zu seiner Wohnung im Hochparterre gelangen: zwei hintereinander liegende Zimmer, die durch ein Badezimmer verbunden waren. Nichts Repräsentatives, wie man es seiner Stellung gemäß hätte vermuten können, aber in äußerst arrivierter Umgebung.

---

38 Hermann Graf Keyserling (1880–1946), Verfasser von „Reisetagebuch eines Philosophen“, Gründer der „Schule der Weisheit“, in: Datenbank der Technischen Universität Darmstadt.

39 Das Neue Palais wurde in den Jahren 1864/65 erbaut. Es war Wohnsitz des Großherzogs Ludwig IV. und später der seines Nachfolgers Ernst-Ludwig. Das Gebäude wurde 1944 zerstört, der Abbruch der Ruine erfolgte 1955. Das Gebäude stand auf dem Gelände des heutigen Georg-Büchner-Platzes. Darunter befindet sich heute die Tiefgarage des Staatstheaters. Auf dem Gelände des ehemaligen Palais-Gartens steht das 1972 erbaute Staatstheater.

Der Heimkehrer knipste zunächst das Licht im Wohnzimmer an: einem großen, ziemlich dicht möblierten Raum mit edlen Antiquitäten wie einem stattlichen Barocksekretär, einer Madonna mit Jesuskind in einer angedeuteten Nische, vielen Büchern sowie zahlreichen Bildern, die mangels Wandfläche sogar auf dem Fußboden standen. Vorbei an Stühlen, Chaiselongue, Tischen und anderem Mobiliar, gelangte der Graf ins Badezimmer, wo er seine Garderobe ablegte.

Er ging dann ins dunkle Schlafzimmer, um sich zur Ruhe zu begeben. Sein Bett, eine zu jener Zeit moderne Metallstreben-Konstruktion, war bereits gegen 21 Uhr vom Hausmädchen Anni Fischer abgedeckt worden. Die 20-Jährige hatte auch schon das Nachthemd bereitgelegt. Gerade wollte der Graf noch mit der linken Hand die große Schreibtischlampe anmachen, als es geschah: Aus tiefer Dunkelheit heraus trafen ihn zahlreiche heftige Schläge auf den Kopf. Der Heimkehrer war nach eigener Aussage zunächst ganz benommen, sammelte sich jedoch schnell und ging auf den an seiner Seite spürbaren Täter los: „Ich machte einen Jiu-Jitsugriff nach dessen Unterschenkel, der ihn auch halb zu Fall brachte. Dabei wurde mir aber von einer andern Persönlichkeit ein Bein gestellt, sodass ich nun selbst zu Fall kam und vor den in knieender Stellung am Boden liegenden einen Verbrecher zu liegen kam.“ Hardenberg fährt fort: „Bis dahin war es dunkel gewesen, jetzt machte plötzlich der eine Verbrecher hinter mir Licht mit einer Taschenlampe, wobei ich einen Augenblick sah, dass der liegende Verbrecher einen grau-karierten Anzug, Kavaliergamaschen und spitze schwarze Boxcalflederschuhe anhatte. Nach meiner Meinung war dieser Schuh eher der Schuh eines Ausländers wie der eines Inländers, er war, wie gesagt, elegant und spitz und nicht geputzt, ohne dabei mit Schmutz bespritzt zu sein. Es war trockenes Wetter.“ Die präzise Aussage des Grafen gipfelte in den Worten: „Die Schuhe machten etwa den Eindruck, wie Schuhe nach langer Eisenbahnfahrt es machen; ohne schmutzig zu sein, erschienen sie getrübt und verrieben auf dem Oberleder.“ Dass der 57-Jährige all diese Einzelheiten im schummrigen Licht der Taschenlampe erkennen konnte und auch noch zu deuten wusste, ist erstaunlich. Vor allem seine Beobachtungen über die Schuhe muten geradezu unglaublich an und können, wenn überhaupt, nur dadurch erklärt werden, dass der Graf eine seltene antike Schuhsammlung besaß und sich somit bestens mit Stil und Beschaffenheit von Schuhwerk auskannte.[40]

Doch es sollte noch besser kommen, denn Hardenberg zeigte sich im Folgenden auch als Stoffexperte. Trotz Todesangst will er im Lichtkegel der Taschenlampe weitere Details erkannt haben: „Die Gamasche war in der üblichen hellbeigen Farbe. Von den Hosen unten konnte ich nichts bemerken, während ich von Weste und Jackett ein Stück sah. Der Stoff war noch nicht abgetragen, sondern hatte einen starken wolligen Flaum. Der Stoff machte eher den Eindruck eines ausländischen Stoffes als den eines einheimischen Gewebes. Er war blaugrau und schwarz kariert. Die Karos waren homespunartig und etwa nur 3 mm groß, auch etwas verwischt in der Farbe."

Als Tatwerkzeug vermutete der Überfallene einen Gummiknüppel, da, so Hardenberg, „eine gewisse Elastizität zu spüren war". Er fährt fort: „Mein Bewusstsein schwand mir jetzt, wenn nicht ganz, so doch bis zu einer sehr starken Trübung. Immerhin hatte ich noch so viel Geistesgegenwart, mir vorzunehmen, den Toten zu spielen, fühlte ich doch, dass ich auf das Auge und die Wange eine schwere Wunde erhalten hatte … Ich warf mich hinten über und lag still am Boden, während mir das Blut aus Augen und Stirne rieselte."

Wie ein Maikäfer lag der Graf auf dem Rücken, die Beine zum Kachelofen gestreckt. Doch damit sollte sein nächtliches Martyrium noch nicht beendet sein, denn jetzt bekam er zur Sicherheit noch ein paar Hiebe über den Kopf. Dann begann

40 Aussage von Gebhard Graf von Hardenberg, einem nahen Verwandten, der heute auf dem Familiengut in Wolbrechtshausen und in der Komturei Lietzen in Brandenburg lebt.

man, seine Kleider nach Beutestücken zu durchsuchen. Flinke kleine Hände räumten Brust- und Hosentaschen aus, nur die Uhr ließen sie – aus welchen Gründen auch immer – stecken. Um besser sehen zu können, hatten die Täter das Deckenlicht eingeschaltet. Furcht vor Wiedererkennung brauchten sie nicht zu haben, denn die Augen des am Boden Liegenden waren jetzt nahezu vollständig von Blut getrübt. Dann verschwand der eine Übeltäter im Wohnzimmer. Der andere hieb, sobald sich Hardenberg bewegte, unvermindert auf dessen Kopf ein, sodass das Blut des Armen bis an die weiße Zimmertür und den Kleiderschrank spritzte. Schließlich knipste der Einbrecher das Licht aus, schloss die Schlafzimmertür von innen ab und verschwand durch das Bad. Der Verletzte hörte noch, wie einige Zeit später die Haustür nach der Sandstraße hin zuschnappte, und dann war alles ruhig. Nächtliche Totenstille im Palais, als sei nichts geschehen.

Der schwer verletzte Graf blieb noch etwa fünf Minuten ruhig liegen, um den Einbrechern nicht erneut in die Hände zu fallen. Erst dann erhob er sich mühsam und knipste das Deckenlicht an. „Ich zog die Vorhänge zurück, öffnete den Laden und machte das Fenster nach dem Wilhelminenplatz auf, wickelte mir ein Handtuch um den Kopf und rief Hilfe." Beim Herausnehmen des Handtuchs aus dem Waschtisch hatte er bemerkt, dass sein an dieser Stelle versteckter Revolver nicht mehr am Platze lag. Wie gut hätte er diesen noch einige Minuten zuvor gebrauchen können! Aber wozu besaß Hardenberg überhaupt eine Schusswaffe? Hatte der Graf Feinde? Fürchtete er Überfälle? Nach eigener Aussage war der 57-Jährige über das Fehlen des Revolvers aber nicht sonderlich beunruhigt und widmete sich zunächst seiner Rettung.

Leider waren die Hilferufe Graf Kunos aus dem Palais-Fenster ungehört verhallt. Alles blieb ruhig wie zuvor. Offenbar hatten weder Darmstädter Nachtschwärmer noch die in den oberen Stockwerken schlafende Dienerschaft sein verzweifeltes Rufen gehört. Die großherzogliche Familie weilte zu diesem

Zeitpunkt auf Schloss Wolfsgarten und konnte auch nicht hilfreich zur Seite stehen. Naheliegend wäre es gewesen, über die Telefonzentrale des Hauses Hilfe herbeizuzitieren. Doch da der Telefonist zu dieser späten Stunde ebenfalls in den Pfühlen lag und somit keine Verbindung herstellen konnte, entschloss sich der Überfallene trotz gravierender Kopfverletzungen und eines schmerzenden Knöchels, zum etwa hundert Meter entfernten Polizeiamt zu laufen. Er gab damit den Einbrechern einen großen Zeitvorsprung. Wie es dem Grafen auf dem Weg zur Wache erging, fasste er mit folgenden Worten zusammen: „Ich ging aus der Schlafzimmertür auf den Korridor, die ich vorher unter Beschwerden aufschließen musste, entzündete das Licht im Treppenhaus und eilte so schnell ich konnte auf die Sandstraße. Erst am Alicedenkmal traf ich eine Gruppe junger Leute, die ich bat, mich zu stützen, da ich mit meinen Kräften am Ende war. Die jungen Leute zeigten viel Teilnahme, es waren Musikanten aus der nahen Bodega, die mich auch persönlich erkannten und mich auf das Polizeiamt brachten.“ Dort erschien der Lädierte in geradezu abenteuerlicher Aufmachung: mit schwarzem Smoking, einem einfachen Handtuch um den Kopf und schwersten Verletzungen. Er blutete aus mehreren klaffenden Wunden und wurde, da er nicht vernehmungsfähig war, sogleich durch die Rettungswache ins Stadtkrankenhaus gebracht, wo der Graf für mehrere Stunden das Bewusstsein verlor.

Dass Hardenberg eine interessante Persönlichkeit war, ein Mensch mit vielen Facetten, lassen schon die seltsamen Umstände des Überfalls im Neuen Palais erahnen. Doch wer war er wirklich, jener feine Herr mit dem Silberhaar und den beringten Fingern? – Zunächst einmal Spross aus altem Adel, dem Geschlecht der Grafen und Freiherrn von Hardenberg, deren Stammsitz das Schloss Hardenberg in Nörten-Hardenberg bei Göttingen ist. Angehörige der Familie waren Burgmannen und Erzbischöfe von Mainz. Aber auch der bedeutendste Frühromantiker der deutschen Literatur, Novalis (Georg Philipp Friedrich von Hardenberg, 1772–1801), zählte zur

Familie. In die Geschichte eingegangen sind zwei Vertreter des Geschlechts: Der Staatskanzler Karl August von Hardenberg (1750–1822), der Anfang des 19. Jahrhunderts in Preußen die Stein-Hardenberg'schen Reformen voranbrachte[41], und Carl Hans Graf von Hardenberg (1891–1958)[42], dessen Schloss in Brandenburg zu einem Treffpunkt der Verschwörer des Attentats gegen Hitler vom 20. Juli 1944 wurde. Das Wappen des Adelshauses, ein schwarzer Keilerkopf mit roter Zunge, ist heute vor allem durch die familieneigene Schnaps- und Kornbrennerei (Hardenberger) bekannt, auf deren Flaschen der Eber mit den imposanten Hauern prangt.[43]

Und dann war da noch die Familie, die Graf Hardenberg von frühester Jugend an prägte: seine musikfreudige österreichische Mutter Gisella von Christalnigg (1840–1912), der ernste Vater Graf Karl von Hardenberg (1827–1899) und die große Schar von neun Geschwistern. Kuno kam am 13. August 1871 als viertes Kind zur Welt, was offenbar seine Wiener Großmutter veranlasst hatte, gen Norden zu reisen, um den neuen Erdenbürger gebührend zu empfangen. Einen Knaben, der mit „Löwengebrüll" das Licht der Welt begrüßte und dem die Großmutter aufgrund seiner kräftigen Stimme schon damals prophezeite, dass er es einmal ganz weit bringen würde.

---

41 Der Staatskanzler Karl August von Hardenberg führte die Stein'schen Reformen weiter. Er trat für eine einheitliche Finanz- und Steuerpolitik, für Gewerbefreiheit und die Juden-Emanzipation ein und setzte entsprechende Gesetze durch. Hierdurch wurde das Ende des Feudalismus eingeläutet.

42 Carl Hans Graf von Hardenberg unternahm nach dem missglückten Attentat auf Hitler einen Selbstmordversuch. Er wurde später wegen seiner Mithilfe zum Komplott inhaftiert und 1945 durch die Rote Armee aus dem KZ Oranienburg befreit. Seine Tochter Reinhild war mit Werner von Haeften, dem Adjutanten des Hitler-Attentäters Claus Schenk Graf von Stauffenberg, verlobt. Vgl. FOCUS Magazin Nr. 40, 30. September 1996.

43 Und wie kam der Keiler ins Wappen? Einer Sage zufolge soll ein solcher die Bewohner der Hardenburg durch lautes Grunzen vor einem Überfall geweckt und dadurch letztlich gerettet haben.

„Das gibt einen Minister!"[44], soll die alte Dame gesagt haben, womit sie allerdings nicht ganz Recht behielt.

Der kleine Kuno verlebte eine unbeschwerte Kindheit auf dem Gutshof seiner Eltern in Wolbrechtshausen, zeigte jedoch schon in frühester Jugend ein auffallendes Interesse an der Natur, an allem Schönen und Gediegenen. Dank der langen goldenen Locken wurde der träumerisch-sanfte Knabe von den Erwachsenen geliebt. Seine Altersgenossen hingegen verspotteten den Jungen mit der Löwenmähne. Die mädchenhafte Haarpracht fiel schließlich durch die Schere des Friseurs Koch in Göttingen. Ein Relikt der Jugendzeit blieb jedoch – und das ein ganzes Leben lang: seine romantische Ader, die ihm den Zugang zu Kunst und Kultur wie von selbst erschloss.

Wen wundert es da, dass Kuno der Mathematikunterricht in der humanistischen Klosterschule in Ilfeld am Harz durchaus nicht gefallen wollte. Gab es doch so viele interessante Dinge, die sein Herz berührten, wie die Bühnenkunst im Schultheater, der Klavierunterricht, Schülerchor und -orchester. Ganz zu schweigen von den aufregenden Sammlerfunden in der Umgebung, wo es geologisch interessante Braunkohlenflöze gab und „beseligende Kostbarkeiten wie Amethyste, Rauchtopase und Bergkristalle". Das hielt den jungen Grafen jedoch nicht davon ab, das Abitur zu machen und anschließend das Studium der Rechte zu ergreifen. Späteren Überlegungen zufolge hätte er besser die Kunstgeschichte wählen sollen, aber da man in der ehrbaren Familie seit Generationen nur Offizier, Jurist oder Landwirt wurde, kam eine solche Wahl nicht einmal ansatzweise in Betracht. „Immerhin ging die Sache noch leidlich ab. Das römische Recht, das damals noch im deutschen Lande galt, erfüllte mich sogar mit lebhaftem Interesse …",

44 Selbst verfasster Lebenslauf des Grafen Kuno von Hardenberg, undatiert; dankenswerterweise von Gebhard Graf von Hardenberg zur Verfügung gestellt. Dieser Quelle entstammen auch alle weiteren Informationen und die folgenden Zitate, die die Biografie Graf Kuno von Hardenbergs betreffen.

Graf Kuno von Hardenberg (1871–1938). Die Aufnahme wurde dankenswerterweise von Gebhard Graf von Hardenberg zur Verfügung gestellt.

reflektierte Hardenberg in späteren Jahren. Außerdem dürfte ihm das lustige Studentenleben an seinen Studienorten München, Lausanne, Berlin und vielleicht auch im norddeutschen Göttingen gefallen haben. Insbesondere die Bekanntschaft Gleichgesinnter begünstigte die zunehmende Hinwendung des jungen Grafen zu Literatur und Kunst.

Doch zum Geldverdienen taugte die Passion des jungen Mannes leider nicht. Also legte er im Jahre 1896 das erste juristische Staatsexamen ab und setzte seine Ausbildung als Referendar am Landgericht in Celle fort. Und wäre da nicht die militärische

Dienstpflicht gewesen, die der Mittzwanziger immer noch nicht abgeleistet hatte, hätte er vielleicht niemals Darmstadt kennengelernt. So aber galt es, getreu der Hardenberg'schen Familientradition, zunächst den Gehrock mit der Uniform des Soldaten zu tauschen. „Warum ich gerade Darmstadt wählte, weiß ich nicht. Es war ein starkes Gefühl, das mich nach Darmstadt zog. Eine innere Stimme sagte mir, dass ich dort am ehesten das finden würde, was mir und meinem Sinne homogen war. Wohl war es der Ruf seines Großherzogs und die künstlerischen Bestrebungen, die in Darmstadt gepflegt wurden, die meine Neigung, nach dort zu gehen, bestärkten." Kurzum, Graf Hardenberg trat als Freiwilliger in das Großherzoglich Hessische Leibdragoner-Regiment ein „und erfuhr nun mit guter Laune die Freuden und Leiden des Rekruten". Im Nachhinein bezeichnete er die Erinnerungen an diese Zeit als die schönsten seines Lebens.

Doch bald schon war das Jahr in der kleinen Residenzstadt am Woog zu Ende, und es wartete wieder die dröge Juristerei auf den jungen Mann: zunächst in Northeim und dann am Landgericht in Göttingen. Hardenberg erkannte allerdings auch sehr bald, dass er eigentlich nicht für diesen Beruf geschaffen sei. Vergeblich versuchte er, dem Ganzen eine positive Seite abzugewinnen. Er reflektierte über die einzelnen Typen der Richter, der Schöffen und der Angeklagten, empfand das Gerichtswesen literarisch, indem er sich in die verschiedenen Rollen der Akteure versetzte. Aber es half alles nichts. Der Schöngeist konnte sich mit den Inhalten seines Berufs einfach nicht identifizieren. Die Folge war eine tiefe Melancholie.

Als Retterin in der Not erwies sich eine Tante mütterlicherseits, der die Seelenpein des Unglücklichen nicht verborgen geblieben war. Sie schlug dem Neffen vor, es doch einmal mit der Kunst zu versuchen. Und da die Dame auch gewillt war, die Kosten für ein solches Experiment ins Ungewisse zu übernehmen, ging Hardenberg für zwei Jahre nach Paris, um dort mit Aktstudien, dem Kopieren alter Meister und in lustiger Bohème-Gesellschaft seine Tage zu verbringen.

Die Liebe zur Kunst war vorhanden, aber am großen Talent mangelte es offenbar. So kam das Angebot von rheinischen Freunden gerade recht, ihren Sohn auf einer Reise um die Erde zu begleiten. „Das war eine Perspektive, wie sie nicht schöner zu erträumen war, und frohen Herzens sagte ich zu." Am 1. Januar des Jahres 1901 trat Hardenberg mit Freiherrn Fritz von der Borch und einem gewissen Max Pfeifer die Reise an. Es ging über Villach und Triest nach Ägypten, Ceylon, Indien, Java, China, Japan, Amerika und England, von wo aus man zur Jahresfrist gesund und munter in die Heimat zurückkehrte. Die Reise war wohl das größte Erlebnis im Leben des Kuno von Hardenberg. Sie hatte den Schöngeist und Literaten derart fasziniert und inspiriert, dass er seine Eindrücke zu Papier brachte und einzelne Aufsätze in Zeitungen veröffentlichte. Im Jahr 2009 erschienen seine Aufzeichnungen als Buch unter dem Titel: *Meine Reise um die Erde*[45].

Zurück in Deutschland, versuchte sich der Weltenbummler wieder mit der Kunst. Diesmal in Dresden, wo Hardenberg ein Atelier mietete und eifrig seine Studien fortsetzte. Der junge Mann verkehrte in entsprechenden Kreisen und kam schließlich in Kontakt mit Alexander Koch, dem Herausgeber der renommierten Zeitschrift *Kunst und Dekoration* in Darmstadt. Der Rest ist schnell erzählt. Hardenberg wurde von Koch u.a. des Öfteren zu den Jugendstil-Ausstellungen auf der Darmstädter Mathildenhöhe berufen, um darüber in seiner Zeitschrift zu berichten. Der Graf war begeistert von den Bemühungen des Großherzogs um Kunst und Kultur. Er setzte sich schließlich für den Wiederaufbau des Schlosses Tarasp im schweizerischen Engadin ein, das dem Regenten von Hessen-Darmstadt als Erbe zugefallen war. Und da sich der Jurist mit der künstlerischen Ader offenbar gut bewährte, ließ ihn Ernst Ludwig nicht mehr fort. Im Sommer 1917 übertrug

45 Kuno Graf von Hardenberg: Meine Reise um die Erde, Tagebücher aus dem Jahre 1901 (Verlag: MatrixMedia 2009).

er ihm das Amt des Hofmarschalls und nach 1918 die Verwaltung seines Vermögens.

Schon am 9. Oktober 1928, also einen Tag nach dem nächtlichen Überfall, schrieb die *Hessische Landeszeitung* in großen Lettern: „Raubmordversuch im Großherzogl. Palais". Das *Darmstädter Tagblatt* widmete dem Überfall einen ebenso großen zweispaltigen Artikel, und auch in der *Frankfurter Zeitung*, dem *Hessischen Volksfreund* und der *Essener Allgemeinen* stand zu lesen, was sich nur ein paar Stunden zuvor unter unglückseligen Umständen zugetragen hatte. Darunter so wichtige Details wie der Raub von neunzig Mark in Banknoten aus der Brieftasche des Grafen und der Verlust seines Schlüsselbundes, an dem auch der Kassenschrank-Schlüssel hing. Der Tresor wurde offenbar geöffnet, aber es fehlte nichts. Die Sensation war perfekt, zumal der Zustand des allseits bekannten Grafen als bedenklich, wenn auch nicht als lebensbedrohlich geschildert wurde. Das war der Stoff, bei dem den ehemaligen Untertanen Ernst Ludwigs am Montagmorgen bei der Zeitungslektüre die Kaffeetasse in der Hand zu zittern begann und der Latweje-Weck auf den Dessertteller fiel. Wie konnte das geschehen? Auch die Polizei stand vor einem Rätsel.

Noch in derselben Nacht durchsuchten die Ordnungshüter sämtliche Räume des Neuen Palais, da zu vermuten war, dass sich die Täter im Hause versteckt halten könnten. Doch weder in den Schlafzimmern der höchsten Herrschaften noch in den repräsentativen Räumlichkeiten wie dem Grünen Salon der Großherzogin, dem Bibliothekzimmer mit den hohen Säulen oder dem Balkonzimmer zum Park wurden die Übeltäter entdeckt. Besonders die Wohnung des Grafen nahm man genauestens unter die Lupe. Aber außer einer großen Blutlache vor dem Kleiderschrank und etlichen Blutspritzern an Türen und Wänden wurde nichts gefunden, was zur Aufklärung des Falles hätte beitragen können. Da Hardenberg auch seinen Schlüsselbund an die Einbrecher aushändigen musste, suchte die Polizei jetzt auch die Diensträume des Grafen im Schloss auf, um nach dem Rechten zu schauen. Doch diese waren verschlossen, und nichts deutete auf einen nächtlichen Besuch der Täter hin. Trotzdem stellte man einen Posten ab, der die Bewachung der Räumlichkeiten übernahm.

Die Polizei tat ihr Bestes – sollte man meinen. Oder wurde, wie das Satiremagazin *Datterich* in seiner Ausgabe vom 13. Oktober 1928 vermutete, bei den Untersuchungen gehörig geschlampt? Schon das Titelblatt mit dem schlafenden Wachmann und den Worten: „Aufwachen!!! Raub!!!" lässt solches ahnen. In der Tat werden den Ordnungshütern und ihrer Organisation im Allgemeinen und, was den Überfall betrifft, im Besonderen, gravierende Vorwürfe gemacht. Da wäre zunächst die Tatsache, dass zu nächtlicher Stunde nur zwei Beamte auf der Wache in der Hügelstraße saßen, die sich dann beide zu Fuß auf den Weg machten und das Revier völlig unbesetzt zurückließen. „Zwei ganze Polizisten ziehen also zum Tatort; freiwillig schloss sich ihnen ein Zivilist an. Dieser war es auch, der zunächst allein in den Palaisgarten und darauf in das Schlafzimmer des Grafen eindrang. Die zwei diensthabenden Polizisten blieben derweil draußen vor dem Garten, um das Gelände zu beobachten!" Erst nach einer Durchsuchung des Tatorts wurde dem *Datterich* zufolge das Überfallkommando im Schloss alarmiert, und es wurden einige Streifen zusammengetrommelt, sodass man am Tatort mit sechs bis acht Mann erschien, „die allerdings nichts Eiligeres zu tun hatten, als gemeinsam im fraglichen Zimmer herumzutappen, damit ja jedwede Spur (Fingerabdrücke und dergl.) flöten ging". Dass das sogenannte „Überfallkommando" gerade mal aus drei Mann bestand, die mit einem Motorrad samt Beiwagen zum Tatort brausten, empfand man im *Datterich* auch eher als Witz denn als ernst zu nehmenden Einsatz. Außerdem schloss man augenzwinkernd den Einwand an, dass von dem Trio wahrscheinlich nur zwei verwendungsfähig waren, „da der Fahrer wahrscheinlich angesichts der Dunkelheit und der drohenden Nähe einiger Schwerverbrecher bei seiner Maschine bleiben muss, auf dass diese nicht ‚geklaut' werde". Dabei stünden, so das Satiremagazin, „in der Schupokaserne[46] jederzeit 25 Mann gefechtsbereit, um auf Anruf sofort in Aktion zu treten. Allerdings müssen sie ihr Lastauto, das in Bessungen irgendwo seinen Standort hat, erst telefonisch (vielleicht auch noch nach vorheriger Genehmigung) herbeizitieren."

Die Zeitspanne von der Kenntnis des Verbrechens bis zum Eingreifen der Polizei war nach Ansicht des *Datterich* viel zu lang. Und auch die Tatsache, dass man am Woog grundsätzlich auf den Einsatz von Spürhunden zur Ermittlung der Täter verzichtete, wird unumwunden angeprangert. Zusammenfassend liest sich das Bild aus der Sicht des Magazins wie folgt: „Jedenfalls bringt uns das Verhalten der Polizei im Fall Hardenberg nicht zu der Überzeugung, dass wir in Darmstadt eine wirklich moderne, schlagfertige Polizei besitzen."

Man sieht, dass der *Datterich* seinem Ruf als Satiremagazin alle Ehre machte, und fragt sich natürlich, inwieweit die Vorwürfe tatsächlich eine Berechtigung hatten. Vor allem das Ende besagten Artikels wirft Fragen auf. Hierbei geht es um die Täter, von denen das Magazin vermutet, „dass man die Verbrecher gar nicht so weit zu suchen braucht. Dieser Punkt ist aber nicht diskutabel, da auch wir mitunter Takt entwickeln können." Was um alles in der Welt sollten diese Worte bedeuten? Und vor allem: Was war derart spektakulär, dass sich nicht einmal das ansonsten freimütige Magazin getraute, diese Vermutung auszusprechen?

So viel ist jedenfalls sicher: Die Darmstädter waren im Nu von den ungeheuerlichen Vorgängen im Palais unterrichtet. Und nicht nur das, sie wurden aufgefordert, sich an der Suche nach den Verbrechern zu beteiligen. Aus diesem Grund hatte die Hessische Staatsanwaltschaft am 10. Oktober, also bereits drei Tage nach dem Überfall, Aushänge und Flugblätter mit einer genauen Beschreibung der Ereignisse und der Täter dru-

46 Die „Schupokaserne" befand sich nach dem Bericht des *Datterich* vom 13. Oktober 1928 in der Holzhofallee.

Wohnung des Grafen Hardenberg im Hochparterre des Neuen Palais in Darmstadt (Südostflügel). Unter dem linken äußeren Fenster entdeckte die Polizei nach dem Überfall auf den Grafen eine Blutspur. Lichtbildalbum des Hessischen Polizeiamts Darmstadt, HStAD G 27 Darmstadt Nr. 3532

cken lassen. Es war die Rede von einem Totschläger, Schlagring oder stumpfem Werkzeug, mit dem Graf Hardenberg niedergeschlagen worden war, von einem aufgebrochenen Kassenschrank und neunzig Reichsmark, die aus der Brieftasche des Verletzten entnommen worden waren. Interessant dürfte die Tatsache gewesen sein, dass die Täter aus dem Kassenschrank, obwohl dieser Schriftstücke, ältere Silbermünzen und einige wertvolle Kunstgegenstände enthielt, nichts gestohlen hatten. Auch aus den Zimmern des Grafen wurde nichts entwendet, was die ganze Sache umso mysteriöser machte.

Dank der guten Beobachtungsgabe des Grafen konnte in den Handzetteln eine genaue Täterbeschreibung gegeben werden. Die Größe des einen wird mit etwa 1,78 m angegeben. „Gesicht: länglich, mit auffallenden Falten, die von der Nasenbasis ausgehen. Kleidung: heller Anzug mit dunklen Karos; kein Mantel, keine Kopfbedeckung. Alter: etwa 25 bis 27 Jahre." Der andere

Verdächtige soll wie folgt ausgesehen haben: „Größe: etwa 1,65 m bis 1,68 m; Kleidung: dunkler Anzug, schwarze Schuhe, glänzende Ledergamaschen." Als zusätzliches Merkmal wurde hervorgehoben, dass die Kleidung beider Personen abgetragen gewesen sei. Außerdem wies man darauf hin, dass vermutlich ein in der fraglichen Nacht in der Wilhelminenstraße aufgefundenes, fast neues grauleinenes Handtuch mit dem Monogramm AB den gesuchten Tätern gehöre und Hinweis auf ihre Identität geben könne. Und dann war da noch dieses mysteriöse Auto, das am Freitag, dem 5. Oktober, also zwei Tage vor der Tat, gegen 1.30 Uhr, am südlichen Eingang zum Neuen Palais in der Sandstraße vorgefahren war. Die beiden Insassen hatten sich zuvor nach den Eingängen erkundigt und machten sich somit ebenfalls verdächtig. Auch von ihnen gab es eine genaue Personenbeschreibung. Zur Ermittlung der Täter hatte die Staatsanwaltschaft eine Belohnung in Höhe von 500 Reichsmark ausgesetzt. Es wurde zugesichert, die Mitteilungen auf Wunsch vertraulich zu behandeln.

Seltsamerweise wurde kurz darauf, und zwar am 13. Oktober, noch eine weitere Belohnung ausgesetzt, diesmal von privater Seite. Dr. Willi Wilbrand hatte sich bemüßigt gefühlt, ebenfalls eine Summe auf die Ergreifung der Täter in Aussicht zu stellen, und zwar eine erheblich höhere als die der Staatsanwaltschaft. 2500 Reichsmark sollte derjenige erhalten, der es möglich machte, den Verbrechern auf die Spur zu kommen. Allerdings wurde der Spender nicht namentlich genannt, sondern das Blatt wurde unter der Federführung der Hessischen Staatsanwaltschaft herausgegeben.

Man fragt sich natürlich, was den respektablen Darmstädter Geschäftsmann dazu veranlasst haben könnte, Derartiges zu unternehmen. War es die Bekanntschaft mit dem Grafen, die den wohlhabenden Wilbrand dazu veranlasste, eine so hohe Summe auszusetzen? Oder steckte vielleicht noch weitaus mehr hinter dieser Geste? Fragen über Fragen, die nicht beantwortet wurden. Dass der Jurist sehr begütert war, wussten die Darmstädter. Davon zeugte schon seine pompöse, 1914 am

Stadtrand in der Dieburger Straße erbaute Villa. Für diesen Herrn war es ein Leichtes, der Verbrechersuche mittels der Aussicht auf Belohnung Nachdruck zu verleihen.

Während die beschauliche Residenzstadt am Woog noch über das Wie und Warum rätselte, ging es dem armen Grafen im Stadtkrankenhaus ziemlich schlecht. Er hatte vehement unter den zahlreichen Verletzungen des nächtlichen Überfalls zu leiden. Laut Bericht des behandelnden Arztes Dr. Wagner vom 26. Oktober 1928 wurden über der ganzen Kopfhaut ausgedehnte Blutgeschwulste des Unterhautzellgewebes festgestellt. Unter dem rechten Auge hatte Hardenberg eine bogenförmige, etwa 5 cm lange klaffende Platzwunde, neben der rechten Augenbraue eine große gerissene Hautplatzwunde, der Nasenrücken war angebrochen, es gab eine Beule am Schienbein, Handquetschungen, und an der linken Hand attestierte Assistenzarzt Dr. Wagner den Bruch der Endgelenke des dritten und fünften Fingers, was er darauf zurückführte, dass offenbar jemand dem Überfallenen direkt auf die Fingerspitzen geschlagen hatte oder auf die am Boden liegende Hand getreten war.

Kurzum, die äußere Erscheinung des edlen Aristokraten hatte sichtlich gelitten. Wenn es nur dies gewesen wäre, hätte bald niemand mehr Interesse am Befinden Hardenbergs gezeigt. Mit dem Auftauchen neuer Spekulationen über den Fall blieb die Sache hingegen in aller Munde. Und das kam so: Die Tatsache, dass fast nichts gestohlen worden war, kam den damit Befassten zunehmend merkwürdig vor. Und so suchte man nicht nur in Verbrecherkreisen nach den Tätern, sondern auch im persönlichen und beruflichen Umfeld des Grafen. Wieder einmal plauderte die Presse dann aus, was Eingeweihte sowieso schon vermuteten. Zeitungsberichten zufolge spekulierte man auf drei Gründe, warum der Überfall auf den Vermögensverwalter des Großherzogs ausgeübt worden sein könnte:

Da war zunächst Hardenbergs ablehnende Haltung im Zusammenhang mit der Anerkennung der angeblichen Zarentochter Anastasia. Außerdem war die Rede von einer falschen

Anmeldung von Anleihebesitz, deren Dokumente sich im Besitz des Grafen befänden. Und man mutmaßte, dass es sich bei dem Überfall um einen homosexuellen Racheakt gehandelt haben könnte, da Hardenberg in entsprechenden Kreisen verkehrte. Alles triftige Gründe, deren öffentliche Erläuterung kurz nach Bekanntwerden der Tat die Gazetten füllte.

Bereits am 9. Oktober 1928 war in der *Essener Allgemeinen* unter der Überschrift „Der Überfall auf Graf Hardenberg – Die Anastasia-Affäre im Hintergrund“ Folgendes zu lesen: „Wie das ‚Tempo‘ zu dem Überfall auf Graf Hardenberg, den Bevollmächtigten des ehemaligen regierenden Großherzogs von Hessen, meldet, soll im Zusammenhang mit dem Prozess um die angebliche Zarentochter Anastasia der Herzog von Leuchtenberg behauptet haben, dass Graf Hardenberg im Auftrage des Großherzogs die Summen zur Verfügung gestellt habe, die zur Entlarvung der Anastasia dienen sollten. Graf Hardenberg sei von den zur Partei der Anastasia gehörenden Anwälten scharf angegriffen und als die Seele des ganzen Feldzuges bezeichnet worden, der im Auftrage des ehemaligen Großherzogs gegen die Echtheit der Anastasia geführt wurde.“

Das Ende der Zarenfamilie in Jekaterinburg, der Überfall im Neuen Palais und die arme Irre aus dem Landwehrkanal in Berlin – wie passte das alles zusammen? Da die letzte russische Zarin, Alexandra Feodorowna (1872–1918), die jüngste Schwester des hessischen Großherzogs Ernst Ludwig war, also blutsverwandt in direkter Linie, hätte der ehemalige Regent womöglich Ansprüche auf einen Teil des Erbes der in der Nacht vom 16. auf den 17. Juli 1918 im Zuge der russischen Revolution von Bolschewiken ermordeten Zarenfamilie geltend machen können, was ihm angesichts seiner finanziellen Lage als abgedankter Großherzog durchaus zupass gekommen wäre. Nun aber war unvermutet jenes blutjunge Mädchen aufgetaucht, das am 17. Februar 1920 zu nächtlicher Stunde in selbstmörderischer Absicht in den Landwehrkanal in Berlin gestürzt war und das nach Rettung aus den nasskalten Fluten

Wohnzimmer des Grafen Hardenberg im Neuen Palais in Darmstadt. Lichtbildalbum des Hessischen Polizeiamts Darmstadt, HStAD G 27 Darmstdt Nr. 3532

behauptete, es sei seine Nichte, Großfürstin Anastasia (1901–1918), jene erschossen geglaubte jüngste Zarentochter, die dem Massaker an ihrer Familie in Jekaterinburg durch glückliche Umstände entgangen sei. Auch ein zweijähriger Aufenthalt in der Irrenanstalt Dalldorf brachte die junge Frau nicht davon ab, auf ihrer Identität mit der Zarentochter zu beharren. Großfürst Andreas von Russland hatte sie bereits anerkannt, und Victoria Luise, Herzogin von Braunschweig und Kaisertochter, bestand darauf, das Rätsel um die Herkunft der jungen Frau zu klären. Kein Wunder, dass Ernst Ludwig im beschaulichen Darmstadt so gar keine Lust verspürte, die Anerkennung jener Anna Anderson[47] als seine Nichte Anastasia zu unterstützen. Im Gegen-

47 Anna Anderson nannte sich zunächst selbst Tschaikowsky. Ihr tatsächlicher Name war wohl Franziska Schanzkowska (transkribiert auch Schanzkowsky bzw. Tschanskowsky).

teil. Offenbar beauftragte er seinen Vermögensverwalter Graf Kuno von Hardenberg, sich um die Sache zu kümmern, und setzte sogar finanzielle Mittel ein, um vor Gericht das Gegenteil beweisen zu können – mit dem Ergebnis, dass sich Hardenberg, wie es der Herzog von Leuchtenberg betont, in dieser Sache für seinen Dienstherrn stark machte und die Aussagen der jungen Frau als Schwindel und Betrug hinstellte.

Wie wir heute wissen, war Anna Anderson, die bis zu ihrem Tod im Jahr 1984 um ihre Anerkennung als Zarentochter kämpfte, tatsächlich eine Schwindlerin. Genanalysen haben dies zweifelsfrei bewiesen. Die Untersuchungen wurden möglich, nachdem im Jahr 1991 die sterblichen Überreste der Zarenfamilie in Russland geborgen wurden. Es fehlten lediglich die des Zarewitsch Alexej und seiner Schwester Anastasia. Da von Anna Anderson Gewebeproben existierten, die ihr bei einer Operation im Jahre 1979 im Martha-Jefferson-Hospital in Charlottesville (USA) entnommen worden waren, konnten anhand dieser und der sterblichen Überreste der Zarenfamilie entsprechende vergleichende Untersuchungen angestellt werden. Am 5. Oktober 1994 wurde bekanntgegeben, dass DNS-Tests eindeutig ergeben hätten, dass Anna Anderson nicht die Tochter des Zarenpaares gewesen sei. Im Jahr des Überfalls auf Hardenberg hingegen waren derartige Beweise noch nicht möglich, und so zählte nur, was die junge Frau an Details aus ihrem angeblichen Leben als Zarentochter preisgab. Das aber war derart glaubwürdig, dass viele in ihr tatsächlich die einzige Überlebende des Massakers sahen.

Die Verbindung zum Raubmord am Grafen liegt auf der Hand. Immerhin wäre es möglich gewesen, dass der Vermögensverwalter des Großherzogs von der Gegenseite, also den Anastasia-Befürwortern, aus dem Wege geschafft werden sollte, um den lästigen Widersacher loszuwerden. Auch die Süddeutsche Sonntagspost vom 21. Oktober 1928 erwägt diese kühne Hypothese und widmet dem Geheimnis um Anastasia eine ganze Seite.

Schlafzimmer des Grafen Hardenberg, in dem der Raubüberfall geschah. Rechts an der Zimmertür und an der weißen Holzverschalung links davon verzeichnete die Polizei Blutspritzer. Lichtbildalbum des Hessischen Polizeiamts Darmstadt, HStAD G 27 Darmstadt, Nr. 3532

Der zweite Grund, warum Graf Hardenberg ins Jenseits hätte befördert werden können, ist ebenfalls dem schnöden Mammon zuzuschreiben, allerdings mit einem ganz anderen Hintergrund. Worum es dabei ging, publizierte die Berliner *Welt am Abend* in folgender aufsehenerregender Meldung: „Aus beteiligten Kreisen sickert nämlich durch, dass die Sache mit der falschen Anmeldung von Anleihenbesitz zusammenhängt. Bei Herrn Grafen Hardenberg lagerten Dokumente, aus denen die Beteiligung ehemaliger deutscher Fürsten bzw. ihrer Vermögensverwaltungen an der Betrugsaffäre der Herren Stinnes, Groß, Calmon usw. hervorgehen soll. Da diese vor den aufmerksam gewordenen Behörden nicht mehr wegzuschaffen waren, sei der ‚Raubüberfall' verübt worden. Es stehe dahin, ob die ‚Verbrecher' versehentlich zu fest zugeschlagen hätten oder ob Herr Graf Hardenberg nur höchst leicht berührt worden sei. Ob der Zweck erreicht, d.h. die belastenden Dokumente geborgen worden sind, ist nicht bekannt. Reelle Werte, die im Schrank vorhanden waren, blieben auf jeden Fall unberührt." Ein Anleiheschwindel, in den der Großherzog von Hessen verwickelt gewesen sein soll, und ein fingierter Überfall, um die Beteiligung Ernst Ludwigs und anderer ehemaliger deutscher Fürsten an der Sache zu vertuschen – kann man das glauben? Das fragte sich natürlich auch die erwähnte Zeitung und fügt an: „Wir müssen dem Berliner Blatt die Verantwortung für den Inhalt dieser Notiz überlassen, obwohl das mysteriöse Dunkel um diese Überfallgeschichte allerlei Raum zu Vermutungen gibt."

Die Darmstädter Kriminalpolizei fühlte sich aufgrund der Verdächtigungen veranlasst, den Herrn Reichskommissar für die Auflösung der Reichsanleihen in Berlin um Mithilfe zu bitten. Die Antwort fiel so aus, wie es sich die Herren am Woog wohl gewünscht haben mögen: dass die in Berlin gestellten Altbesitzanträge der Großherzoglichen Haus- und Vermögensverwaltung in Darmstadt und der Unterstützungskasse auch nach nochmaliger genauer Nachprüfung keinen Grund zur Beanstandung gaben. Damit war das Thema vom Tisch, und es gab nur noch einen Grund, der den Überfall auf Graf Hardenberg rechtfertigen konnte: dessen augenscheinlich homosexuelle Neigungen.

Wieder war es die *Welt am Abend*, die den ungeheuerlichen Verdacht aussprach. Und wiederum zitierten die hiesigen Zeitungen wortwörtlich den Text des Berliner Blattes, ohne sich auf den schlüpfrigen Boden der Eigenermittlung zu begeben. So stand denn auch im *Hessischen Volksfreund* vom 1. Dezember 1928 und auch im *Zentralanzeiger* (Erbach) am 4. Dezember folgendes, schier Unglaubliche zu lesen: „Da dem Staatsanwalt, der die Affäre bearbeitet, homosexuelle Neigungen des Grafen zur Kenntnis gebracht wurden, hat er Erhebungen nach dieser Richtung hin aufgenommen, zumal angenommen wird, dass der Graf wohl in der ersten Erschütterung Anzeige erstattete, nachträglich aber genauere Angaben nicht mehr von ihm zu erlangen waren, sodass die Vermutung nahe liegt, es handele sich um einen homosexuellen Racheakt. Infolgedessen wurde eine plötzlich vom Grafen geplante Auslandsreise von der Polizei inhibiert. Die Spur der Täter wird nunmehr in hohe und höchste Kreise der Darmstädter Gesellschaft, die im Verdacht homosexueller Neigungen stehen, verfolgt." Das war der Stoff, aus dem Schlagzeilen gemacht werden! Doch die hiesige Presse verhielt sich insofern dezent, als man die Informationen in nette kleine Artikel mit belangloser Überschrift verpackte. Wer sich allerdings die Mühe machte, den Text zu studieren, dem konnten die Augen übergehen. Allein die Tatsache, dass Hardenberg trotz des existierenden § 175 StGB[48], der sexuelle Handlungen zwischen Personen männlichen Geschlechts unter Strafe stellte, offenbar intime Männerbekanntschaften unterhielt, dürfte in Darmstadt für ausreichend Gesprächsstoff gesorgt haben. Und dann war da noch der Verdacht, dass sich der Graf, um seine Neigungen zu vertuschen, im Nachhinein an vieles gleich nach dem Überfall Ausgeplauderte nicht mehr erinnern konnte oder wollte und sich zwecks Auslandsurlaubs elegant aus der Affäre zu ziehen versuchte. Ganz brisant wurde es jedoch bei dem Verdacht, der hohe und höchste Kreise der Darmstädter Gesellschaft betraf. Die Berliner Gazette nahm auch hier kein Blatt vor den Mund und sprach aus, was der Angelegenheit einen geradezu skandalösen Anstrich gab. „Interessant ist die Tatsache, dass der ehemalige Großherzog, der den Kreisen, in denen jetzt die Täter gesucht werden, sehr nahe steht, sich eigene Privatdetektive aus Berlin kommen ließ, die die mystische Angelegenheit auf eigene Faust klären sollen." Daraus ließ sich ableiten, dass Ernst Ludwig womöglich selber ähnliche Neigungen wie Graf Hardenberg hegte und somit großes Interesse daran hatte, den Tätern auf die Spur zu kommen.

48 Der § 175 StGB existierte vom 1. 1. 1872 bis zum 11. 6. 1994. Er stellte sexuelle Handlungen zwischen Personen männlichen Geschlechts unter Strafe, ab 1973 allerdings nur noch mit Jugendlichen unter 18 Jahren.

Als Beweis dafür dürfte sein eigenmächtiges Handeln bei der Täterermittlung gelten. Vielleicht folgerte der eine oder andere Leser dieser Zeilen sogar messerscharf, dass es da womöglich eine Beziehung zwischen dem ehemaligen Großherzog und seinem Vermögensverwalter gegeben haben könnte. Und – wer um alles in der Welt gehörte noch zu diesem Kreis von Personen, deren Neigungen auf gleichgeschlechtliche Liebesbeziehungen ausgerichtet waren? Offenbar wurden sogar – wie die *Welt am Abend* berichtete – in dem entsprechenden Milieu Haussuchungen und Vernehmungen durchgeführt.

Wieder einmal gab es jede Menge ungeklärte Fragen. Doch anstatt einer Aufklärung über die heiklen, ja geradezu brisanten Themen, erwartete den Leser ab Anfang Dezember 1928 etwas völlig anderes: Ein Dementi, bei dem alles bestritten wurde, was die Zeitungen bisher als mögliche Gründe für den Überfall auf Graf Hardenberg genannt hatten. Initiator war die Staatsanwaltschaft Darmstadt, die besagte Zeitungen anschrieb und die Korrektur der bisherigen Meldungen forderte. Praktischerweise hatte man gleich einen neuen Text formuliert, der zum Abdruck bereitlag. Außerdem forderte die Staatsanwaltschaft die Übersendung eines Belegblattes um sicherzugehen, dass die gewünschte Änderung auch tatsächlich unter die Leute gebracht würde. So wurden z.B. die *Welt am Montag* in Berlin, der *Büdinger Anzeiger*, die *Arbeiter-Zeitung Frankfurt*, die *Hessische Landeszeitung* und auch das *Darmstädter Tagblatt* bestimmt auf ihre Aufgabe hingewiesen. Die *Welt am Montag* meldete darauf nach Darmstadt, dass sie den bewussten Artikel nie gedruckt habe, und schob den Schwarzen Peter der *Welt am Abend* zu. Das *Darmstädter Tagblatt* reagierte mit einem Artikel vom 9. Dezember, betrachtete sich aber sowieso als unschuldig, weil man sich angeblich nicht an den zahllosen fantastischen und sinnlosen Gerüchten beteiligt habe, die in und außerhalb Darmstadts kolportiert worden seien. Ähnlich verhielt sich die *Hessische Landeszeitung*. Sie sprach in ihrem Artikel vom 8. Dezember 1928 davon, dass man es von

Anfang an abgelehnt habe, den lediglich auf Sensationsmache abgestellten fantastischen Geschichten irgendwie Raum zu geben, und dass die Person des Grafen Hardenberg zu hoch stehe, als dass man ihn mit irgendeinem Sensationsklatsch in Verbindung bringen könne. Anschließend folgte wortwörtlich der offizielle Text der Staatsanwaltschaft, worin sowohl die Anastasia-Affäre, die Kriegsanleiheschiebung wie auch der auf homosexuellen Zusammenhängen beruhende Racheakt komplett ausgeschlossen wurden.

Damit, so könnte man meinen, seien diese Themen endgültig passé gewesen. Doch schaut man sich die Untersuchungsakten der Staatsanwaltschaft Darmstadt an, dann wird schnell klar, dass dort durchaus in Richtung eines homosexuellen Hintergrundes ermittelt wurde. Insbesondere fällt dies bei den Zeugenvernehmungen auf, die selbst den arglosen Leser vermuten lassen, dass es gewisse Verbindungen und vielleicht sogar Netzwerke gab, die auf einen solchen Hintergrund schließen lassen.

Dies wird z.B. in der Niederschrift über eine vertrauliche Mitteilung deutlich, die im Polizeiamt Darmstadt am 26. Oktober 1928 zu Papier gebracht wurde. Dort steht zu lesen, „dass im Neuen Palais in den Jahren 1923 bis 1925 ein junger Mann namens Hans Mankel als Kochlehrling beschäftigt gewesen sei, dem der Graf v. Hardenberg engl. Unterricht erteilt habe, und zwar in seinem Zimmer“. Es folgt der aufschlussreiche Zusatz: „Der junge Mann soll ein sehr hübscher Junge gewesen sein.“ Wie der aufnehmende Kriminalsekretär beim Einwohneramt feststellte, handelte es sich um den am 19. Januar 1906 in Worms geborenen Hans Mankel, Sohn eines Weingroßhändlers, der vom 16. September 1923 bis zum 1. April 1925 im Neuen Palais in Darmstadt als Kochlehrling gearbeitet hatte. Ein 17 bis 19 Jahre alter Jüngling also, der dem Grafen, so er denn tatsächlich seinen Neigungen nachgegangen sein sollte, gefallen haben könnte. Um den Aufenthalt Mankels zu erfahren, wurde das Polizeiamt in Worms schriftlich um Mithilfe gebeten. Es folgte der Zusatz: „Es wird angenommen, dass er in obiger Sache wesentliche Angaben machen kann." Wollte man den jungen Mann am Ende gar dazu befragen, was wirklich in den Räumen des Grafen beim Englischunterricht geschehen war?

Die Nachforschungen in Worms ergaben, dass Hans Mankel mittlerweile auf Schloss Fürstenberg in Mecklenburg arbeitete. Und dann geschah das, was aufhorchen lässt. Oberstaatsanwalt May ordnete am 27.11.1928 an, dass „weitere Schritte zur Vernehmung des Mankel unterbleiben, weil durch die weite Entfernung bei seiner Vernehmung durch einen Darmstädter Beamten unverhältnismäßig hohe Kosten verursacht würden und die Vernehmung durch einen dortigen Beamten nicht angängig erscheint." Wollte der Oberstaatsanwalt die Aussage des jungen Mannes mit einer fadenscheinigen Begründung verhindern? Und deckte er womöglich andere, die hinter der Affäre standen? Interessant ist, dass der Verzicht auf die Aussage des Kochs kurz vor den Dementis in den Zeitungen angeordnet wurde und dass wiederum die Staatsanwaltschaft federführend dabei war. Honni soit qui mal y pense!

Zudem gab es noch eine weitere Aussage, die den Verdacht der gleichgeschlechtlichen Neigungen des Grafen untermauerte. Bereits am 23. Oktober 1928 erschien eine nicht namentlich genannte Person beim Hessischen Polizeiamt in Darmstadt, um Kriminalsekretär Keimp vertraulich mitzuteilen, „dass Graf v. Hardenberg mit einem hiesigen Friseurgehilfen homosexuelle Beziehungen unterhalten solle. Beide sollen im Sommer ds. Js. auf Kosten des Grafen von Hardenberg eine gemeinschaftliche Auslandsreise unternommen haben". Wie die Ermittlungen ergaben, handelte es sich um den Friseur Wilhelm Burk, einen 25-jährigen jungen Mann aus Neunkirchen an der Saar, der in der Wilhelminenstraße 35, nicht weit vom Neuen Palais, wohnte. Tatsächlich hatte der Mittzwanziger einen Auslandspass beantragt und erhalten, sodass durchaus die Möglichkeit einer gemeinsamen Reise mit Graf Hardenberg bestand. Untermauert wurde diese These durch ein Schreiben der Hessischen Kriminalpolizei vom 31. Oktober 1928, in dem angegeben wird, dass das Personal des ehemaligen Großherzogs die beiden Männer auf Schloss Tarasp in der Schweiz erkannt habe. Der Graf soll sich angeblich mit der Großherzoglichen Familie von Ende Juli 1928 bis zum 24. oder 25. September 1928 dort aufgehalten haben. Später sei er über Innsbruck nach Wien, von dort aus nach Schlesien und dann nach Darmstadt gefahren, wo er in der Nacht vom 6. auf den 7. Oktober 1928 ankam. „Ob Burk in Begleitung des Grafen war, muss eine Vernehmung ergeben", schreibt der bearbeitende Kriminalsekretär am 26. Oktober 1928.

In der Tat erschien dann am 20. November besagter lediger Friseurgehilfe bei der Darmstädter Kriminalpolizei und sagte aus. Auffällig an der Schilderung des jungen Mannes war, dass er bereits dem Schwedischen Grafen von Platen in der Funktion des Friseurs und Reisebegleiters zu Diensten gestanden und mit ihm u.a. die Schweiz, Italien, Tunis und Spanien besucht hatte. Nach sechs Monaten, so Burk, habe er hingegen die Stelle bei dem feinen Herrn aufgegeben, „weil er mir homosexuell veranlagt schien und sich mir in einer mir unsympathischen Weise zu nähern versuchte". Den Grafen Hardenberg will er im Römerbad[49] in Darmstadt kennengelernt haben, als dieser das gerade neu eröffnete Haus besichtigte. Der Friseurgehilfe rasierte und frisierte den Vermögensverwalter des Großherzogs und kam so mit ihm in Kontakt. Aufschlussreich waren die folgenden Worte des Barbiers: „Sein Benehmen schien mir etwas eigenartig und brachte mich zu der Vermutung, dass er geschlechtlich wohl etwas abnormal veranlagt sei." Es folgte der Zusatz: „Später hörte ich im Geschäft ab und zu auch ähnliche Hinweise bei unserer Kundschaft ..." So weit schien alles eindeutig zu sein. Allerdings nahm der Zeuge dann gewissermaßen alles wieder zurück, indem er hinzufügte: „... ich selbst habe aber bestimmte Wahrnehmungen in dieser Hinsicht nicht gemacht und auch noch nie etwas Bestimmtes hierüber erfahren".

49 Das Römerbad lag in der Zimmerstraße 7. Quelle: Annonce im Adressbuch Darmstadt von 1927.

Höchst merkwürdig erschien auch die Sache mit der Reise in die Schweiz. Burk behauptete felsenfest, dass er zur fraglichen Zeit nicht auf eidgenössischem Boden gewesen sei und sich überhaupt in den letzten zwei Jahren nie weit von Darmstadt entfernt habe. Erlaubt sei allerdings dann die Frage, weshalb sich der junge Mann einen Reisepass ausstellen ließ, wo er doch angeblich „nur" den Urlaub bei seiner Schwester in Saarbrücken verbracht haben will. Laut Unterlagen des Polizeiamts Darmstadt hatte Burk am 20. August 1928 einen Auslandspass erhalten.

Der Friseur gab sich bei seinen Aussagen vor allem redlich Mühe, jeglichen Verdacht homosexueller Neigungen in das Reich der Fantasie zu verweisen, wie z.B. mit folgender Bemerkung: „Dass ich geschlechtlich nicht abnormal veranlagt bin, geht daraus hervor, dass ich seit zwei Jahren eine Braut besitze, mit der ich mich zu Weihnachten verloben und im nächsten Jahre verheiraten will." Konnte man seinen Worten glauben oder war alles nur ein geschicktes Manöver, um nicht selbst in Verdacht und in die Ziellinie des § 175 zu geraten?

Am Abend des Überfalls auf Graf Hardenberg will der Mittzwanziger samt Braut und Schwiegermutter bei deren Schwester in der Heinrich-Fuhr-Straße gewesen sein. Später, nach dem Zubettgehen in seinem Zimmer in der Wilhelminenstraße, habe er im Halbschlaf, gegen 0.30 Uhr, deutliche Hilferufe gehört – was plausibel erscheint, da er direkt gegenüber dem Neuen Palais wohnte.

Und dann war da noch eine Aussage, zu der sich ein gewisser Erich Müller veranlasst sah, als er am 6. November 1928 bei der Kriminalpolizei in Darmstadt erschien. Der ledige Kaufmann aus der Schulstraße gab an, „Graf Hardenberg habe vor einigen Jahren auf dem Exerzierplatz einmal Schläge bekommen, als er in widernatürlicher Weise mit einem jungen Manne verkehren wollte". Allerdings verlief auch diese Spur im Sande. Kriminalinspektor Günter vermerkte schon einen Tag später in den Akten, „dass der Erzählung des Müller wesentliche Tatsachen nicht zugrunde liegen".

Zusammenfassend kann man sagen, dass es durchaus Hinweise auf einen homosexuellen Hintergrund gab, die aber entweder nicht ernst genommen oder bereits im Ansatz verworfen wurden. Getreu dem Motto, dass nicht sein kann, was nicht sein darf, hat offenbar auch die Kriminalpolizei ihren Teil dazu beigetragen, diese „dunkle Seite“ in der Vita des Grafen nicht ans Tageslicht zu befördern. Dazu gab es triftige Gründe, denn der Großherzogliche Vermögensverwalter verkehrte in hohen und höchsten Kreisen, die ebensolche Neigungen auslebten und die ebenfalls hätten kompromittiert werden können – allen voran Großherzog Ernst Ludwig, dessen homoerotische Beziehungen sogar über Darmstadt hinaus ein offenes Geheimnis waren. „In Berlin kreierte man das zweideutige Wort vom kunstsinnigen ‚Darm-Athen‘“[50], schreibt Dr. Rainer Maaß in einem Aufsatz über den ebenfalls homosexuellen Darmstädter Rechtsanwalt Ludwig Möser. Dennoch waren es vorwiegend englischsprachige Autoren, die dieses brisante Thema aufgriffen, wie z.B. Michael John Sullivan, der in einer Biografie über Ernst Ludwigs erste Frau Victoria Melita erwähnt, dass sie den Gatten in Schloss Wolfsgarten im Bett mit einem Küchenjungen ertappt habe. Im Original liest sich das wie folgt: „No boy was safe, from the stable hands to the kitchen help. He slept quite openly with them all.“[51] Die speziellen Neigungen des Großherzogs sollen auch der Grund dafür gewesen sein, dass seine erste Ehe mit Victoria Melita von Edinburgh 1901 geschieden wurde. Wen wundert es da, dass womöglich auch Hardenberg eine besondere Vorliebe fürs Küchenpersonal entwickelte!

Auch John van der Kiste erwähnt in seiner Biografie über Ernst Ludwig „homosexual tendencies“. „It was said, that

50 Rainer Maaß, Invertito – Jahrbuch für die Geschichte der Homosexualitäten, Jg. 7, 2005, 14.

51 Ebd.: „Kein Junge, von den Stallburschen bis zur Küchenhilfe, war sicher. Er schlief ganz offen mit ihnen allen.“ Vgl. auch: Michael John Sullivan, A Fatal Passion. The Story of Victoria Melita, the Uncrowned Last Empress of Russia, New York 1997.

he was visiting a lady in the town and that he also showed a marked fondness for male kitchen hands and stable boys."[52] Offenbar liebte der Großherzog sowohl das weibliche wie das männliche Geschlecht. Gab es vielleicht sogar eine intime Beziehung zum kunstsinnigen Kuno von Hardenberg? Eines ist jedenfalls gewiss und belegbar: Ernst-Ludwig und der Graf haben sich zumindest in literarischer Hinsicht so gut verstanden, dass sie unter dem Pseudonym „K. E. Ludhard" ein von Stefan George inspiriertes Mysterienspiel veröffentlichten. „K" stand für Kuno, „E" für Ernst Ludwig und „Ludhard" ist eine Zusammensetzung aus den Anfangsbuchstaben von Ludwig und Hardenberg.

Außerdem gab es da noch weitere literarische Ergüsse aus der Jugendzeit Ernst Ludwigs, wie z.B. ein „gemeinsam mit seinem Freund und Regimentskameraden Alexander von Frankenberg und Ludwigsdorf (1861–1911) geführtes Gedichtalbum und die gegenseitige, teilweise in Geheimcode geführte Korrespondenz der Jahre 1886 bis 1893"[53]. Man sieht, die Herren haben sehr wohl versucht, ihre Neigungen zu verstecken. Gleichzeitig kam es bei ihnen aber auf den Punkt an. Da wurde nichts dem Zufall überlassen. Alles hatte seine tiefere Bedeutung. Und so umgab man sich auch gerne mit Personen, die ähnliches schätzten, wie z.B. mit dem Darmstädter Philosophen Graf Keyserling (1890–1946), dem Begründer der „Schule der Weisheit". Dieser postulierte, dass sich die Philosophie von dem Ideal der Wissenschaft entfernen und sich stattdessen der Weisheit zuwenden solle. Dr. Rainer Maaß vom Hessischen Staatsarchiv in Darmstadt berichtet: „Ebenso wie Ernst Ludwig war auch Keyserling verheiratet, aber auch Männern gegenüber nicht abgeneigt." Außerdem deutet er an, dass es sich „bei dem engeren Kreis der ‚Schule der Weisheit' um eine Art homosexuelle Elite" gehandelt

52 „Man sagte, er besuche eine Dame in der Stadt und er zeige auch eine auffallende Zuneigung zu männlichem Küchenpersonal und zu Stallburschen." Rainer Maaß, aaO.

53 Rainer Maaß, aaO.; vgl.. auch: HStAD D 24 Nr. 32/2 bzw. 37/9.

habe.[54] Hardenberg war dem Grafen Keyserling so weit verbunden, dass er anlässlich des zehnjährigen Bestehens der „Schule der Weisheit" einen viel beachteten Festvortrag hielt, der am 15. November 1930 in voller Länge im *Darmstädter Tagblatt* abgedruckt wurde. Der Redner bezeichnete den Philosophen als „Freund" und fügte orakelnd hinzu: „Unseres, Ihrer nächsten Freunde treuen Beistandes, können Sie immer sicher sein, wie sich auch Ihr Leben gestalten möge."[55] Im Nachhinein muten die Worte prophetisch an, vor allem unter dem besonderen Aspekt der angesprochenen Männerfreundschaft.

Und dann war da noch die Verbindung zu Dr. Willi Wilbrand. Der Jurist zählte ebenfalls zum illustren Kreis der „Schule der Weisheit". Es gab viele persönliche Kontakte mit Graf Hardenberg und einen über mehrere Jahre andauernden regen Briefwechsel. Die Verbundenheit zu Hardenberg war offenbar so eng, dass sich Wilbrand veranlasst sah, nach dem Überfall tief in die Tasche zu greifen und die besagte hohe Belohnung in Höhe von 2500 Reichsmark auszusetzen. Beabsichtigte er etwa eine möglichst schnelle Klärung, um weitere Spekulationen über das Tatmotiv zu verhindern?

Womöglich gehörte auch Alexander Koch, der Sohn des bekannten gleichnamigen Darmstädter Verlegers, zu diesem Kreis oder stand diesem zumindest sehr nahe. Er war zum Zeitpunkt des Überfalls 33 Jahre alt und machte am 29. Oktober 1928 folgende Aussage bei der Darmstädter Polizei: „Mit dem Grafen Hardenberg bin ich sehr befreundet und habe ihn oft im Neuen Palais besucht. Im Neuen Palais besuche ich aber auch oft den ehemaligen Großherzog und dessen Söhne. Trotzdem ich mit Graf Hardenberg sehr vertraut bin und vielleicht mehr wie jeder andere seine Neigungen kenne, kann ich mir über die Ursachen zur Tat oder die Täter keine Vorstellung machen." Versucht man, zwischen den Zeilen zu lesen, und projiziert man

54 Rainer Maaß, aaO., 15.

55 Darmstädter Tagblatt, 15. November 1930, HStAD.

den homosexuellen Aspekt in die Worte des Verleger-Sohns, dann macht alles durchaus einen Sinn. Da Koch angibt, wie kein anderer die Neigungen des Grafen zu kennen, liegt die Vermutung nahe, dass auch er zu den Auserwählten Hardenbergs gehört haben könnte. Zumal Koch auch noch zugibt, einen eigenen Schlüssel zur Palaistür von der Sandstraße zu besitzen, und das seit 1922, also bereits ganze sechs Jahre. Weit zu gehen brauchte der junge Mann nicht, denn er lebte offenbar in der Villa seines berühmten Vaters, in der Annastraße 25, also gerade mal ein paar hundert Meter entfernt. Interessant ist in diesem Zusammenhang auch, dass wiederum Graf Hardenberg in der Zeitschrift *Kunst und Dekoration,* die von Alexander Koch Senior herausgegeben wurde, höchst respektable Aufsätze veröffentlichte und sogar zum 70. Geburtstag desselben als Vertreter des abgedankten Großherzogs Glückwünsche und eine Blumenspende übergab.[56] Die Beziehung zwischen Alexander Koch jun., Graf Hardenberg und Ernst Ludwig war eng, mit Sicherheit freundschaftlich und vielleicht auch mehr. Allerdings weist Koch bei seiner Aussage vor der Polizei jegliche Verbindung zur Straftat weit von sich. Er gibt an, den Grafen weder im Urlaub in der Schweiz noch danach getroffen zu haben, und beteuert, dass er den Verletzten erst acht Tage nach dem Überfall im Krankenhaus besucht habe.

Merkwürdig erscheint auch die bunte Mischung von Personen, die außer der großherzoglichen Familie und der Dienerschaft im Neuen Palais wohnte. Da gab es nach Aktenlage sieben Studenten der Technischen Hochschule, die möblierte Zimmer innehatten. Darunter auch der 21-jährige Tassilo von Strzemieczny und Richard Prinz von Hessen, dessen Behausung direkt über der des Grafen lag. Er und ein junger Mann namens Walter Rompf waren als einzige während des Überfalls anwesend. Rompf will um ein Uhr nachts am Südbahnhof

56 Darmstädter Tagblatt, 11. November 1930 „Die Feier des 70. Geburtstags Alexander Kochs“, HStAD.

angekommen und um zwei Uhr in seinem möblierten Zimmer zu Bett gegangen sein. Vor der Polizei gab er an, zur fraglichen Zeit nichts Verdächtiges beobachtet zu haben. Und noch ein weiterer Herr war quasi der „Untermieter Ernst Ludwigs". Es handelte sich um den 29-jährigen Dr. Kurt Röder, der aber offenbar, wie er vor der Polizei aussagte, die Nacht in Alsbach im Sanatorium Wassermeyer verbracht hatte.

Auch das Personal im Neuen Palais war durchaus speziell. Es gab drei blutjunge Dienstmädchen, die gerade einmal zwanzig Jahre alt und offenbar alle frisch verliebt waren. Anni Fischer beispielsweise unterhielt ein Verhältnis mit dem Gärtner Willi Küster, der im Neuen Palais und auf Schloss Wolfsgarten beschäftigt war. An besagtem Abend schloss sie die Fenster im Zimmer des Grafen, richtete sein Bett für die Nacht her und begab sich dann auf amouröse Pfade mit ihrem Liebsten. Die beiden besuchten die Brauerei Schul in der Dieburger Straße und kehrten erst in der Nacht zum Palais zurück. Dort vergnügten sie sich noch ein Weilchen im großherzoglichen Park, ehe die junge Frau kurz nach ein Uhr allein auf ihr Zimmer ging. Irgendwelche verdächtige Wahrnehmungen will sie nicht gemacht haben.

Elisabethe Hohmann hatte ein Verhältnis mit einem Beamten vom Finanzamt, dessen genauen Namen sie aber auf der Polizeistation nicht nennen wollte oder konnte. Die Beamten fanden schnell heraus, dass es sich um einen gewissen Franz Hauschild handelte, der aber beteuerte, weder Palais noch Garten je betreten zu haben. Außerdem lag sein letztes Rendezvous mit dem begehrten Mädchen fünf Tage zurück.

Die Vernehmung der Gretel Mahr brachte ebenfalls nichts wirklich Verwertbares. Die Köchin gab an, am fraglichen Sonntag zur Nachkirchweih nach Gundernhausen gefahren und erst am Montag früh um sieben Uhr zurückgekehrt zu sein.

Auch die 20-jährige Köchin Maria Darnider, das 23-jährige Küchenmädchen Katharina Hohmann, das gleichaltrige Hausmädchen Elisabeth Seibert und der 18-jährige Koch Georg

Metzler wollten in der fraglichen Nacht nichts bemerkt haben. Ganz so wie das gesetztere Personal der hohen Herrschaften, Hausmeister Ludwig Brückner und Schlüsseldame Georgina von Rotsmann, die beide schon auf das Rentenalter zugingen. Es gab also nach wie vor keine heiße Spur, die einen Hinweis auf die ominösen Täter hätte geben können.

Mehr versprach man sich schon von der Aussage des Emil Lauterbach, jenes 39-jährigen ledigen Kammerdieners des Großherzogs, der wiederum ein Liebesverhältnis mit der Sekretärin des Grafen Hardenberg unterhielt, einer gewissen Dora Netz, mit der er am fraglichen Sonntagabend zusammen war. Um nach seinem Rendezvous nicht mit dem Zug nach Schloss Wolfsgarten fahren zu müssen, erklärte Lauterbach dem Portier Dieter, dass er im Palais schlafen wolle, und bat ihn, einen Wecker zurecht zu stellen. Dann vergnügte er sich noch einige Zeit mit seiner Liebsten und kam erst gegen halb drei Uhr morgens wieder in der großherzoglichen Wohnstatt an, wo er sich sogleich in seinem im Souterrain zur Sandstraße gelegenen Zimmer ins Bett legte und schlief. Nach etwa einer Stunde wurde Lauterbach aus dem Schlaf gerissen, da ein Schupo-Beamter und der Portier auf der Suche nach den Tätern sein Zimmer inspizieren wollten. Der in seiner Nachtruhe Gestörte besichtigte darauf den Tatort im Hochparterre und nahm schließlich den Nachtzug, um sich ins beschauliche Wolfsgarten abzusetzen.

Der Portier und Telefonist Heinrich Dieter wäre offenbar der einzige gewesen, der Näheres über die Vorgänge der Überfallnacht hätte berichten können. Doch unglückseligerweise legte der sich bereits gegen kurz vor 23 Uhr in seinem Zimmer am nördlichen Ausgang des Neuen Palais, nahe der Hügelstraße, zu Bett, weil ihn Zahnschmerzen quälten. Gegen 22 Uhr hatte der ledige 26-Jährige noch einmal das Zimmer von Graf Hardenberg betreten, um dessen frisch geputzte Stiefel in den Schlafzimmerschrank zu stellen. Außerdem verschloss der junge Mann vor dem Zubettgehen den Eingang zur Hügelstraße. Die Tür zur Sandstraße war bereits verriegelt. Allerdings räumte der Portier ein, dass, wenn Graf Hardenberg anwesend sei, dieser Eingang nie abgeschlossen würde, „weil der Herr Graf es so wünscht“. Nach den pikanten Details aus dem Privatleben Hardenbergs kann sich der werte Leser auch aus dieser Anordnung einen Reim machen. Kurzum, es herrschten merkwürdige Zustände im Neuen Palais. Portier Dieter will in der Nacht vom 7. auf den 8. Oktober fest geschlafen haben und erst gegen zwei Uhr von der Polizei geweckt worden sein. Einen Hinweis auf die Täter konnte er nicht geben.

Kopfzerbrechen machten den ermittelnden Beamten auch vier Papierschnitzel, die bei der Aufnahme des Tatortes durch den Erkennungsdienst im Schlafzimmer des Grafen vorgefunden wurden. Es handelt sich dabei um Teile einer Zeitschrift für das Hotel- und Gaststättengewerbe, genauer gesagt um die Nummer 77 der deutschen *Hotel-Nachrichten* vom 26. September 1928. Die Zeitschrift wurde in Hamburg herausgegeben und hatte in Darmstadt 27 Abonnenten, vorzugsweise größere Gaststätten wie z.B. das Hotel Traube, das Restaurant zur Oper, das Café Ernst Ludwig und das Schlosscafé. Da die Zeitschrift in der Regel nur vom Gaststätteninhaber und dem Personal gelesen wurde, folgerte Kriminalinspektor Günter messerscharf, dass die Täter im Gaststättengewerbe zu suchen wären. Dass es da gewisse Verbindungen des Grafen zum Küchenpersonal gegeben hat, ließ der Inspektor aus Unwissenheit oder Kalkül unberücksichtigt.

Auch Hinweisen aus der Bevölkerung wurde nachgegangen, wie z.B. dem des Bäckermeisters Johann Jöst aus der Kranichsteiner Straße, der ein mysteriöses Telefongespräch im Nebenzimmer seines Bäckerladens mitgehört haben wollte. Danach habe der Anrufer die das Gespräch vermittelnde Telefonistin u.a. darauf aufmerksam gemacht, dass sie die Schweigepflicht zu wahren habe. Wie sich später herausstellte, handelte es sich um ein Gespräch des Apothekenassistenten Julius Kraffert von der Hirschapotheke mit dem Zeichner Wilhelm Ruppert. Letzterer holte von Zeit zu Zeit Morphium für sich und seine

Gattin Dagmar. Allerdings war dieses nicht immer vom Arzt verordnet. Es handelte sich also um einen illegalen Deal, dem der brave Bäckermeister auf der Spur war. Zu den Tätern des Überfalls auf Hardenberg führte sie leider nicht.

Ebenso verhielt es sich mit dem mysteriösen Monogramm, auf dessen Klärung Staatsanwalt Leoni so viel Wert legte. Verdächtigt wurde ein gewisser Oskar Hans aus der Schuchardstraße 11, ein Installateur, dessen Ehefrau Amalie geb. Berchelmann hieß, also mit den Anfangsbuchstaben AB ihre Aussteuerwäsche gekennzeichnet hatte – mit jenen Initialen also, die mit denen des nach der Tat aufgefundenen Handtuchs übereinstimmten. Da die Dame laut Bericht einer nicht genannten Person auch einen leichten Lebenswandel führe und nachts öfters sehr lange fort sei, seien in dieser Klientel die Täter zu suchen. Staatsanwalt Leoni schickte sogleich einen Kriminalbeamten hin, aber die bewusste Dame erklärte, dass sie solche Handtücher noch nie in ihrem Haushalt gehabt habe. Außerdem sei ihre Aussteuerwäsche bis auf einige Stücke verbraucht, da sie schon sehr lange verheiratet sei. Dennoch legte sie sämtliche Wäschestücke zur Ansichtnahme vor, wobei keine Übereinstimmungen mit dem Handtuch aus der Wilhelminenstraße zu finden waren. Auch das Alibi ihres Gatten Oskar hielt der strengen Prüfung des ermittelnden Kriminalhauptwachtmeisters stand.

Also wieder kein Hinweis auf die Täter! Ebenso verhielt es sich mit weiteren Angaben aus der Bevölkerung, bis die Kriminalpolizei schließlich auf die Idee kam, das hiesige Arbeitsamt um Mithilfe zu bitten. Man ordnete an, eine Liste derjenigen Personen vorzulegen, die am Montag und Dienstag nicht zum Stempeln erschienen waren. Mit anderen Worten: Die Arbeitslosen wurden genauestens unter die Lupe genommen und deren Alibis vom Sonntagabend geprüft. Doch auch diesem Bemühen war leider kein Erfolg beschieden.

Interessant ist, dass mittlerweile auch Graf Hardenberg der Polizei Rätsel aufgab. Und zwar deshalb, weil seine Aussagen nicht deckungsgleich waren. So will er jetzt das Palais am Abend des Überfalls auf der Nordseite, also von der Hügelstraße her, betreten haben. Er gab an, sich selbst nicht erklären zu können, weshalb er seine Schlüssel nach dem Überfall wieder im Schlafzimmer vorfand, und auch von drei Tätern, wie er ursprünglich aussagte, wollte der Graf auf einmal nichts mehr wissen. Außerdem betonte er, dass alle wichtigen Dokumente für den Anastasia-Fall und die Kriegsanleihen-Affäre in seinem Büro im Residenzschloss gelagert hätten und nicht in seiner Wohnung. Hardenberg war sich nun auch nicht mehr sicher, wie viel Bargeld tatsächlich aus seiner Brieftasche gestohlen worden war. Bei einer Anhörung am 24. Oktober beteuerte er deshalb im hiesigen Amtsgericht: „Ich habe bei meinen verschiedenen polizeilichen Vernehmungen stets das Bestreben gehabt, alles so vollständig und so gut zu Protokoll zu geben, als ich jeweils hierzu imstande war. Wenn gewisse Abweichungen über einzelne Punkte in den verschiedenen Protokollen vorkommen sollen, so erfahre ich dies zum ersten Mal. Ich kann mir diese Abweichungen nur so erklären, dass ich vielleicht bei der ein oder anderen Vernehmung selbst noch kein klares Bild von den einzelnen Vorgängen hatte."

Der Graf führte die Gedächtnislücken auf die Schwere seiner Verletzungen zurück und versicherte, dass er nach wie vor das lebhafteste Interesse daran habe, dass die Täter ermittelt würden. Daran aber begann die Polizei mittlerweile zu zweifeln – nicht nur wegen der unterschiedlichen Aussagen, sondern weil der Vermögensverwalter, kaum dass er genesen war, Darmstadt verlassen wollte. Wie Hardenberg selbst am 20. Oktober zu Protokoll gab, beabsichtigte er, einen gewissen General von Bronsart in Hannover aufzusuchen, um seine Nerven wiederherzustellen. Sollte das ein geschickter Schachzug gewesen sein, um sich für einige Zeit aus der Affäre zu ziehen und unliebsamen Nachforschungen auf elegante Weise zu entgehen?

Merkwürdig ist in diesem Zusammenhang auch, dass der Kammerdiener Emil Lauterbach nach dem Überfall auf seinen Herrn bald das Weite suchte. Er begab sich an seinen Geburtsort nach Zölling in Schlesien, um dort angeblich einen zweiwöchigen Urlaub zu verbringen. Dennoch entging er nicht der Vernehmung durch die Polizei. Man befragte ihn an Ort und Stelle durch hiesige Beamte zur Sache und zu seiner Vita. So gab der 39-Jährige am 25. Oktober in Zölling zu Protokoll, dass er in englischer Kriegsgefangenschaft bereits bei Graf Rudolf von Hardenberg, dem Bruder des verletzten Grafen, als Bursche beschäftigt gewesen sei und später bei seinem zweiten Bruder, dem Grafen Ernst August von Hardenberg. 1925 wurde Lauterbach von Graf Kuno eingestellt, dem er im Neuen Palais diente. Außerdem hatte er den beiden Söhnen des Großherzogs, Donatus und Ludwig, zu Diensten zu stehen. Und das nicht nur in Darmstadt, sondern auch dann, wenn sich diese auf Reisen befanden. Wohnten Hardenberg und die Prinzen getrennt, musste der Graf auf die Dienste seines Kammerherrn verzichten – eines Mannes, der von sich selbst behauptete, die mit dem Grafen am meisten vertraute Persönlichkeit von der Dienerschaft gewesen zu sein, und der sich sogar einmal damit brüstete, dass er bei Hardenberg alles erreichen könne. Wie waren diese Worte zu deuten? Kannte Lauterbach die dunklen Seiten des Edelmanns? Wusste er um dessen spezielle Neigungen und deckte er ihn vielleicht sogar? Oder, was auch in Betracht käme: Nutzte er dieses Wissen, um den Grafen unter Druck zu setzen? Alles war möglich und machte die Angelegenheit zu einem schwierigen Fall.

Zum Alibi des Kammerdieners ist in den Unterlagen vermerkt, dass er die Sommermonate mit seinem Herrn auf Schloss Tarasp im Unter-Engadin verbracht hatte, wo er Hardenberg bediente, und zwar vom 13. August bis zum 24. September 1928. Wiedergesehen haben will er den lädierten Grafen erst am 10. Oktober im Stadtkrankenhaus in Darmstadt.

In der Tatnacht war Lauterbach nach eigener Aussage mit seiner Geliebten Dora Netz, der Sekretärin des Grafen Hardenberg, zusammen. Die beiden besuchten gegen Abend das Schlosscafé und gingen dann zum Hotel Traube, um vom Kraftwagenführer des ehemaligen Großherzogs zu erfahren, ob Graf Hardenberg mit den Herrschaften nach Schloss Wolfsgarten fahre. In diesem Fall hätte Lauterbach am anderen Morgen frühzeitig dort sein müssen, um ihn zu bedienen. Da dies verneint wurde, beschloss der Verliebte Enddreißiger, den ganzen Abend mit seiner Dora zu verbringen und erst morgens nach Wolfsgarten zu reisen. Bis ein Uhr nachts besuchte das Paar noch eine Gastwirtschaft und trat dann den Heimweg an. Die Abschiedsszene vor dem Haus Rhönring Nr. 19 fiel wohl etwas länger aus, denn erst um zwei Uhr in der Früh trennte sich Lauterbach von seiner Geliebten und begab sich zum Neuen Palais, wo er im Souterrain ein zur Sandstraße hin gelegenes Zimmer bewohnte.

Kurze Zeit erst lag der Gute im Bett, als er aus dem Schlaf gerissen wurde. Ein Schupo-Beamter und der Portier Dieter stürmten ins Zimmer, um nach den Tätern des Überfalls zu suchen. Erst jetzt will der Kammerdiener von den Vorkommnissen erfahren haben. Er zog sich an und begab sich sofort in die Wohnung des Grafen, wo ihm auffiel, dass sowohl dessen Brieftasche wie auch sein Schlüsselbund an der Stelle lagen, wo sie immer vorzufinden waren. Interessant war Lauterbachs Beschreibung des Tresors: „Es fiel mir auch auf, dass in dem offenstehenden Kassenschrank der Inhalt nicht durchgewühlt war. Es schien mir, als ob gar nichts durchsucht sei." Kurzum, es deutete nichts auf einen Diebstahl hin. Man fragt sich natürlich, welche Täter, so sie denn die Absicht haben, etwas zu rauben, den Tatort derart unversehrt verlassen. Und, was noch viel merkwürdiger erscheint, warum Graf Hardenbergs Aussage dazu eine ganz andere war. Vor allem aber fällt auf, dass Lauterbach durchgängig in seiner ganzen Aussage das Wort „Attentat" verwendet. Wusste er am Ende doch mehr, als er zugab?

Hardenbergs Sekretärin, die 20-jährige Dora Netz, konnte zwar zur eigentlichen Tat keine Aussagen machen, komplettierte aber das Bild der Lebensumstände des Grafen. Danach hatte dieser nicht nur ein Büro im Residenzschloss, wo er hauptsächlich Bittsteller empfing, sondern auch ein Atelier im Olbrichweg 10, also am östlichen Hang der Mathildenhöhe in unmittelbarer Nähe der drei- bis viergeschossigen Miethäusergruppe.[57] Das Ateliergebäude lag direkt hinter den im Jugendstil gebauten Häusern und sollte nach dem Willen Ernst Ludwigs den Künstlerkolonie-Mitgliedern vorbehalten sein. Dass auch Hardenberg dort eine adäquate Bleibe fand, ist aus seiner Vita zu erklären. Es könnte sein, dass der Spross edlen Geblüts, der sich erwiesenermaßen während seiner Studienzeit in der Malerei versuchte, dort ebenfalls der Kunst frönte. Mit Sicherheit nutzte er die Räumlichkeit aber zu gesellschaftlichen Zwecken. Nach Aussage seiner Sekretärin empfing er dort „nur Leute der besseren Gesellschaft von Darmstadt wie Öttinger, Römheld oder Neuviller (Neufville)“, also Personen, die sie aus dem Verkehr mit Graf Hardenberg kannte und die sie sich dennoch niemals als Täter vorstellen könne.

Der Arbeitsplatz des Fräulein Netz war im Schloss, aber auch im Atelier und in der Dienstwohnung des Grafen will sie bisweilen tätig gewesen sein. Die junge Dame kannte sich also bestens in den Räumlichkeiten aus. Und das bereits seit 1923, als sie im zarten Alter von fünfzehn Jahren bei Kunstliebhaber Hardenberg anfing, dessen Büro zu führen. Das Liebesverhältnis zu Kammerdiener Lauterbach begann ihrer Aussage zufolge ein Jahr vor dem Überfall. Dass es sich dabei um eine Verbindung mit ernsten Absichten handelte, betonte die Dame ausdrücklich bei ihrer Aussage vor der Polizei. Man wolle heiraten, so die junge Frau. Doch bis dahin war es offenbar noch ein weiter Weg, denn Lauterbach hatte sich noch nicht einmal zu einem Verlöbnis mit Dora durchringen können. Womöglich hatte der 19 Jahre ältere Kammerdiener auch gar keine ernstlichen Absichten und wollte sich durch eine Romanze mit

57 Die Miethäusergruppe wurde im Zweiten Weltkrieg zerstört und nicht wieder aufgebaut.

dem jungen Ding nur die Zeit vertreiben. Immerhin bestätigte Dora sein Alibi für die Tatnacht und auch die Umstände des Heimaturlaubs in Zölling, der seiner Liebsten zufolge bereits in Tarasp von Graf Hardenberg bewilligt worden war.

Auch eine zunächst vielversprechende Spur endete im Nichts. Es handelte sich dabei um die Hinweise einiger Zeugen, denen zur fraglichen Zeit zwei suspekte Männer in einem Sportwagen aufgefallen waren, die nach dem Weg zum Palais fragten. Wie sich später herausstellte, handelte es sich um Mitarbeiter der Firma Opel, die das Auto der Söhne Ernst Ludwigs abliefern wollten. Letztere waren in Urlaub gefahren, wobei ihnen in der Nähe von Karlsruhe der fahrbare Untersatz kaputt gegangen war. Offenbar erwies sich der Schaden als derart gravierend, dass sie ihr Auto einfach an Ort und Stelle zurückließen und den Weg ohne ihren flotten Flitzer fortsetzten.

Der Überfall auf Graf Hardenberg hatte in den Amtsstuben der Darmstädter Polizei einige Monate für emsige Tätigkeit gesorgt. Die Akten der Staatsanwaltschaft wurden immer dicker, und doch zeichnete sich keine Lösung ab. Da man auch nicht in Richtung der immerhin strafbaren homosexuellen Ausrichtung des Grafen ermittelte, geschah, was in derartigen Fällen des Öfteren passiert: Die Zeitungen verloren das Interesse an der Berichterstattung, die Bürger wandten sich neuen spektakulären Ereignissen zu, und es wuchs Gras über die Sache. Schließlich kapitulierte auch die Staatsanwaltschaft, und die Angelegenheit wurde nach ergebnislosem Abschluss der Ermittlungen eingestellt und ad acta gelegt. Am 23. April 1930 vermerkte Kriminaloberinspektor Günter: „Eine Aufklärung der Sache ließ sich nicht herbeiführen."

Damit hätte der Fall für alle Ewigkeit in den Archiven geruht, wäre nicht Kommissar Zufall zwei Jahre später zu Hilfe gekommen, und zwar in Form eines gewissen Hans Hollmann aus Halle. Dieser hatte von der Belohnung für die Aufklärung des Überfalls auf Graf Hardenberg gehört und am 19. Februar 1932 eine schriftliche Aussage für die Polizei verfasst, in der er die vermeintlichen Täter mit Namen nannte. Danach will Hollmann ein naher Bekannter der beiden Verbrecher gewesen sein. Den einen, Karl Moritz, lernte er nach eigenen Angaben zwischen 1924 und 1925 bei einem gemeinsamen Arbeitgeber im Halle kennen. Beide waren im Autogewerbe tätig: der Zeuge Hollmann als Autoschlosser und Moritz als Kraftwagenführer. Der andere Mittäter des Überfalls auf Graf Hardenberg soll nach den Worten Hollmanns der Arbeiter Willi Funke gewesen sein. Alle drei hätten oft wechselnde Arbeitsstellen gehabt und schließlich einen gemeinsamen Süßwarenstand auf den Jahrmärkten in und um Halle herum. Moritz und Funke sollen Türkischen Honig verkauft haben, Hollmann hatte sich seinen Aussagen zufolge auf duftig-klebrige Zuckerwatte verlegt. Doch es sollte nicht bei der Vorliebe für Zuckerwaren bleiben. Moritz und Funke liebten auch das süße Leben, vor allem schnelle und schicke Autos, die sie aber, wie Hollmann durchblicken ließ, offenbar nicht auf legalem Wege erwarben. So z.B. einen offenen Chrysler, in dem sie bis nach Seesen im Harz und ins Ruhrgebiet fuhren. Da nach Aussage des Zeugen immer Ebbe in der Kasse gewesen sei, hätte man sich zunehmend auf illegale Geschäfte verlegt. In diesem Zusammenhang muss eines Tages auch die Rede auf einen Einbruch ins Neue Palais in Darmstadt gekommen sein, wo, so Hollmann, Moritz und Funke den Familienschmuck hätten stehlen wollen. Die beiden seien durch die hintere Tür eingedrungen, aber überrascht worden, „hätten den Kammerherrn richtig verhauen und seien dann geflüchtet“. In der handschriftlichen Aufzeichnung Hollmanns ist an dieser Stelle vermerkt: „Aus vorstehender Erklärung geht also hervor, dass der Überfall im Jahre 1928 von Moritz und Funke ausgeführt ist. Vorstehendes versichere ich an Eidesstatt und bin bereit, es vor Gericht zu beschwören.“

Interessant an der Aussage des auf die Belohnung spekulierenden Zeugen war auch, dass Moritz und Funke nach dem Überfall auf Hardenberg offenbar beabsichtigten, im Jahr 1931 noch ein weiteres Mal ins Palais einzubrechen, um Schmuck zu entwenden und später die darin verarbeiteten Diamanten zu verkaufen. Für diesen Hehler-Job sollen sie Hollmann ausersehen haben. Um die Lage vor Ort auszukundschaften, sei der smarte, gutaussehende Funke im Sommer nach Darmstadt gefahren. Er habe vorgehabt, eine Liebschaft mit einer Angestellten des großherzoglichen Palais zu beginnen und so an diskrete Daten über das Haus heranzukommen. Nach einiger Zeit soll ein Brief folgenden Inhalts aus Darmstadt bei Moritz und seinem Kumpel Hollmann eingetroffen sein: „Bin hier mit meiner Sache einen kleinen Schritt vorwärts gekommen, eine Bekanntschaft habe ich gemacht.“ Kurz darauf folgte ein zweiter Brief mit folgenden verschlüsselten Worten: „Im P. befindet sich N. mit H.“ Wie sich später herausstellte sollte dies bedeuten: „Im Park befindet sich Nachtwächter mit Hund.“ Hollmann will den Plan der beiden Freunde als hirnverbrannt und unmöglich bezeichnet haben. Dass es seinen Kumpels ernst damit war, bemerkte er offenbar, als Moritz ihn bat, mit Blei ausgegossene Gummischläuche herzustellen, sogenannte „Bleiknüttel“. „Die gebrauchen wir, um einen ein paar Stunden stumm zu machen“, soll die Antwort gewesen sein. Wobei Hollmann erwidert haben will, dass ein gewöhnlicher Gummiknüppel völlig ausreichend sei. Bleiknüttel mache er nicht, die seien viel zu gefährlich. Und dann soll der arme Hardenberg ins Spiel gekommen sein, als Moritz und Funke aus Erfahrung plauderten: „... wir haben schon mal einem mit son Ding eine halbe Stunde auf'n Nüschel gekloppt, und der ist nicht umgefallen.“ Geraubt werden sollte der Familienschmuck, dessen Diamanten offenbar ausgebrochen und später verkauft werden sollten.

Hans Hollmann hatte ausgepackt, um an die fürstliche Belohnung in Höhe von insgesamt 3000 Reichsmark zu kommen. Davon hätte er sich ein schönes Leben machen können. Und was besonders günstig erschien: Die Rache seiner ehemaligen Kumpels brauchte er zumindest vorerst nicht zu fürchten, da diese wegen anderer Straftaten bereits in der Strafanstalt Halle hinter Schloss und Riegel saßen. Also machte sich Hollmann am 7. März, 1932 – gut zwei Wochen nach dem Verrat – daran, seine Belohnung einzufordern. Er schreibt: „Wie ich von einem Beamten der Hallischen Kriminalpolizei erfahren habe, ist für die Aufklärung des Raubes im Neuen Palais zu Darmstadt im Jahre 1928 eine Belohnung ausgesetzt. Ich habe zur Zeit dem Kriminalassistenten Wachtel die Täter genannt, demzufolge steht mir, wie mir ein anderer Beamter der Hallischen Polizei sagte, die Belohnung zu." Hätte der Gute gewusst, dass er niemals auch nur einen Pfennig davon bekommen würde, wäre seine Aussage wohl nicht zustande gekommen. So aber war sie Fakt und bildete einen Meilenstein zur Verurteilung der vermeintlichen Verbrecher.

Womöglich beabsichtigte auch eine weitere Person, die in Darmstadt ausgesetzte Belohnung zu kassieren. Es handelte sich dabei um den Ganoven Kurt Plötz aus Radewell, der Anfang des Jahres 1932 im Strafgefängnis Halle einsaß, und zwar just in demselben Block, in dem auch der smarte Gelegenheitsverbrecher Willi Funke Quartier bezogen hatte. Beide bewohnten direkt untereinander liegende Zellen. Plötz sagte am 1. März in besagter Haftanstalt aus, dass ihm Funke vierzehn Tage zuvor in einer Freistunde vom Überfall im Neuen Palais in Darmstadt erzählt habe. Ziel des Einbruchs sei die Entwendung des Familienschmucks gewesen, von dessen ominösem Wert Funke gesagt haben soll: „Wenn es ihnen geglückt wäre, hätten sie hundert Jahre leben können davon."

Auch Karl Moritz hatten die Mühlen des Gesetzes mittlerweile hinter Gitter gebracht. Er saß zu jener Zeit ebenfalls in Halle ein. Das Duo von Darmstadt war also wieder nahezu räumlich vereint und musste büßen für die Untaten der Vergangenheit – allerdings noch nicht für den Überfall auf Graf Hardenberg. Für den wurde erst am 26. Februar 1932, also nach dem Verrat durch ihren Kumpel Hollmann, ein Haftbefehl vom Hessischen Amtsgericht in Darmstadt erlassen. Warum dies überhaupt geschah, wo sich doch beide Straftäter bereits in Haft befanden, geht aus einem entsprechenden Schriftstück hervor. Darin wird

Polizeifotos der mutmaßlichen Täter des Überfalls auf den Grafen Hardenberg: Oben: Kraftwagenführer Karl Moritz, geb. am 13. 6. 1904 in Diemitz. Unten: Packer Willi Funke, geb. am 8. 5. 1909 in Halle. HStAD G 27 Darmstadt Nr. 3532

vermutet, dass die Beschuldigten nach ihrer Entlassung wegen der Höhe der zu erwartenden Strafe fluchtverdächtig seien und dass außerdem Verdunklungsgefahr bestehe.

Die Vermutungen waren gar nicht so abwegig, denn Willi Funke versuchte sogar während seiner Haftzeit zu fliehen, und zwar bei einem Gerichtstermin Ende Februar 1932, in dem es um die Revision einer fünfjährigen Zuchthausstrafe wegen eines Raubüberfalls ging. Unter dem Vorwand, auf dem Gerichtsflur noch einmal seinen Vater sprechen zu wollen, stürzte der junge Mann Hals über Kopf die Treppe hinunter auf die Straße, wo er einer Zeitungsmeldung zufolge von einem Passanten zu Fall gebracht wurde. Der smarte Frauenschwarm wurde wieder festgenommen und musste sich weiterhin mit dem kargen Leben hinter Gittern abfinden.

Nach Bekanntwerden des ihnen angelasteten Überfalls auf das Neue Palais schmiedeten die beiden Verdächtigen Pläne, wie sie sich in der Darmstädter Sache verhalten sollten. Laut Aussage ihres Mithäftlings Plötz verständigten sie sich in den Freistunden über ihr weiteres Vorgehen, wobei Moritz, wenn Funke unten beim Freigang im Hof seine Runden drehte, diesem Zurufe gemacht habe. Ihre Abmachung soll gewesen sein, im Fall Hardenberg zu schweigen, also kein Geständnis abzulegen. Der inhaftierte Zeuge Plötz beteuerte bei seiner Aussage vom 1. März, die Wahrheit gesagt zu haben und seine Aussage erforderlichenfalls zu beeiden, womit er ein weiterer Aspirant auf die zu erwartende Belohnung war.

In der Tat sagte Moritz bei seiner Vernehmung vor dem Amtsgericht in Halle aus, dass er mit dem Überfall in Darmstadt nichts zu tun habe. Zum Inhalt des ominösen Briefes mit den verschlüsselten Worten verweigerte er die Aussage. Nur der smarte, weniger gerichtserfahrene Funke hielt sich nicht an die Abmachung und legte ein Geständnis ab, was nun wiederum seinem ehemaligen Kumpel zu Ohren kam, der sich maßlos über diese Eigenmächtigkeit aufregte, da auch sein eigenes Strafmaß von der Glaubwürdigkeit des Kumpanen abhing. Also versuchte er, den Funke umzustimmen. Da die Kontaktmöglichkeiten im Gefängnis begrenzt waren, nutzte er den sonntäglichen Gottesdienst in der Anstaltskirche, um einen Zettel zu schmuggeln. Den Kassiber soll er am 6. März dem zwei Bänke hinter ihm sitzenden Strafgefangenen Plötz mit der Bitte zugeschoben haben, die Notiz an Funke weiterzureichen. Doch der gewitzte Plötz hatte seiner Aussage zufolge zunächst anderes im Sinn. Klammheimlich will er die

Zeilen wortwörtlich abgeschrieben und erst dann die geheime Nachricht folgenden Inhalts an ihren Adressaten übergeben haben: „Ich begreife nicht, wie du so einen Blödsinn hast machen können und ein Geständnis ablegen, du musst doch verrückt geworden sein. Oder hast du dich von dem dämlichen Wachtel rumkriegen lassen? Du kriegst doch deswegen deine fünfzehn Jahre, gerad so wie ich. Ich habe dir jetzt noch das Letzte zu sagen: Wenn dich Wachtel noch weiter verhört, verweigerst du jede Aussage, ... widerrufst du dein ganzes Geständnis und sagst, du hast das nur gesagt, weil du die Vernehmungen nicht mehr hättest aushalten können ... Bedenke, wenn du nun Verbrecher bist, musst du auch bei den Verhören Stand halten. Oder denkst du wieder ein Mensch zu werden, dazu ist es nun zu spät." Dann folgte der Rat des erfahrenen Berufsverbrechers: „Du musst aber auch zeigen, dass du das kannst, wenn du ein Geständnis ablegst. Das beweist, dass du noch viel lernen musst, aber ich denke doch auch jetzt noch, dass du auf mich hörst. Wenn du dein Geständnis vor dem Untersuchungsrichter widerrufst, dann haben wir Hoffnung, vor Gericht freigesprochen zu werden."

Goldene Zeiten in Freiheit gaukelte Moritz seinem Kumpel Funke vor, und dieser scheint auf ihn gehört zu haben. Denn am 8. März bestritt er beim Amtsgericht in Halle die ihm zur Last gelegte Straftat des Raubmordversuchs an Graf Hardenberg. Er gab an, „Haftpsychose und sonstige unkontrollierte Einflüsse könnten ihn veranlasst haben, die Erklärung vom 25. Februar 1932 abzugeben". Auf einmal hatte Funke sogar ein Alibi für die fragliche Zeit: ein Tanzvergnügen in Eisleben. Über die Briefe mit den seltsamen Angaben über das Palais wollte er den Gerichtsakten zufolge nichts aussagen. Seinen Kumpanen Moritz entlastete Funke, indem er behauptete, dieser habe sich zur fraglichen Zeit in Halle-Saale aufgehalten. Dass ihm die vernehmenden Polizeibeamten nicht so recht glaubten, lässt sich aus dem letzten Satz seiner Aussage schließen. Denn dort stand schwarz auf weiß: „Ich bleibe trotz nochmaliger ernstlicher Ermahnung, die Tat einzugestehen, bei meinen Angaben."

Karl Moritz war mit Sicherheit der gewieftere Verbrecher. Immerhin hatte er schon eine ganze Latte von Straftaten auf dem Kerbholz wie z.B. Diebstahl, Körperverletzung, Hehlerei, fahrlässige Tötung, Betrug und gemeinschaftlichen schweren Raub – was ihn zwar in der Vergangenheit nicht vor Gefängnisstrafen bewahrte, aber in seinem Umgang mit der Justiz routinierter und im Fall Hardenberg cleverer handeln ließ als Willi Funke. Eine Tatsache hingegen konnte auch Moritz beim Darmstädter Fall nicht ableugnen: seinen ehemals direkten Bezug zum Neuen Palais. Er war, man glaubt es kaum, dort vom 1. Februar bis 1. Juli 1922 als Diener beschäftigt gewesen. Ausgerechnet Graf Hardenberg meldete diesen Umstand am 26. Februar 1932 der Polizei, wobei er darauf hinwies, dass die Arbeitsweise des in einer ordentlichen Dienerschule in Halle ausgebildeten Moritz noch nicht einmal Anlass zu Klagen gegeben hätte. Außer ein paar Possen und Albernheiten sei nichts vorgefallen. Die Dienerschule habe den Moritz sogar empfohlen, schreibt der Graf. Kein Wunder also, dass der Lakai aus Halle in etwa wissen konnte, wo sich die Juwelen der Großherzoglichen Familie befanden.

Seine ehemalige Beschäftigung im Palais sprach nicht gerade für Moritz. Dafür fand im Verlauf des Geschehens der Offizialverteidiger der mutmaßlichen Verbrecher, Rechtsanwalt Hoffmann, zwei Gründe, warum die beiden Herren aus Halle auf gar keinen Fall die Täter des Raubüberfalls im Neuen Palais gewesen sein konnten. In einem Schreiben an die Strafkammer des Landgerichts in Darmstadt vom 25. Juli 1932 führt er an, dass der erste und plausibelste der sei, dass am Tatort keine Fingerabdrücke von Moritz und Funke gefunden wurden. Keine Spuren, keine Täter, folgerte der Verteidiger und berief sich damit auf die Ermittlungen des Erkennungsdienstes.

Der zweite Grund erschien dagegen höchst fragwürdig. Da die Ermittler zunächst völlig im Dunkeln tappten, hatte die

Kriminalpolizei Darmstadt am 15. Oktober 1928 eine Hellseherin zu Rate gezogen. Es handelte sich um eine gewisse Frau Therese Günthert aus Frankfurt am Main, die ihre übersinnlichen Kräfte mittels Glaskugel, Karten, Kaffeesatz oder was auch immer einsetzte, um dem Geheimnis des Überfalls auf die Spur zu kommen. Die Intuition soll ihr eingegeben haben, es handele sich bei dem einen Täter um einen Mann in Uniform, der sich mit einem Offizierstitel geschmückt habe. Der andere habe laut Therese Günthert eine sehr gute Kinderstube gehabt. Mehr über dessen Identität konnte sie offenbar im Nebel der Eingebung nicht erkennen. Dafür sah sie aber, dass beide Täter anschließend nach Baden-Baden gefahren seien und dort für den 15. oder 16. Oktober einen ähnlichen Raubüberfall geplant hätten. Da die Darmstädter Polizei auch diesen Hinweis für bare Münze nahm, wurde sogleich die Schlossverwaltung der Kurstadt benachrichtigt. Beamte bewachten darauf das Schloss von Baden-Baden. Nur die ominösen Täter ließen sich nicht blicken, was allerdings den Verteidiger von Moritz und Funke nicht daran hinderte, bei seiner Meinung zu bleiben. Vielmehr folgerte er, dass die beiden Ganoven, da sie keine Uniform trugen, auch nicht die Täter gewesen sein könnten.

Die Hauptverhandlung im Fall Hardenberg fand knapp vier Jahre nach der Tat, am Donnerstag, dem 4. August 1932, in Darmstadt statt. Schon am Montagnachmittag, um 15.09 Uhr, trafen die Strafgefangenen Moritz, Funke, Plötz und Hollman mit einem Eisenbahn-Sammeltransport in Darmstadt ein. Sie wurden vom Zug abgeholt und eine gute halbe Stunde später im Hessischen Landgerichtsgefängnis wieder hinter Gitter gebracht.

Die Gerichtsverhandlung war öffentlich und somit für jedermann, der Sensationslust verspürte und Nervenkitzel erwartete, zu besuchen. Vormittags um neun Uhr wurden die beiden mutmaßlichen Täter im Gerichtsgebäude am Mathildenplatz vorgeführt. Auch der 60-jährige Graf Hardenberg und weitere wichtige Zeugen wie z.B. Kriminalassistent Wachtel, Polizeirat

Günter und Kriminalkommissar Riesling hatten sich eingefunden. Nur der Arzt, Dr. Heinrich Wagner, der seinerzeit das Attest über die Verletzungen des Grafen geschrieben hatte, ließ sich wegen weiter Entfernung entschuldigen. Seine Aussage wurde vorgelesen.

Zeugen, Sachverständige sowie die Angeklagten Moritz und Funke wurden zur Tat befragt. Wie mögen sich die beiden wohl gefühlt haben, so Auge in Auge mit den „Verrätern“ aus dem Strafgefängnis Halle und mit Hardenberg, von dessen Überfall Funke bei seiner Vernehmung am 3. März noch gesagt hatte: „Das war nicht so einfach, der Graf ist vielleicht eine lange Latte.“

Für den Staatsanwalt schien der Fall glasklar gewesen zu sein: Er beantragte für Moritz eine Zuchthausstrafe von sieben Jahren, die Aberkennung der bürgerlichen Ehrenrechte auf weitere fünf Jahre und Kostenbelastung. Mitläufer Funke sollte gnädige sechs Jahre bekommen, der Rest entsprach dem seines Kumpels. Der Verteidiger sah die ganze Sache verständlicherweise anders. Er plädierte mangels ausreichender Beweise auf Freispruch und vorsorglich im Verurteilungsfalle auf mildernde Umstände. Und was sagten die Angeklagten? Sie hatten das letzte Wort und erklärten ihre Unschuld.

Das anschließende Urteil sollte im Fall des Angeklagten Moritz selbst über das avisierte Strafmaß des Staatsanwalts hinausgehen. Er wurde offenbar als führender Kopf des Duos und Anstifter angesehen und wurde wegen Raubes nach §§ 249, 250 Ziff. 1 u. 4, 47 RStGB zu acht Jahren Zuchthaus verurteilt, Funke zu sechs Jahren Zuchthaus. Die übrigen Parameter entsprachen dem Vorschlag der Staatsanwaltschaft.

Damit hatten Moritz und Funke nicht gerechnet, und so legten sie das Rechtsmittel der Revision ein. Moritz bemängelte in seiner Revisionsbegründung, dass der Tatbestand nicht genügend geklärt worden sei und dass der Verräter Plötz einen Meineid geleistet habe, da im geschmuggelten Kassiber ein anderer Inhalt gestanden hätte. Das Geständnis Funkes führte er auf einen Nervenzusammenbruch seines Kumpanen zurück. Dass dieser die Tat zuvor in Einzelheiten wiedergeben konnte, erklärte Moritz durch die Bekanntschaft des smarten Frauenverstehers mit dem Stubenmädchen Hohmann, durch das er an hausinterne Details aus dem Palais herangekommen sei. Und überhaupt sei er an jenem Tag sowieso nicht in Darmstadt gewesen. Doch Moritz hatte Pech. Seine Erklärung blieb unwirksam, weil, so die Staatsanwaltschaft Darmstadt, die Revisionsbegründung verspätet eingegangen sei.

Da Karl Moritz und Willi Funke auch noch andere Straftaten verübt hatten, entschied die erste große Strafkammer des Landgerichts in Halle am 10. März 1933, alle bisherigen Strafen zusammenzufassen und eine Gesamtstrafe zu bilden. Das war pures Glück, denn so erwarteten Moritz nunmehr lediglich zehn Jahre Zuchthaus, Funke hatte nur neun Jahre Zuchthaus abzusitzen. Die bürgerlichen Ehrenrechte wurden beiden auf die Dauer von zehn Jahren aberkannt. Sie mussten die Kosten des Verfahrens tragen, und ihre beschlagnahmten Waffen wurden eingezogen. Beide Täter bekamen also etliche Jahre „geschenkt" – eine Tatsache, die den Laien verwundert, jedoch Praxis im Justizwesen ist. Denn bei der Bildung einer Gesamtstrafe wird nicht etwa addiert, sondern nach dem Gesetz die höchste Einzelstrafe im Strafmaß angemessen erhöht. Mit anderen Worten: Der Überfall auf Graf Hardenberg blieb im Strafmaß weitgehend unberücksichtigt. Auch die Kosten des Verfahrens wurden offenbar nie eingefordert, da das Landgericht Darmstadt bereits am 16. Dezember 1932 befand, dass die beiden sowieso auf Dauer zahlungsunfähig sein würden.

Wo Moritz und Funke letztlich ihre Strafe absitzen mussten, bleibt unbeantwortet. Die Darmstädter Staatsanwaltschaft sah in einem Schreiben vom 7. November 1932 vor, die beiden nach Beendigung ihrer Haftzeit in Halle mittels Sammeltransports in das Landeszuchthaus Marienschloss in Mittelhessen zu überführen. Da aber vier Monate später eine Gesamtstrafe ausgesprochen wurde, könnte es sein, dass die mutmaßlichen

Täter ihre ganze Haftzeit in Halle verbrachten. Weil keine Unterlagen über dieses Kapitel der beiden vorliegen, bleibt ihr weiterer Weg im Verborgenen.

Und dann war da noch die Sache mit der Belohnung, die einen ganz ungeahnten Verlauf nahm. Dr. Willi Wilbrand hatte zur Bedingung gemacht, dass seine privat ausgesetzten 2500 Reichsmark nur in dem Falle ausgezahlt werden sollten, wenn auch die 500 Mark, die der hessische Staat ausgelobt hatte, zur Auszahlung kämen. Mit anderen Worten: Er koppelte seine großzügige Gabe an die Parameter, die für die staatliche Belohnung maßgeblich waren. Bezüglich der Verteilung äußerte der Geldgeber keine Wünsche. Er gab an, die genannte Summe an die Hauptstaatskasse zu überweisen, und dann passierte zunächst lange Zeit gar nichts. Hoffnungen auf die Belohnungen machten sich natürlich Hans Hollmann und Kurt Plötz, die durch ihre Aussagen das vermeintliche Verbrecher-Duo vom Neuen Palais vor den Kadi gebracht hatten. Doch seltsamerweise wollte die Darmstädter Polizei ihnen das Recht auf die Gesamtsumme streitig machen. Man argumentierte, dass Hollmann aus Angst vor Strafe in einer anderen Sache nach Holland geflüchtet sei und Plötz eine längere Gefängnisstrafe wegen Straßenraubes absitzen würde. Waren sie deshalb nicht würdig, die Belohnung zu erhalten? Oder anders ausgedrückt: Hatten sie durch ihre eigene Straffälligkeit das Recht auf die Belohnungen verwirkt? Da beide Zeugen ihre Angaben nicht aus freien Stücken gemacht hätten, sondern intensive kriminalpolizeiliche Arbeit erforderlich gewesen sei, bat die Darmstädter Polizei allen Ernstes um Mitteilung, welche Beträge den ermittelnden Beamten – vor allem dem Kriminalassistenten Wachtel – zuerkannt werden sollten. Vom Anteil des Plötz und Hollmann an der Wahrheitsfindung war überhaupt keine Rede mehr.

Die Antwort kam prompt und fiel nicht ganz so aus, wie sich das die Darmstädter Polizei gewünscht hatte. Es wurde mitgeteilt, dass behördlich ausgesetzte Belohnungen nur für die Mitarbeit von Personen aus der Bevölkerung bestimmt seien. Leute, zu deren Berufspflichten die Verfolgung von Verbrechern gehöre, könnten nicht berücksichtigt werden – ein Umstand, der den Beamten durchaus hätte bekannt sein können und der die Frage aufwirft, ob man am Woog tatsächlich so wenig informiert war oder nur auf dumm-dreiste Weise versuchte, an das Geld zu kommen.

Und wie verhielt es sich mit der wesentlich höheren Belohnung, die Willi Wilbrand ausgesetzt hatte? Die Aktenlage ergibt, dass die 2500 Reichsmark, da sie an die Auszahlung der staatlich ausgesetzten Belohnung gekoppelt waren, ebenfalls einbehalten wurden. Allerdings machte Wilbrand dann doch eine Ausnahme und ließ den im Fall Hardenberg ermittelnden Beamten in Halle 500 Reichsmark zukommen. Sogar von staatlicher Seite könnte es noch einen warmen Geldsegen gegeben haben, denn es bestand die Möglichkeit, Beamte zu belohnen, die sich bei der Aufklärung eines Verbrechens besonders hervorgetan hatten. Ob und wie viel Geld die Ordnungshüter aus dem Staatssäckel erhielten, ist nicht bekannt.

Eindeutige Verlierer der ganzen Geschichte waren Plötz und Hollmann, die offenbar nicht einen Pfennig von der Belohnung sahen. Da fragt sich natürlich der geneigte Leser, ob man hier nicht mit zweierlei Maß gemessen hat, ob der Begriff „Recht“ im wahren Sinne des Wortes verwendet wurde und ob im Fall Hardenberg nicht insgesamt so einiges schief gelaufen ist. Vor allem aber stellt sich ein ungutes Gefühl ein, weil es derart viele Ungereimtheiten gibt, die den Verdacht aufkommen lassen, dass die Akten nicht alle tatsächlichen Details des Falles preisgeben.

Die undurchsichtige Geschichte um den Überfall im Neuen Palais und auch die öffentlich erörterten homophilen Neigungen des Grafen haben dem Ansehen Graf Hardenbergs offenbar nicht geschadet. Er verkehrte weiterhin in den höchsten Kreisen der Stadt und wurde allseits respektiert. Zu seinem 60. Geburtstag am 13. August 1931 widmete ihm das

Darmstädter Tagblatt einen Artikel, in dem die Meriten des Herrn aus hohem Hause aufgezählt wurden. So verdankt ihm Darmstadt die Einrichtung des Jagdmuseums Kranichstein und die Gründung des Schlossmuseums. Hardenberg war zudem maßgeblich an der Gründung der Gesellschaft für freie Philosophie (Schule der Weisheit) beteiligt, deren Geschicke er als erster Vorsitzender etliche Jahre leitete. Außerdem rief er die Gesellschaft Hessischer Bücherfreunde ins Leben und betätigte sich im Ausstellungs- und Verkehrswesen der Stadt. Aber auch auf literarischem Gebiet stand der Graf oft im Fokus der Öffentlichkeit. Für die renommierte Darmstädter Verlagsanstalt des Alexander Koch war er zum damaligen Zeitpunkt seit 30 Jahren tätig. Der „jugendlich-elastische Sechziger“[58], wie ihn das *Darmstädter Tagblatt* damals titulierte, hatte sich zudem als Schreiber von Novellen und Erzählungen sowie als Künstler-Biograf mit Büchern über den hiesigen Maler Johann Christian Fiedler und Carl Fohr hervorgetan. Und dann war da noch seine Veröffentlichung über den Maler und Bildhauer Sascha Schneider, mit der er in die Öffentlichkeit trat und die zu vielerlei Spekulationen Anlass gab. Denn „Hardenberg und Schneider waren sich freundschaftlich auf das engste verbunden ...“[59]

Definitiv erwiesen ist, dass Sascha Schneider (1870–1927) eine homophile Beziehung zu seinem Künstler-Kollegen Hellmuth Jahn unterhielt, die allerdings vielen Höhen und Tiefen unterworfen war. In Briefen an Kuno von Hardenberg schildert Sascha Schneider seine unglückliche Liebesbeziehung und erwägt die Trennung. Schneider und Jahn lebten in Weimar als

58 Darmstädter Tagblatt, 12. 8. 1931, 3: „Graf Hardenberg 60 Jahre“, HStAD.

59 Kommunale Kunstpolitik in Deutschland vom Ausgang des Ersten Weltkrieges bis zum Ende der Weimarer Republik . Darmstadt als Beispiel. Inaugural-Dissertation zur Erlangung der Doktorwürde, Philipps-Universität Marburg/L., vorgelegt von Friedrich Wilhelm Knieß, Marburg/L., 1983.

Paar zusammen, ausgerechnet in einer Wohnung, unter der sich der Erste Staatsanwalt des Weimarer Landgerichts eingerichtet hatte. Angesichts ihrer Neigungen war das ein höchst gefährliches Unterfangen. Außerdem gab es noch die Verbindung zu Karl May. Graf Hardenberg war ein großer Anhänger des Vielschreibers aus Radebeul, weshalb auch bald die Großherzogliche Familie in Darmstadt mit Begeisterung die Stories aus dem Wilden Westen gelesen haben soll. Sascha Schneider wiederum pflegte ebenfalls die Verbindung zu Karl May – mit dem Ergebnis, dass die Titelbilder zu dessen Büchern *Durch die Wüste, Durchs wilde Kurdistan* und *Am Rio de la Plata* von Sascha Schneider gestaltet wurden, allerdings nur in der ersten Auflage. Unter dem Druck der Verleger wurden sie später durch andere ersetzt. Auch die *Reiseerzählungen* Karl Mays schmückten Coverbilder des genialen Künstlers mit den homophilen Neigungen. Außerdem gab May im Jahre 1903 ein Wandgemälde bei Schneider in Auftrag. Interessant ist, dass sowohl Sascha Schneider und Graf Hardenberg wie auch Karl May gemeinsame Abende miteinander verbrachten. Ob womöglich alle drei ähnliche Neigungen verband?

Graf Hardenberg machte sich in den folgenden Jahren weiterhin um die Kunst und Literatur verdient. Er eröffnete literarische Abende, schrieb den einen oder anderen Zeitungsartikel und tummelte sich nach wie vor in der Hautevolee von Darmstadt, bis ihn im Jahr 1938 das Schicksal ereilte, und zwar ausgerechnet bei einem Verkehrsunfall. Hardenberg hatte dabei Verletzungen erlitten, die offenbar zunächst als gar nicht so gravierend angesehen wurden. Immerhin spazierte er schon einige Wochen später wieder munter durch Darmstadt und empfing auch Besuche. Doch dann kam das Ende auf leisen Sohlen. Der Graf wurde ins Alice-Hospital eingeliefert und verstarb dort am Dienstag, dem 15. November 1938, im Alter von 67 Jahren an einem Herzschlag, genau ein Jahr und einen Tag nach der Katastrophe, bei der etliche Mitglieder der ehemaligen Großherzoglichen Familie bei einem Flugzeugabsturz im Nebel Ostendes ums Leben gekommen waren. Das *Darmstädter Tagblatt* berichtete am 16. November 1938 vom Tod des Grafen und erinnerte auf derselben Seite an den Unglückstag des Fürstenhauses, an dem die ehemalige Großherzogin Eleonore, ihr Sohn Donatus, dessen Gattin Cäcilia, die Kinder Ludwig und Alexander sowie einige Begleitpersonen getötet wurden. Grund der Reise war die Verehelichung von Prinz Ludwig mit der bürgerlichen Margaret Geddes in London. Wie das Schicksal es wollte, hatte der Vermögensverwalter die Familie gerade mal um ein Jahr überlebt – und auch Großherzog Ernst Ludwig nur um weniges mehr, der im Jahr zuvor am 9. Oktober das Zeitliche gesegnet hatte. Das Darmstädter Tagblatt kommentierte das Dahinscheiden Hardenbergs wie folgt: „Mit dem Tod des Grafen ist Darmstadt um eine Persönlichkeit ärmer geworden.“[60] Vergessen waren die Zeiten, in denen Hardenberg Schlagzeilen gemacht hatte und in denen er in weniger günstigem Licht erschienen war.

Die Todesanzeigen erschienen am Donnerstag, dem 17. November, im *Darmstädter Tagblatt.* Um den Verstorbenen trauerten die Hinterbliebenen derer von Hardenberg, die Beamten und Angestellten der Großherzoglichen Haus- und Vermögensverwaltung sowie die Lutherische Vereinigung zu Darmstadt, deren erster Vorsitzender Graf Hardenberg zu Lebzeiten gewesen war. Auch Prinz Ludwig betrauerte öffentlich das Dahinscheiden des „treuen Freundes“. „Er stellte sein umfassendes Kunstverständnis, sein bedeutendes Können, sein hohes Pflichtbewusstsein und seine ganze geistvoll schöpferische Persönlichkeit in guten und schlechten Tagen meinem Vater und unserem Hause selbstlos zur Verfügung“[61], stand dort zu lesen.

Eine Ära war zu Ende gegangen. Nichts schien zu sein, wie noch gut ein Jahr zuvor: Die ehemalige Großherzogliche

60 Darmstädter Tagblatt, Mittwoch, 16. November 1938, 5, HStAD.
61 Darmstädter Tagblatt, Donnerstag, 17. November 1938, HStAD.

Familie war auf ein Relikt dezimiert, der Chef des Hauses im Freigelände auf der Rosenhöhe zu Grabe getragen und nun auch noch der langjährige Freund und Begleiter ins Jenseits entschwunden.

Seinem hohen Stellenwert in der Darmstädter Gesellschaft entsprechend, fiel die Beerdigung Hardenbergs angemessen würdevoll aus. Die Trauerfeier fand am Samstag, dem 19. November, um 14.30 Uhr, in der bis auf den letzten Platz besetzten Schlosskirche in Darmstadt statt.[62] In mildem Kerzenschein stand der über und über mit Kränzen bedeckte dunkle Eichensarg vor dem Altar. Mehrere Brüder des Grafen waren zugegen. Auch Prinz Ludwig mit Gemahlin, Oberbürgermeister Wamboldt sowie viele bekannte Gesichter aus Wirtschaft, Wissenschaft und dem kulturellen Leben Darmstadts erwiesen dem Verstorbenen die letzte Ehre. Der aufmerksame Berichterstatter des *Darmstädter Tagblatts* entdeckte unter den Trauergästen sogar den „Polizeioberst Geppert", dem der Verblichene wohl auch aus einem eher zwielichtigen Kapitel seines Lebens bekannt gewesen sein dürfte. Orgel und Geige untermalten die Trauerfeier, wobei sich Graf Kuno den Anwesenden durch ein besonderes Vermächtnis ins Gedächtnis rief und ihre Herzen berührte: Der Text des *Gesangs der trauernden Seele*[63] stammte aus seiner Feder. Ebenso wie *Selig ist, wer sein Geschick still von Gott genommen*[64], das vierstimmig von Mitgliedern des Landestheaters vorgetragen wurde. Pfarrer Widmann pries den Verstorbenen als einen Menschen, der seinem Christentum Ehre gemacht habe, und fügte an: „Er hatte die Sprache seiner Ahnen wohl verstanden, etwas vom Geist des großen Staatskanzlers Hardenberg und des Dichters Novalis [Hardenberg] lebte in ihm ..."[65] Die Einäscherung der sterblichen Überreste Hardenbergs fand auf dem Waldfriedhof statt.

---

62 Darmstädter Tagblatt, 20. November 1938, Seite 4, HStAD.
63 Ebd.
64 Ebd.
65 Ebd.

Seine letzte Ruhe sollte der Chef der Großherzoglich Hessischen Haus- und Vermögensverwaltung, Rittmeister d.R.a.D., Inhaber des Eisernen Kreuzes I. und II. Klasse, der Hessischen Tapferkeitsmedaille und anderer hoher Orden allerdings in heimischer Erde finden. Die Urne wurde in der Erbbegräbnisgruft der kleinen Dorfkirche Sankt Johannis von Großenrode, nahe dem Gut Hardenberg, beigesetzt. Dort steht sie noch immer, umgeben von den Särgen der Hardenberg-Ahnen. Allerdings wäre es nicht die letzte Ruhestätte eines Kunstliebhabers, wenn sie sich nicht durch ihre besondere Gestaltung von allen übrigen unterschiede. Das, was von Graf Hardenberg übrig blieb, wurde in eine kleine, rechteckige Sandsteinsäule gebettet. Trifft der Schein einer Taschenlampe im trüben Licht der Gruft auf das schlichte Monument, offenbart sich in seinem oberen Teil Ungeahntes: Hinter einer leicht schräg gesetzten Glasscheibe ruht die weiße Totenmaske des Grafen: unversehrt und nur am Rand von einigen schwarzen Spinnweben überzogen. Weder die aufsteigende Feuchtigkeit der Wände noch die Unwirtlichkeit des Grabgewölbes haben ihr in all den Jahren Schaden zugefügt. Die Gesichtszüge zeigen einen friedlich schlummernden älteren Herrn: mit der markanten Hardenberg'schen Nase und den edlen Zügen, die ihn schon zu Lebzeiten gekennzeichnet haben –eben jenen Bonvivant, der sein Leben in vollen Zügen genossen hat und der sich auch im Tod eine gewisse Eleganz bewahrte.

Der Nachlass des Grafen kam am 29. und 30. März 1939 in einer öffentlichen Versteigerung in Darmstadt unter den Hammer. Das Kunst- und Versteigerungshaus Nagel aus Mannheim bot im Saal der Darmstädter Orangerie die Preziosen des Kunstliebhabers und Antiquitätenkenners an: Ostasiatika, Gemälde, Porzellan, Möbel und die einzigartige Schuhsammlung des Grafen, darunter Pantoffeln, Stiefel und anderes Schuhwerk in jeglicher Form und mannigfachem Material wie Porzellan, Messing, Silber, Glas und Holz. Seine schriftlichen Aufzeichnungen vermachte der Graf dem Staatsarchiv in Han-

Sandsteinsäule mit der Urne des Grafen Kuno von Hardenberg in der Familiengruft der Kirche St. Johannis in Großenrode. Hinter der schräg gesetzten Glasscheibe im oberen Teil befindet sich die Totenmaske des Verstorbenen. Foto: Barbara Hauck

nover. Leider ist davon nichts mehr erhalten, da im Zweiten Weltkrieg Phosphorbomben auf die altehrwürdigen Gebäude in der Nähe des Leineschlosses abgeworfen wurden. Das flüssige Phosphor drang durch die Mauerritzen ein und vernichtete alles sicher geglaubte Archivgut.

Eine Besonderheit im Nachlass des Grafen ist noch zu bemerken: Trotz seiner homophilen Neigungen war Hardenberg in seiner Jugend offenbar zeitweise dem weiblichen Geschlecht zugetan. Und, man glaubt es kaum, er war sogar stolzer Vater zweier Töchter, die er mit der Dresdner Theater-Tänzerin Lorena Methfessel hatte. Wie sein Nachfahre, Gebhard Graf von

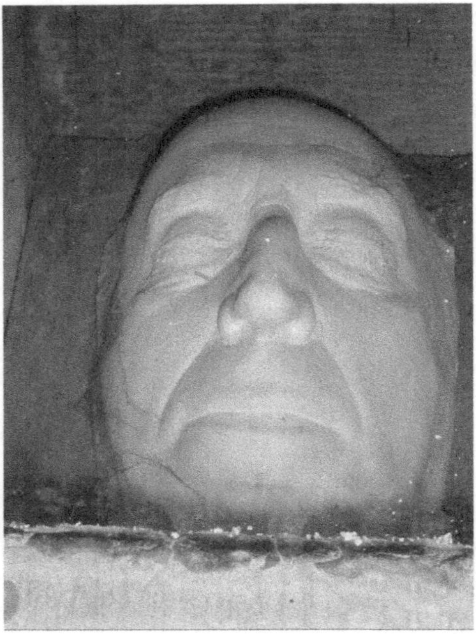

Totenmaske des Grafen Kuno von Hardenberg in der Familiengruft der Kirche St. Johannis in Großenrode. Foto: Barbara Hauck

Hardenberg, im August 2011 betonte, soll Kuno von Hardenberg seine Töchter anerkannt und sie in seinem Erbe bedacht haben. Leider blieben die Nachforschungen zu den in der Zeit um 1909/10 geborenen Frauen ohne Ergebnis.

Rekapituliert man den „Fall Hardenberg", der mit einem spektakulären Mordversuch begann und durch die Verurteilung der Täter endete, dann könnte man eigentlich mit der Lösung zufrieden sein. Die Verbrecher fanden ihre gerechte Strafe, der Überfall auf den Grafen wurde gesühnt und dem landläufigen Verständnis von Recht und Ordnung Genüge getan. Alles scheint auf den ersten Blick mustergültig verlaufen zu sein. Dennoch schleicht sich ein leichtes Unbehagen ein, das dieses Gefühl eines Happy Ends nicht wirklich aufkommen lässt. Wie ist das zu erklären? Vielleicht, weil etliche Fragen nie beantwortet wurden, wie z.B. die Existenz der Gastronomie-Nachrichten in der Wohnung des Grafen oder das bewusste Verhindern der Aussage des schönen Küchenjungen. Auch jegliches Fehlen irgendwelcher Fingerabdrücke der vermeintlichen Täter und die Tatsache, dass so gut wie nichts gestohlen wurde, machen stutzig. Und so kommt man zwangsläufig dazu, daran zu zweifeln, ob die gefassten Männer auch wirklich die Täter waren. Was wäre, wenn sie gedungen wurden und die eigentlichen Drahtzieher im Dunkeln blieben? Die vorhandenen Akten der Staatsanwaltschaft können dieses Rätsel nicht mehr lösen. Dahin sind die Hauptpersonen, der Ort des Geschehens im Zweiten Weltkrieg in Schutt und Asche gelegt. Was blieb, sind die auch heute noch existierenden Aufzeichnungen des Grafen in Literatur, Kunst, Kultur und Religion. Die Hinterlassenschaft eines vortrefflichen und offenbar auch sehr religiösen Menschen, der sich um Darmstadt verdient gemacht hat. Und so seien ihm auch seine dunklen Seiten verziehen, die am besten mit seinem Dichter-Vorfahren Novalis zu parieren sind:

„Dem echt Religiösen ist nichts Sünde.“

Ludwig und Alice mit ihren Kindern im Jahr 1876. Der spätere Großherzog hält die letztgeborene Tochter Marie auf dem Arm. Frittie war zu diesem Zeitpunkt bereits seit drei Jahren tot. 1. Reihe, v.l.n.r.: Erbgroßherzog Ernst Ludwig, Prinzessin Irene; 2. Reihe: Prinzessin Victoria, Prinzessin Alexandra (Alix), Großherzogin Alice, Prinzessin Elisabeth (Ella); 3. Reihe: Großherzog Ludwig IV., Prinzessin Marie. HStAD D 27 A Nr. 7/332

Die Dreizehnte Fee

Das tragische Ende des Prinzen Friedrich und andere Schicksalsschläge

Gibt es die Macht des Schicksals? Eine Vorsehung, die stärker ist als jedes menschliche Bemühen und die trotz bester äußerer Umstände geradewegs ins Unglück führt? Bei „Dornröschen" war es die Dreizehnte Fee, die das blühende Leben der Königstochter wie an einem seidenen Faden in düstere Regionen lenkte. Ein Märchen, gewiss, aber dennoch nicht ohne Wert und Symbolkraft für die Realität. Glaubt man an die „Macht der Geburt unter einem ungünstigen Stern", dann sind schon die Umstände, unter denen Prinz Friedrich Wilhelm von Hessen am 7. Oktober 1870 in Darmstadt das Licht der Welt erblickte, Anlass genug, düstere Zukunftsprognosen zu wagen. Allein die Wahl seines Taufpaten und Onkels, Prinz Leopold von England (1853–1884), lässt aus posthumer Sicht Schlimmes erahnen. Leopold, achtes Kind der englischen Königin Victoria (1819–1901), war Spross höchsten Adels, aber mit einer Erbkrankheit behaftet, der man zur damaligen Zeit hilflos ausgeliefert war: der Hämophilie, auch Bluterkrankheit genannt, bei der jede Hautabschürfung, jeder Sturz zu lebensgefährlichen Blutungen führen konnte. Leopold schenkte dem kleinen Frittie, wie dieser liebevoll von der großherzoglichen Familie in Darmstadt genannt wurde, zur Taufe einen Silberbecher. Dass er zum Schierlingsbecher wurde, dessen symbolischer Inhalt das Leben des Kindes dahinwelken ließ, zeigt die Geschichte.

Man schrieb den 7. Oktober 1870. Im Schlafzimmer der Prinzessin Alice (1843–1878) im Neuen Palais in Darmstadt herrschte gespannte Aufmerksamkeit. Dr. Hoffmeister sorgte sich um die 27-Jährige, die in ihrem Ehebett in den Wehen lag. Die Schmerzen nahmen zu, ebbten ab und steuerten schließlich einem Höhepunkt entgegen, der dem Mediziner nicht mehr akzeptabel erschien. Um der jungen Frau die Geburt ihres fünften Kindes erträglicher zu machen, griff der Mediziner zu Chloroform, jenem Narkotikum, das seit 1831, durch den Darmstädter Chemiker Justus von Liebig und Eugène Soubeiran unabhängig voneinander entdeckt, hergestellt wurde. Ob der Einsatz tatsächlich bei einer Geburt sinnvoll erschien, sei dahingestellt. Immerhin verhinderte er nicht, dass der kleine Frittie an jenem Freitagabend, gegen Viertel vor zehn Uhr, das Licht der Welt erblickte. Ein wohlgeformter kleiner Prinz, der, kann man dem Rapport des behandelnden Arztes glauben, seiner älteren Schwester Victoria (1863–1950) sehr ähnlich sah. Vor allem eines erschien Dr. Hoffmeister erwähnenswert: „… the sweet delight, when I told the Royal Highness, that it was a Prince“[66]. Ein Junge! Der zweite nach drei Mädchen in Folge! Das war Anlass zur Freude und ließ alle Qualen der vergangenen Stunden und Monate vergessen.

Die Schwangerschaft der Prinzessin stand unter keinem guten Stern. Der werdende Vater kämpfte fern der Heimat im Deutsch-Französischen Krieg (1870/71), während Alice in Darmstadt, nur von wenigen Vertrauten umgeben, ihr fünftes Kind erwartete. Dass sie keine gesunde Frau war, stand schon bei ihrer Heirat mit Prinz Ludwig am 1. Juli 1862 in Osborne[67] fest. Der Leibarzt ihrer Mutter, der englischen Queen Victoria

---

66 „Die süße Freude, als ich der Königlichen Hoheit sagte, dass es ein Prinz sei.“ Brief des Dr. Hoffmeister an Prinz Ludwig, Neues Palais Darmstadt, 8. Oktober 1870, in: Prinzessin Alice von Hessen an ihren Mann Prinz Ludwig, Teil 2, 77 Briefe, 1870 Juli bis Dezember, HStAD, Großherzogliches Familienarchiv, D 24 Nr. 11/1. Die Zitate im Folgenden stammen, wenn nicht anders angegeben, aus dieser Quelle. Nahezu die gesamten Texte sind Briefen und Tagebuchaufzeichnungen entnommen, die im Großherzoglich-Hessischen Haus- und Familienarchiv in Darmstadt lagern. Sie wurden dankenswerterweise von dessen Leiter, Herrn Prof. Eckhart G. Franz, zur Verfügung gestellt.

67 Gerard Noel, Princess Alice, Queen Victoria's forgotten daughter, Constable and Company Ltd, Great Britain, 1973, 90.

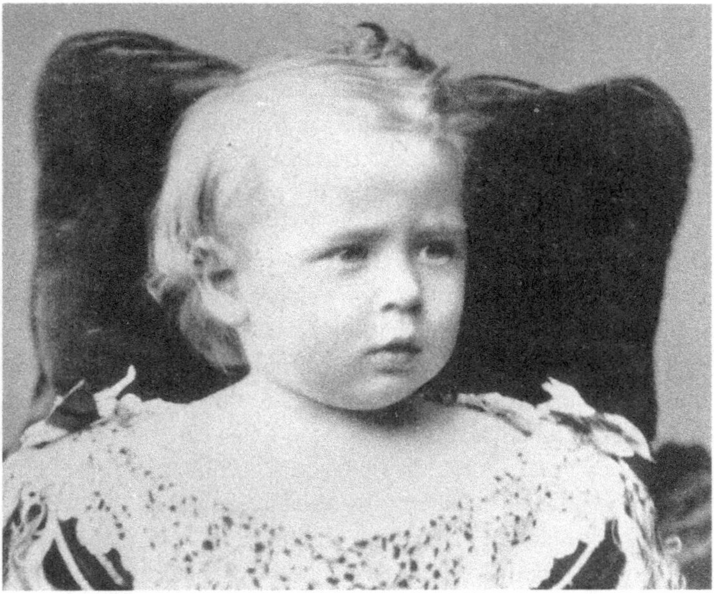

Kinderbild des an Hämophilie erkrankten Friedrich Prinz von Hessen und bei Rhein (1870–1873), auch Frittie genannt. Hier eine Aufnahme aus dem Jahr 1872. HStAD R 4 Darmstadt Nr. 24775

(1819–1901), riet der überaus zarten jungen Braut, zur Festigung ihrer Konstitution täglich ein eiskaltes Bad zu nehmen und auch nur in kalten Räumen zu schlafen – was sich mit Sicherheit als wenig vorteilhaft erwies, denn die spätere Großherzogin litt zunehmend unter Rheumatismus und Neuralgien. Aber auch die Fülle ihrer Aufgaben als mehrfache Mutter, Vorstand eines großen Haushalts, repräsentative Pflichten, karitative Tätigkeiten, die ständige Angst um das Leben des Gatten und nicht zuletzt Heimweh nach dem geliebten England ließen die Kräfte der 27-Jährigen über Gebühr schwinden. Äußeres Anzeichen dieser körperlichen und nervlichen Überlastung war eine Erkrankung der Augen, die Alice zuweilen zu völliger Untätigkeit zwang. Auch zwei Tage vor der Geburt des Prinzen

Friedrich klagt sie in einem Brief an ihren Gatten über Augenprobleme und dass sie so kurz vor der Entbindung der Länge nach hingefallen sei. „… ich bin zu schwer für meine Knöchel“, schreibt sie dem geliebten Louis am 6. Oktober ins Feld. Am folgenden Tag setzten die Wehen ein. „Ich will so lange auf bleiben und aushalten, wie es geht – auch vermisse ich dich, mein Schatz“, sind ihre Worte. Doch schon bald verschlechterte sich ihr Zustand. Die Schrift auf dem mit Wappen und Krone verzierten Briefpapier des Neuen Palais in Darmstadt wird ganz weit auseinandergezogen, während Alice wie immer in nahezu perfektem Deutsch hinzufügt: „Ich halte es nimmer aus und muss mich jetzt legen – zum ersten Mal ohne deinen Beistand. Wie bist du in Gedanken bei mir und fehlst mir!“

Offiziell bestätigt wurde die Geburt von Dr. Neidhardt und Evan M. Baillie, die in einem Protokoll bezeugten, dass Ihre Königliche Hoheit, die Prinzessin, „in ihrem Palais zu Darmstadt von einem lebenden Kind männlichen Geschlechts entbunden worden ist, welches uns vorgezeigt wurde an dem auf den Tag der Geburt nachfolgenden Tage“[68]. Damit schien die Dynastie derer von Hessen und bei Rhein gesichert. Denn da Alices Gatte Ludwig ausersehen war, dereinst von seinem kinderlosen Onkel Großherzog Ludwig III. (1806–1877) die Regentschaft über Hessen-Darmstadt anzutreten, war ein zweiter Sohn zur Festigung seiner Stellung von unschätzbarem Wert.

Am Tag nach der Geburt verkündete Alice ihrem „teuren Schatz“ das freudige Ereignis. Sie schreibt im Bett mit Bleistift in großer, ungelenker Schrift und klagt wieder über ihre schmerzenden Augen, die sie mit Umschlägen zu bessern sucht. Auch das bis dato namenlose Baby hatte ihrer Berichterstattung zufolge leider die bösen Augen seiner Mama. Allerdings schien sich der jüngste Spross den Erwartungen gemäß zu ver-

68 Entbindungs-Protokolle für die Geburten der Kinder Prinz Ludwig IV. und seiner Frau Alice, 1863-1874, in: HStAD, Großherzogliches Familienarchiv, D 24 Nr. 3/5.

halten, denn er trank endlich von der Brust. Das war nicht bei allen ihren Kindern so. Noch bei der ältesten Tochter Victoria (1863–1950), die als einzige in England – und zwar auf Schloss Windsor – geboren wurde, vermied die Prinzessin, das Baby zu stillen. Doch mit zunehmender Erkenntnis der Wichtigkeit von „breastfeeding" änderte Alice ihre Einstellung und zeigte ein den Damen ihres Standes ganz neuartiges, fortschrittliches Verhalten. Am 9. Oktober berichtet sie ihrem Gatten, dass das Baby nicht so groß sei „wie Ernst, aber ganz ähnlich gebaut und dick und gesund". Sie war stolz auf den kleinen Jungen und schreibt sehnsüchtig: „… könnte ich nur dein nettes Söhnchen in deine Arme tun, eine Bürgschaft wieder unserer Liebe."

Da die Augenprobleme der Prinzessin schlimmer wurden, berichtet ihre Vertraute, Marie v. Grancy, am 10. Oktober, was im Schlafgemach der Wöchnerin vor sich ging. „Das Befinden der Frau Prinzessin ist so gut, wie es heute möglich war. Ihre Königliche Hoheit beschwert sich aber über den kleinen Prinzen, der das erste Mal seine Nahrung sehr schön nahm, das zweite Mal aber sehr ungezogen war. Dadurch musste ihn die Frau Prinzessin so viel ansehen, was ihre ohnehin noch angegriffenen Augen wieder schlimmer machte und ihr Kopfweh verursachte. Ihre Königliche Hoheit würde mir sonst den Brief diktiert haben." Und weiter fügt die Hofdame über das Wesen des Säuglings hinzu: „Der kleine Prinz soll bereits einen sehr entschiedenen Charakter zeigen, besonders, wenn er nicht trinken mag. Er steckt dann sein Däumchen in den Mund, und es ist nichts mit ihm anzufangen."

Um dem Vater im fernen Frankreich wenigstens ein Pfand der Identität seines neugeborenen Kindes zu geben, schickte Marie v. Grancy am 11. Oktober im Auftrag der Prinzessin ein wenig Haar vom kleinen Prinzen, und zwar für ein Crystal Locket, ein Medaillon mit Kristall, in dem auch Bilder aufbewahrt wurden. Vielleicht sollte es den armen Louis im Feld beschützen, mit Sicherheit aber eine große Freude bereiten. Und wieder ist von den angegriffenen Augen der Prinzessin die Rede, während der behandelnde Arzt, Dr. Hoffmeister, ansonsten offenbar sehr zufrieden mit ihrem Befinden war. Weiter führt Marie aus: „Ich soll Eurer Hoheit sagen, der kleine Prinz sei beim Trinken ebenso unartig wie Prinzessin Ella war, sodass er seine Mama oft zur Verzweiflung bringt und dann selbst ganz erschöpft ist. Er ist ein hübsches Baby und hat eine hübsche Kopfform und Stirn. Er hat nicht viel Haar, aber sein Köpfchen ist doch bedeckt. Die Frau Prinzessin findet ihn besonders im Profil sehr hübsch. Er erinnert auffallend an Prinzessin Victoria."

Und wie ging es zu dieser Zeit den übrigen vier Geschwistern im Neuen Palais? Prinz Ernst Ludwig (1868–1937), der zum damaligen Zeitpunkt zwei Jahre alt war und sich offenbar nicht immer fürstlich benahm, soll von seiner älteren Schwester Victoria in Anbetracht des Neuzugangs im Kinderzimmer ermahnt worden sein, „er müsse nun sehr artig werden, denn er habe doch seinem Brüderchen ein gutes Beispiel zu geben". Ansonsten wurde er, wie Marie v. Grancy noch zwei Tage vor der Geburt Fritties an den Vater berichtet, „täglich unterhaltender und selbstständiger. Alice betet jetzt abends mit ihm, was ihm einen sehr angenehmen Eindruck macht. Er kniet sich hin, legt die Händchen zusammen und versucht noch zu sprechen, doch bringt er es nicht weiter als ‚God-Papa'". Woraus zu entnehmen ist, dass die hochherrschaftlichen Kinder mit ihrer Mutter Englisch sprachen. Aber auch bereits in diesem jugendlichen Alter unterhielt man sich mit ihnen in Französisch und natürlich in Deutsch. Die sechsjährige Elisabeth, genannt Ella (1864–1918), entwickelte gerade großen Eifer im Lernen, und auch die vierjährige Irene (1866–1953) soll sehr ehrgeizig gewesen sein. Wenn nur das leidige Essen nicht gewesen wäre! Die mit äußerster Disziplin erzogenen Kinder konnten bei der Einnahme der gemeinsamen Mahlzeiten oft nicht mit dem Tempo der Erwachsenen mithalten, weshalb u.a. Ella sogar beim Frühstück, das stets im Familienverband gegen neun Uhr eingenommen wurde, zu weinen anfing. Immerhin schien sich

Die Eltern des kleinen Frittie, Alice von Großbritannien und ihr Gatte Ludwig Prinz von Hessen, der spätere Großherzog Ludwig IV. Die Aufnahme stammt aus dem Jahr 1872. HStAD R 4 Darmstadt Nr. 16697

ihr Essverhalten im Laufe des Monats Oktober gebessert zu haben, denn Irene aß später zu Mittag so rasch, dass sie nach Aussage von Marie v. Grancy sogar von ihrer älteren Schwester gelobt wurde. „Da sagte Prinzessin Ella: ‚Sie ist der reine Schnellzug.'"

Eigentlich hätte alles eitel Sonnenschein sein können. Alice hatte viel Milch, um das Baby zu stillen. Der Kleine sah gesund aus, war hübsch, und Bruder Ernie zeigte sich nach Aussage seiner Mama sogar entzückt und nicht eifersüchtig. Doch Alice wollte nicht so recht gesunden. Sie litt unter einer schmerzhaften Neuralgie, die sich über Hals und Ohren bis zur Nase hinzog. Auch hatte sie nach wie vor große Augenprobleme. Dreimal täglich bekam die Prinzessin für jeweils ein- bis anderthalb Stunden Kamillenumschläge, anschließend Tropfen in die Augen, und zu ihrem großen Leidwesen musste sie ihre Tage in einem sehr dunklen Zimmer verbringen. Dass der kleine Prinz ebenfalls – wie übrigens auch seine Geschwister vor ihm – Augenprobleme hatte, erwähnt Marie v. Grancy erneut in einem Brief vom 14. Oktober an Prinz Ludwig. „Bis jetzt fließt aus den Augen gar nichts heraus. Auch bei der Frau Prinzessin ist dies nicht der Fall, aber die Augen tränen beständig."

Noch etwas ist ihrem Bericht zu entnehmen, dem man aber keine allzu große Bedeutung schenkte: Das Baby hatte „kleine blaue Flecken, wie von einem Stoß – über beiden Augen neben der Nase –, und Dr. Weber sagte, nachdem er ihn untersucht und die Augenlider umgedreht hatte, es sei eine hässliche Form desselben Leidens". Aber hatte der Arzt damit auch die richtige Diagnose gestellt? Oder waren die unscheinbaren Flecken schon das erste Anzeichen der tödlichen Erbkrankheit? Einblutungen, die während der Geburt entstanden waren und die sich nun als Vorboten der Hämophilie zeigten? Alice schien völlig sorglos zu sein, und so galt das Baby – schon allein wegen seines guten Ernährungszustandes – als völlig gesund. Ja, die Prinzessin dachte sogar daran, ihren bluterkranken jüngsten Bruder Leopold als Taufpaten für den Spross in der Wiege zu gewinnen. Sie schrieb an Queen Victoria, ob diese den Ausersehenen darum bitten würde, beim Baby Pate zu stehen. Doch mit der geplanten Taufe sollte es so bald nichts werden, da Alices Schwiegereltern, Prinz Carl (1809–1877) und dessen Gattin, Elisabeth von Preußen (1815–1885), meinten, Louis würde es während seiner Abwesenheit nicht gerne haben. Und weil der Gatte nach wie vor im fernen Frankreich kämpfte, keinen Heimaturlaub bekam und sich die Prinzessin auch nicht dazu entschließen konnte, den Säugling mit seinem geplanten späteren Namen anzureden, blieb das Kind weiterhin namenlos. Es wurde ganz einfach „Baby" genannt – über viele Monate hinweg.

Der Oktober läutete den Herbst ein, und schon zeigten sich die ersten Vorboten des Winters – einer Jahreszeit, die den preußischen und hessischen Soldaten in Frankreich das Leben noch schwerer machte als bisher, denn jetzt setzten ihnen außerdem Kälte und Nässe zu. Das Einzige, was man in der Heimat für sie tun konnte, war, für warme Kleidung zu sorgen. Und so strickten und nähten die Darmstädter Frauen für den guten Zweck. Auch Alice gedachte der Männer im Feld und zeigte sich sehr besorgt. Sie schlug vor, „bei guter Zeit nun dickere Mäntel und starke hohe Stiefel zu bestellen". Denn, so ihr Argument, die Preußen hätten viel höhere Stiefel als die Hessen. Alice wandte sich mit ihrer Bitte an den Gatten, da sie befürchtete, dass „vielleicht die Regimentskommandeure nicht so durchdrungen von der Notwendigkeit der Sache seien". Um des Kriegseinsatzes in aller Ewigkeit zu gedenken, war ein Orden geplant: ein Verdienstkreuz zum Andenken, das nicht nur für Soldaten, sondern auch für solche Frauen gedacht war, die sich um die Sache verdient gemacht hatten – und Alice war mit Sicherheit die erste, die ihn bekommen sollte.

Die äußeren Umstände waren denkbar schlecht: Der Herr des Hauses war im Feld, die Prinzessin laborierte immer noch an ihren zahlreichen Krankheiten und die Kleinen mussten sich gerade vor Weihnachten an eine neue Kinderfrau gewöhnen. Außerdem verbreiteten sich gerade die Blattern im Land, eine bösartige Viruserkrankung, auch Pocken genannt, gegen die bereits das zwei Monate alte Baby im Dezember vorsorglich geimpft wurde. Erfreut berichtet Alice, dass Babys Impfung angegangen sei und Dr. Weber wünsche, auch sie wieder zu impfen.

Es war eine Zeit, in der die sensible junge Frau und Mutter mehr gab, als es ihre Kräfte zuließen. Dennoch hielten die äußeren Umstände Alice nicht davon ab, geradezu unerbittlich ihre Ziele zu verfolgen und Stärke zu zeigen, obwohl sie vom Wesen her eigentlich eher als überängstlich[69] bezeichnet wird: eine liebenswerte Frau mit einem ebensolchen Charakter, die im Gegensatz zu ihrer älteren Schwester Victoria (1840–1901) immer eine untergeordnete Rolle gespielt hatte.[70] Sie war eine mittelgroße, schlanke Frau mit einer grazilen Figur. Selbst ihre bis dato fünf Schwangerschaften hatten daran nichts geändert, und so besaß sie immer noch eine schmale Wespentaille, deren Umfang durch ein Fischbeinkorsett in atemberaubende Enge geschnürt wurde. Alice hatte schönes, volles Haar und ein hübsches Gesicht mit feinen, aristokratischen Zügen. Und wären da nicht die lange Nase und die tiefgesetzten dunklen Augen gewesen, dann hätte man sie durchaus als schön bezeichnen können. So aber lag eine gewisse Traurigkeit und Melancholie in ihren Zügen, dem Spiegelbild ihrer Seele – wie überhaupt sich in ihrem Leben das Düstere, Unbestimmte gleich einer Kette schwarzer Perlen nahtlos aneinanderreihte.

Schon ihre Hochzeit mit dem sechs Jahre älteren Louis ließ nichts Gutes erahnen. Die Trauung fand am 1. Juli 1862 in Osborne House statt, dem Sommerdomizil der Queen auf der Isle of Wight – ausgerechnet im Sterbezimmer ihres Vaters, des Prinzen Albert (1819–1861), den sie sieben Monate zuvor bis zu seinem letzten Atemzuge gepflegt hatte. „Marriage in a death-chamber!“[71] Schlimmer konnte eine Ehe nicht beginnen. Denn mochte Alice in ihrem prächtigen weißen Brautkleid mit dem Volant aus weißer Honiton-Spitze[72] auch noch so sehr der Zeremonie gefolgt sein: Die Bilder des an typhoidem Fieber

---

69 „hyper anxious nature“, in: Gerard Noel, Princess Alice, Queen Victoria's forgotten daughter, Constable and Company Ltd, Great Britain, 1973, 185.

70 „... a subordinate place to her very gifted and distinguished sister“, in: aaO., 30.

71 „Hochzeit in einem Todeszimmer“, in: aaO., 79 ff.

72 Honiton lace: Klöppelspitze, benannt nach der Stadt Honiton in East Devon.

erkrankten geliebten Vaters und seine gebrochenen Augen werden ihr nicht aus dem Sinn gekommen sein. Ihre Schwester, die deutsche Kronprinzessin Victoria, beschreibt die gesamte Hochzeit gar als „more like a funeral“[73]. Das Fest war bereits um vier Uhr nachmittags beendet und ging als traurigste Hochzeit der damaligen Zeit in die Annalen des Königshauses ein. Auch das Verhältnis zur Queen war zeitweise sehr gespannt. Die alte Dame bezeichnete ihre zweite Tochter 1871 als „mischief-maker and untruth-teller and even as a real Devil in the familiy“[74]. Nur mit ihrem älteren Bruder Bertie (1841–1910) verband sie eine innige Liebe, die trotz aller Widrigkeiten eine unerschütterliche Beständigkeit zeigte.

Traurige Weihnachten standen den Bewohnern des Neuen Palais im Jahr 1870 bevor. An einen Heimaturlaub des Familienoberhaupts war nicht zu denken, da der Krieg mit Frankreich nach wie vor andauerte und seine Opfer forderte. Alice machte sich große Sorgen um ihren „Herzens Mann“ und schreibt am 13. Dezember: „… ich hoffe, dass ihr keine schweren Kämpfe mehr zu bestehen haben werdet. Vor allen Dingen tue dich nicht aussetzen, wo es *unnötig* ist.“ Schließlich sei sein „Leben auch noch für viele andere in späteren Zeiten sehr wichtig“. Damit es dem Liebsten an den Festtagen nicht allzu schwer ums Herz wurde, schickte ihm die treusorgende Gattin eine Kiste voller Esswaren, warme Kleidung und einen Weihnachtsbaum mit kleinen Lichtern ins Feld. Für die Mädchen sollte sie nach dem Wunsche ihrer Schwiegermutter Elisabeth jeweils eine Uhr besorgen, an der tagsüber ein Medaillon getragen wurde. Vor allem aber stand immer noch die fällige Taufe als Problem im Raum. „Soll ich noch warten?“ schreibt die junge Frau ihrem Louis am 13. Dezember nach Frankreich. „Ich tue es am liebsten, wenn es dir recht ist – das

73 „mehr wie eine Beerdigung“, in: aaO., 95.

74 „… als Unruhestifterin und Unwahrheiten-Erzählerin, als ein wahrer Teufel in der Familie“, in: aaO., 120.

Kind ist gesund und darum kein Grund, warum die Taufe nicht noch etwas aufgeschoben sein kann."

Gerade um die Jahreswende setzte Alice die Trennung besonders zu: „Am letzten Tag dieses Jahres denke ich so unendlich viel an dich – und mit unendlicher Sehnsucht, dass dieses neue Jahr uns recht bald zusammenführen wird!" Einen Tag später schreibt sie in Englisch: „I think like you that it is high time we were together again. It is not far from half a year that we have been parted and I find single life very lonely – but I have the children to amuse me and my sweet Baby – and you have no one."[75] Die englische Konversation wurde offenbar dazu genutzt, die Kenntnisse des Gatten in dieser Sprache zu verbessern. Denn, so ganz fit im Umgang mit den Ausdrücken und Wortwendungen scheint er nicht gewesen zu sein. Alice konstatiert denn auch im selben Brief an Louis: „... your English amuses me so. Though you don't make many mistakes."[76]

Trotz aller Widrigkeiten scheint man im Neuen Palais gewillt gewesen zu sein, die Jahreswende so stilvoll und heimelig wie irgend möglich zu gestalten. Damit Alice süße Klänge auf dem Piano spielen konnte, hatte ein Grenadier de la Garde noch am letzten Tag des Jahres die Klaviere gestimmt. Und an Neujahr stand Besuch auf dem Programm. Die ganze Familie erschien am Morgen nach dem Kirchgang, sogar Großherzog Ludwig III. (1806–1877), der jedem Kind „a large Bretzel" mitbrachte. Die Weihnachtsgeschenke des Vaters trafen zwei Tage später ein. Alice berichtet, dass die lieben Kleinen sehr entzückt über das Obst gewesen seien. Ein Kriegspräsent aus dem Feld dürfte

75 „Ich denke wie du, dass es höchste Zeit ist, dass wir wieder zusammen sein sollten. Es ist nahezu ein halbes Jahr her, dass wir getrennt wurden, und ich finde das Single-Leben sehr einsam – aber ich habe die Kinder, um mich zu erfreuen, und mein süßes Baby – und du hast niemanden." Alice an Prinz Ludwig, Darmstadt, 1. Januar 1871, in: Prinzessin Alice an ihren Mann Prinz Ludwig, Teil 3, 76 Briefe, 1871 Januar bis Juni, HStAD, Großherzogliches Familienarchiv, D 24 Nr. 11/2. Die folgenden Zitate sind, wenn nicht anders angegeben, dieser Quelle entnommen.

76 „Dein Englisch amüsiert mich so, obwohl du nicht viele Fehler machst."

ihr allerdings weniger gut gefallen haben: Major Westerweller schickte zwei Stücke einer Granate, die bei Orléans in der Nähe ihres Gatten explodiert waren und die wieder einmal überdeutlich zeigten, dass es bei dem Einsatz fürs Vaterland täglich um Leben und Tod ging.

Und wie erging es den Kindern zu dieser Zeit? Beim kleinen „Namenlosen" waren die Blattern „sehr schön", wie sich Dr. Weber ausdrückte. In den Augen seiner mitfühlenden Mutter sah das allerdings so aus: „Babys Arm ist sehr stark angegangen und verursacht ihm viele Schmerzen, und er ist sehr ungeduldig und zornig – noch mehr wie es Ernst war." Der Kleine konnte bereits sitzen, hatte rote Wangen und wirkte sehr gesund. Alice war regelrecht verliebt in das kleine Kerlchen und schrieb ihrem Louis, dass er das schönste aller ihrer Babys sei. Außerdem stand dem Säugling Anfang Januar 1871 im Alter von drei Monaten etwas ganz Besonderes bevor: Dem Baby wurden kurze Kleider angezogen. Alice stimmte es traurig, denn sie schrieb wehmütig ihrem Mann: „Du hast ihn als ‚baby in long clothes' nie gesehn."

Gerade jetzt fing auch der kleine Ernie endlich an zu sprechen. Darauf hatte Alice mit einer gewissen Sorge schon so lange gewartet. Außerdem scheint er ein ganz gewitztes Kerlchen gewesen zu sein, das stets Unsinn im Kopfe hatte. Christa v. Schenck berichtet, dass er gerne mit auf Verwandtenbesuch gehe und dort immer sämtliche Sachen in Unordnung bringe, sodass die älteren Schwestern sehr auf ihn achten müssten.

Die siebenjährige Prinzessin Ella quälte sich zu dieser Zeit damit, das Einmaleins in ihr kleines Köpfchen zu bekommen, was ihr nach Aussage von Wilhelmine v. Grancy aber noch nicht so recht gelingen wollte. „Doch ist sie unermüdlich und sitzt mit großer Liebenswürdigkeit alle Tage daran, wofür sie dann aber doch gelobt sein will. Überhaupt legt sie großen Wert auf Anerkennung."

In ihrer knapp bemessenen Freizeit gingen die Kinder jetzt unter Aufsicht der Mutter Schlitten fahren. Täglich wurden sie nach dem gemeinsamen Mittagessen en famille gegen 14 Uhr für anderthalb Stunden an die frische Luft geschickt – egal, ob es regnete, die Sonne schien, heiß oder bitterkalt war. Ihre Abende verbrachten die Mädchen mit Handarbeiten. Die Prinzessinnen griffen dann, sobald die Petroleumlampe gebracht wurde, in ihre Handarbeitskörbe und holten das Strickzeug hervor. Die achtjährige Victoria bemühte sich gerade, das Kunststück fertigzubringen, gleichzeitig zu stricken und zu lesen, was ihr nach Aussage von Wilhelmine v. Grancy auch bereits gut gelang. Hinzu kommt, dass die Mädchen auch mit Nadel und Faden ganz geschickt umzugehen wussten. Im Herbst hatten sie sogar für den Papa ein warmes Flanellhemd genäht, das Alice mit ins Weihnachtspäckchen packte.

Und dann gab es da noch den alten Herrn von Riedesel, dem die Kinder offenbar mit herzlicher Zuneigung verbunden waren. Christa v. Schenck berichtet: „Herr Riedeselchen, wie die Kinder sagen, erholt sich täglich mehr. Er sitzt in seinen wollenen Strümpfen mit einer Brille auf dem Kopfe im Bett und liest ‚Hüstory'."

Auf den ersten Blick schien alles in bester, ja geradezu biedermeierlicher Ordnung gewesen zu sein. Doch der Schein trügt. Allein schon die äußeren Umstände im Palais ließen sehr zu wünschen übrig. In den großen Räumen war es jetzt bitterkalt. „... in den meisten Zimmern frieren wir", schreibt Alice am 8. Januar. Im Schulzimmer der Kinder, in dem um sieben Uhr in der Frühe der Unterricht für die Prinzessinnen begann, kletterte das Thermometer nicht über 11 bis 12 Grad Réaumur, was etwa 14 oder 15 Grad Celsius entspricht. Und das, obwohl nach Aussage Alices stark gefeuert wurde. Außerdem drang im Unterrichtsraum bei Tauwetter oder starkem Regen an einzelnen Stellen Wasser durch die Decke und tropfte ins Zimmer, was zur Folge hatte, dass der hölzerne Dachstuhl durch die beständige Feuchtigkeit langsam verfaulte. Kurzum, die äußerliche Pracht des Hauses verdeckte die Missstände im Innern.

Kein Wunder, dass Alice unter Rheuma litt, vor allem an Schmerzen in den Füßen. Deshalb trug sie jetzt auch dicke Filzüberschuhe, wenn sie in den Schnee hinausging. Ihrem „Herzens Schatz" im fernen Orléans schreibt sie am 8. Januar 1871: „Ich bin nicht so recht, je suis wie ein alter Herr …" Dafür erfreute sie sich umso mehr ihres Babys, das während des Briefschreibens im kurzen Kleidchen kerzengerade in einem Sessel neben ihrem Schreibtisch saß und immer umfiel. Am selben Tag noch wurde der Kleine zum ersten Mal an die frische Luft getragen – bei mildem Tauwetter. Im Esszimmer stellte man gerade neue Spiegel auf, und die achtjährige Victoria sorgte für Amusement bei den Erwachsenen, als sie beim Puppenspielen mit ihrer Schwester den folgenden Ausspruch tat: „I will never marry a man smaller than myself – it is so ugly."[77] Ein Pythia-Blick in die Zukunft zeigt, dass ihr späterer Erwählter, Lord Mountbatten, zumindest in diesem Punkt dem Kindheitstraum entsprach.

Als hochgebildete Frau las Alice auch weiterhin in Darmstadt die *Daily News*. Leider musste sie immer wieder erfahren, dass ihr Heimatland im gegenwärtigen Krieg nicht auf der Seite der Deutschen stand. Die Sympathien lagen eindeutig bei den frankophilen Gegnern. Ihr Herz wollte schier zerspringen ob dieses Umstands. „Mich quält es schrecklich, ich bin so gut deutsch und bin doch auch so englisch – beiden gerecht zu sein ist schwer, und in England ist man nicht ganz gerecht." Also doch, die Stimme des Herzens gab einen leichten Ausschlag in die deutsche Richtung, was allerdings ihre Mitmenschen so nicht wahrnahmen. In der Darmstädter Familie galt Alice als Außenseiterin, als eine Frau, die immer noch nicht den rechten Kontakt gefunden hatte. Prinz Alexander (1823–1888), der Onkel ihres Gatten Ludwig, bringt diesen Umstand in einem Tagebucheintrag vom 15. Januar 1871 auf den Punkt: „Fami-

77 „Ich werde niemals einen Mann heiraten, der kleiner ist als ich – es ist so hässlich."

lientafel im Schloss (stets ohne Alice, welche ganz ohne jede Beziehung zu uns und ihren Schwiegereltern lebt).“[78] Dabei war die junge Frau vonseiten ihres geliebten Vaters deutscher Abstammung, ihre ältere Schwester Victoria sogar deutsche Kronprinzessin. Oder lag die Distanz zu den angeheirateten Verwandten des Hauses Hessen-Darmstadt an ihrer Art, ihrem Wesen? War sie vielleicht zu ehrgeizig, zu gebildet? Zumindest was ihren Gatten betraf, sollte dies eine immer größer werdende Rolle spielen und bald düstere Schatten auf ihre Ehe werfen.

Zunächst allerdings war noch unendliche Liebe angesagt. Allein die Anreden in ihren Briefen sprechen Bände. Alice wird nicht müde, sich für ihren Louis die schönsten Formulierungen auszudenken wie „geliebter Schatz“, „mein Herzens Mann“, „herzallerliebster Mann“, „mein Herzens Schatz“, „mein süßes Männchen“. Stets endet sie mit „ewig deine Alice“ und klagt in nahezu jedem Brief über die lange Trennung. „Ich weiß so gut, dass du Heimweh haben musst und was dir alles fehlen muss, und gerade das macht mir die Trennung von dir so schwer. Sonst könnte ich nicht leiden, einen anderen etwas für dich tun zu lassen und auf deine Bedürfnisse aufzupassen – ich meinte, es könnte keiner so an jede Kleinigkeit denken wie ich.“ Jetzt spricht Alice auch davon, dass sie zumindest hofft, ihren Gatten an Ostern bei sich zu haben. Und mit Nachdruck an die fällige Taufe erinnernd, fährt sie am 13. Januar fort: „Er ist noch ungetauft – ich fürchte, er wird zu seiner Taufe laufen!“

Täglich trafen jetzt in Darmstadt Nachrichten über Tote und Verwundete ein. Das Leid des Krieges war allgegenwärtig. In der Orangerie lagen jede Menge Verwundete, und am Bahnhof kamen Transporte mit Soldaten an, die von den Barmherzigen Schwestern vor ihrer Weiterfahrt versorgt wurden. Auch Alice half mit. Sie verteilte Speisen, reichte den Männern wollene

78 Eintrag vom 15. Januar 1871, in: Tagebuch des Prinzen Alexander (vom 1. Januar 1871 bis 31. Oktober 1872), HStAD, Großherzogliches Familienarchiv, D 25 Battenberg-Archiv Nr. 1/13.

Kleidung und Zigarren. Außerdem besuchte sie die nicht mehr transportfähigen Verwundeten in dem von ihr gegründeten Alice-Hospital. Selbst die großherzoglichen Kinder blieben nicht von den düsteren Bildern des Krieges verschont. Alice zeigte ihnen am 23. Januar sogar gerade eingetroffene Kanonen vor dem Zeughaus.

All das änderte jedoch nichts daran, dass die französische Sprache im großherzoglichen Hause gepflegt wurde. Und so verwundert es ebenso wenig, dass die Prinzessinnen Victoria und Ella just zu dieser Zeit ihre erste Französischstunde bekamen – von einem Fräulein Kahlert, das in Frankreich erzogen worden war. Auch Tanzstunden standen jetzt auf dem Unterrichtsplan statt Turnstunden, für die nach der Meinung ihrer Mutter auch noch im Frühling Zeit genug wäre.

An der Front in Frankreich hatte sich bis Ende Januar 1871 einiges getan. Die vorrückenden deutschen Truppen belagerten Paris, und es wurde ein dreiwöchiger Waffenstillstand angekündigt. Alice war überglücklich. Sie schreibt: „Also, mein erster Gedanke – du kommst auf einige Tage her für Babys Taufe. Hoffe, endlich darfst du Urlaub erhalten, das denke ich doch! Der Gedanke ist zu schön – ich fasse es kaum, dieses Glück des endlichen Wiedersehens!" In Darmstadt feierte man das geplante temporäre Niederlegen der Waffen gebührend. „... die Leute sind verrückt vor Freude, schießen, schreien ...", berichtet die Prinzessin. Doch leider wurde nichts aus dem erhofften Wiedersehen. Der tapfere Louis musste weiterhin seine Aufgabe als Général-Lieutenant in Frankreich erfüllen, und die arme Alice verzehrte sich nach ihrem Gatten. Ich habe „keine Geduld oder Ruhe und solche Sehnsucht nach dir", schreibt sie am 2. Februar.

Aber alles Jammern und Klagen half nichts, und so entschloss sich die Prinzessin kurzerhand, den jüngsten Spross des Hauses Hessen-Darmstadt ohne die Anwesenheit seines Vaters taufen zu lassen. Als Termin war der 11. Februar vorgesehen, ein Samstag, an dem man gegen fünf Uhr nachmittags im Grünen Salon des Neuen Palais en famille zusammen kommen wollte. Schon einige Tage vorher machte sich das Augenleiden der Prinzessin wieder stärker bemerkbar. Sie kühlte mit lindernden Eisumschlägen und versuchte, ihre Augen so wenig wie möglich zu beanspruchen. Als Grund für das neuerliche Aufflackern ihrer Krankheit vermutete Alice, dass wohl ihre „schlimmen Nerven und Schlafmittel" schuld seien. Hinzu kommt, dass die Blattern gerade jetzt besonders stark in Darmstadt wüteten und man sich nie sicher sein konnte, angesteckt zu werden. Doch die meisten Bewohner im Palais waren schon zum zweiten Mal dagegen geimpft, und so bestand wenigstens in dieser Hinsicht keine allzu große Gefahr.

Friedrich Wilhelm Victor Ludwig sollte der Kleine heißen – endlich einen Namen bekommen, denn selbst zu einem Kosenamen hatte sich die Prinzessin in den vier Monaten seit seiner Geburt nicht hinreißen lassen. „Baby" avancierte zu „Friedrich", und da dies ein doch allzu ehrwürdiger Name für einen Säugling war, wurde der Kleine künftig „Frittie" oder „Fritzie" genannt. Wie es bei seiner Taufe im Neuen Palais zuging, berichtet Christa v. Schenck am 11. Februar 1871: Im Grünen Salon hatte man den Altar mit zwei schönen Mainzer Bouquets geschmückt. Eingeladen waren nur die Mitglieder der Großherzoglichen Familie und einige enge Vertraute wie die Grancys oder Herr von Riedesel. Einen Gast, der unter Kriegsverletzungen litt, brachte man gar auf einem Tragesessel zur Feier. Er hatte grüne Samtpantoffeln an den Füßen, da ihm seine Stiefel noch nicht passten.

Alice trug zur Feier des Tages ein rosa Popelinekleid mit weißen Spitzen. Auch die kleinen Prinzessinnen hatten rosa Kleidchen an, die ihnen, wie Christa v. Schenck hervorhob, „reizend standen". Ernst Ludwig, der kleine Tunichtgut, kam an der Hand seiner Mama ins Zimmer, und zwar in einem weißen Kleidchen, das er von seinem Vetter Waldemar bekommen hatte. Entgegen aller Befürchtungen benahm er sich ganz ausgezeichnet. „Anfangs erstaunt und würdevoll umherblickend. Gegen Ende schien er die Sache leichter zu nehmen, machte Handbewegungen gegen den Hofprediger und wurde etwas

Neues Palais in Darmstadt, von der Gartenseite aus aufgenommen.
HStAD R 4 Darmstadt Nr. 25424

laut …“, sodass er dem Bericht zufolge mit einer gewissen Emma ins Nebenzimmer expediert wurde. Frittie, die Hauptperson des Tages, sah allerliebst aus. Seine schönen Augen funkelten wie Sternchen unter den Lichtern des Salons. Während des Taufaktes hielt ihn seine Großmutter, die Prinzessin Carl, in Vertretung von Alices Schwester Victoria. Hofprediger Bender sprach nur ein sehr schönes kurzes Gebet, und nach einer halben Stunde war alles vorbei. Die Herrschaften gingen auseinander, ohne anschließend das Ereignis zu feiern. Die lieben Kleinen wurden wie immer gegen sieben Uhr zu Bett geschickt, Ihre Königliche Hoheit lag im roten Dressing Room auf der Chaiselongue und machte Augenumschläge, und wären da nicht zwei Herren gewesen, die mit deutschem Champagner auf die Gesundheit des Prinzen angestoßen hätten, dann wäre nicht einmal ein Toast auf den kleinen Fritzie gesprochen worden. Trotz ihrer schmerzenden Augen schrieb Alice noch am selben Abend an ihren Gatten: „Ach! Wie einsam stand ich da – wie fehltest du mir, wie fühlte ich für dich, mein Schatz, der du so gerne dabei gewesen wärest.“

Tage vergingen, doch Alices Augen wollten sich nicht bessern. Da griff Dr. Weber am 14. Februar zu einem drastischen Mittel: Er ätzte die inneren Augenlider der Prinzessin zur Beschleunigung der Heilung mit Höllenstein. Eine Stunde lang litt die Gute große Schmerzen. Gegen Abend machte sie dann einen Gang durch die Straßen der Stadt, da ihr der Arzt frische Luft verordnet hatte. Allein, auch die „diabolische" Behandlung scheint nicht den gewünschten Erfolg gebracht zu haben. Der Arzt war mit seinem Latein am Ende und suchte nun nach anderen Gründen für das lästige Leiden. Alice schreibt ihrem Herzensmann: „Weber sagt, ich litte an ‚idée fixe', es wäre rein psychisch." Also doch eine unbewusste Abwehrreaktion gegen die übermächtigen Lasten des Alltags? Denkbar wäre es, denn durch die zwangsweise auferlegte Ruhe konnte sich der Körper der Prinzessin erholen. Selbst ihre regelmäßigen Lazarett-Besuche musste sie nun einstellen, da die schlechte Luft ihren Augen nicht zuträglich war.

Immerhin machten Alice die fünf Kinder große Freude – besonders das Kleinste. „Fritzchen gedeiht sehr und ist ein solches Gemisch wie Victoria und Ernie – die Nase nämlich hat ein[en] Kniff in die Mitte, wie Heinrich und Irene!" schreibt sie ihrem „engels Mann" am 14. Februar 1871. Auch seien seine Stirn und Augen, wie sie später mitteilt „sehr hessisch". Der Säugling hatte ein freundliches Wesen, lachte jeden an und wurde ob seines reizenden Äußeren viel bewundert. Ernie sprach jetzt einige Worte und erkannte offenbar auf den Bildern im Palais seinen Papa. Auch soll er ihn oft gerufen haben. Da Alice aufgrund ihrer spartanischen Erziehung in England der Ansicht war, dass frische Luft der Gesundheit zuträglich sei, nahm sie bei ihren nachmittäglichen Spazierfahrten stets die Kinder mit. Allerdings immer nur zwei, sodass die lieben Kleinen nicht täglich in den Genuss einer Kutschfahrt kamen.

Am 23. Februar war der letzte Tag des Waffenstillstands, und Alice noch ohne Nachricht darüber, ob der Friede bereits geschlossen war. Drei Tage später schreibt sie an ihren Louis: „Heute ist ein schrecklicher Tag der Erwartung! Es *muss* Frieden sein!" In der Tat kam es am 26. Februar 1871 zum Vorfrieden von Versailles, der im Mai durch den Frieden von Frankfurt besiegelt wurde. Das Leid hatte also ein Ende, und die junge Frau im Neuen Palais konnte aufatmen. Allerdings wird sie auch dort noch täglich an die Unbill des Krieges erinnert worden sein, denn selbst in ihrer Wohnstatt waren offenbar Kriegsopfer untergebracht. Am 23. Februar schreibt sie dem Gatten: „Meine Verwundeten im Haus können mit Stock und Krücke herumgehen und werden wohl bald in ihre Heimat können. Ich möchte nur, dass du sie noch kennenlernst, da sie so lange in deinem Hause gewesen sind."

In Darmstadt wurde der Friede euphorisch gefeiert. „Die Leute schießen in einem fort – die Stadt ist voller Fahnen, und die Freude ist sehr groß über den Frieden", berichtet Alice am 3. März. Drei Tage später wurde das nächtliche Darmstadt mit einer großen Friedens-Illumination erleuchtet. Am Langen Ludwig stiegen Feuerwerkskörper in den dunklen Himmel, Büsten vom Kaiser und von Bismarck zierten die öffentlichen Anlagen. Auch das Neue Palais erstrahlte unter vielen kleinen Lichtern, die jedoch aufgrund des starken Windes nicht gut brannten. Außerdem hatte man dort ein großes hessisches L mit Krone angebracht. Endlich Frieden, endlich Sicherheit! Die Menschen waren froh, die angstvollen Tage und Nächte überstanden zu haben, und stolz, dass Hessen seinen Teil zum Gelingen des Feldzuges beigetragen hatte.

Prinz Ludwig wurde dank seiner außerordentlichen Verdienste um das Vaterland der Orden „Pour le mérite" verliehen. Alice schreibt: „… ich bin so stolz auf dich, geliebtes Herz! Wäre ich nur halb deiner würdig!" Und dann kommt ein Zusatz, in dem das Selbstbewusstsein der englischen Königstochter durchschimmert: „Ich kann es ja immer noch werden, nicht wahr?" Eigentlich hätte jetzt endlich das Glück im Neuen Palais Einzug halten können. Doch es sollte anders kommen. Auch wenn sich zunächst nur die Vorboten mit leisen Sohlen näherten. „Aber des Menschen Augen sehen das Dunkel nicht, das vor ihm ist", wusste bereits Theodor Storm.

Die kleine Victoria war plötzlich erkrankt. Sie litt unter einer heftigen Gesichtsneuralgie, die von einem Scharlachfieber zurückgeblieben war. Dr. Weber zeigte sich besorgt und riet zu Seebädern in südlichen Gefilden. Alice fühlte sich immer noch nicht wohl. Sie sagte sogar ihre Teilnahme an den Siegesfeierlichkeiten in Berlin ab, obwohl ihre Schwester sehr darauf drängte und auch das Herz des geliebten Louis daran zu hängen schien. „Erstens haben wir kein Geld, um die Reise zu bezahlen", schreibt sie am 12. März 1871. „Dann habe ich kein Geld, um die nötigen, sehr teuren Toiletten anzuschaffen. Drittens nähre ich Baby, der mit müsste, und ich fühle mich weder wohl genug noch kräftig genug, um die Fatiguen zu riskieren." Sie gönnte ihrem Gatten den Triumph von Herzen, aber ließ sich nicht erweichen, die Reise anzutreten.

Mittlerweile war beim fünf Monate alten Frittie der erste Zahn durchgebrochen, und Anfang April, als Louis auf Heimaturlaub in Darmstadt weilte, wäre der kleine Ernie fast verunglückt. Er hatte sich bei einer Kutschfahrt mit dem Pony rückwärts aus dem kleinen Wagen geworfen, „indem er die Füße auf den Sitz tat und sich auf die Lehne setzte". Dann fiel er um, und da er festgebunden war, blieb er mit dem Kopf zuunterst hängen. „Und hätte das Pony [aus]geschlagen, hätte es ihn töten können, ich war so erschrocken", schreibt die besorgte Mutter. Ernie war ein kleiner Draufgänger. Aber er spielte zuweilen auch ganz gesittet mit seinem Bruder, was die Prinzessin besonders freute. Die Mädchen begannen jetzt, Klavierunterricht zu nehmen, und auch Alice nahm Stunden. Sie klagt: „Ich habe die Musik so lange liegen lassen, dass mein geringes Talent schlafen gegangen ist."

Da sich die hessischen Truppen auf dem Rückzug befanden, aber immer noch nicht in der Heimat angekommen waren, musste Ludwig seinen Militärdienst weiterführen. Alice war verzweifelt und flehte geradezu darum, ihn besuchen zu dürfen.

„Lass mich kommen, bitte!“, schrieb sie am 13. April. Doch der Gatte schien es damit durchaus nicht eilig zu haben. Saß er am Ende lieber mit seinen Kameraden zusammen und genoss das raue Militärleben, anstatt, wie Alice es wünschte, sich zu bilden und Hochgeistiges zu lesen? Er soll auch gerne mal ein Gläschen Alkohol getrunken haben, was zu Hause natürlich verpönt war. Um wenigstens optisch präsent zu sein, schickte ihm Alice eine große Fotografie.

Die Briefe der Prinzessin werden zunehmend düsterer, trauriger, gerade so, als sei sie in eine tiefe Depression gefallen. „Trübe Tage habe ich noch – dann denke ich an dich und deine Wünsche und suche die bösen Gedanken zu vertreiben, so gut es geht“, schreibt sie am 22. April. Oder: „... der Herr im Haus fehlt zu lang – und ich sehne mich ... nach deiner Rückkehr und unser lange entbehrtes glückliches Familienleben, über das *nichts* auf der Welt geht. Es ist das Heiligste, das Schönste, das Beste! Ich habe es nie genug gewürdigt ...“ Auch die Geldsorgen drückten aufs Gemüt. Königin Victoria schickte ihrer Tochter zwar Ende April auf Anraten der Darmstädter Schwiegermutter 200 Gulden. Da aber das „Defizit“, wie Alice es nannte, 500 Gulden betrug, war an ein Ende der monetären Misere nicht zu denken.

Die Kinder hatten jetzt eine neue Erzieherin, ein gewisses Fräulein Kitz. Alice fand sie „sehr still“ und „etwas oldfashioned“ aussehend. „Vieles ist ihr noch so fremd in unseren Verhältnissen. Sie wird sich noch manches aneignen müssen“, schreibt die Prinzessin an ihren Gatten. Dennoch scheinen die Kinder das junge Fräulein geliebt zu haben. Sie erzählten beim Essen sogar, „was für hübsche Sachen sie ihnen [sic!] lehrt und wie leicht sie es macht“. Um den Kontakt zu gleichaltrigen Kindern zu fördern, lud Alice auch Darmstädter Mädchen und Buben ins Neue Palais zum Spielen ein, „dass sie ein Spaß haben“.

Der kleine Frittie schien sich gut zu entwickeln. Noch war kein Gedanke an die tödliche Krankheit, die in ihm schlummerte – jene Hämophilie, von der drei Kinder Alices betroffen sein sollten.[79] Es handelt sich um eine Gerinnungsstörung des Blutes, die vorhandene Wunden lange bluten ließ und ein normales Leben damals nahezu unmöglich machte. Heute wissen wir, dass die Hämophilie durch eine Mutation eines X-Chromosoms verursacht wird. In diesem Falle ging die Krankheit von der väterlichen hannoveraner Seite der Queen Victoria aus. Da Mutationen häufiger in Keimzellen älterer Männer vorkommen und Victorias Erzeuger bei der Geburt seines einzigen Kindes bereits im fortgeschrittenen Alter von 51 Jahren war, nimmt man an, dass Edward Duke of Kent der primäre Auslöser war – also nicht ihre Mutter Victoria aus der Linie Sachsen-Coburg-Saalfeld. Die Krankheit kann sowohl von Männern als auch von Frauen vererbt werden, obwohl sie im Träger-Status nur bei den Frauen existiert, und zwar ohne manifest zu werden. Dabei kann es dazu kommen, dass ein an Hämophilie erkrankter Mann gesunde Söhne hat, während alle seine Töchter Trägerinnen der Krankheit sind.[80] Da man sich zur damaligen Zeit in den royalen Kreisen meistens unter Seinesgleichen verband, verbreitete sich die Bluterkrankheit rasch. Allein 16 Erkrankte[81] wurden über drei Generationen unter den Nachfahren von Queen Victoria gezählt. Bekanntester Vertreter war der Zarewitsch Alexej, einziger Sohn des letzten Zaren Nikolaus II. Er wurde über seine Mutter infiziert, Alices jüngste Tochter Alexandra (1872–1918). Auch deren ältere Schwester Irene (1866–1953) war Trägerin der Hämophilie. Dabei ist zu bemerken, dass nicht zwangsläufig alle Kinder erkrankten bzw. die Krankheit weitervererbten. So war Prinz Leopold, der Bruder Alices, als einziger der vier Söhne der Queen betroffen. Er selbst hatte einen gesunden Sohn, aber

79 Von der Hämophilie betroffen waren: Frittie, sowie Irene und Alexandra als Überträgerinnen der Krankheit.

80 „And while an affected male has normal sons, all his daughters are carriers“, in: Gerard Noel, aaO., 219.

81 Ebd.

eine Tochter, die Trägerin der Krankheit war. Und von den fünf Töchtern der Queen vererbten nur Alice, Beatrice und wahrscheinlich auch die deutsche Kronprinzessin Victoria die Hämophilie.[82] Alle anderen waren gesund.

Der kurze Exkurs zeigt, auf welchen Wegen sich die Krankheit fortpflanzte und wie gefährlich der Standesdünkel des Adels war, der die Liebe erst an zweite Stelle setzte und stattdessen Abstammung und Titel den Vorrang gab. Welche Dramen sich in den Palästen abspielten, ist bis auf den Fall des Zarewitsch selten dokumentiert. Dass etwas Derartiges gerade im kleinbürgerlichen Darmstadt passierte, ist umso erstaunlicher.

Es wurde Frühling, und der gute Louis ließ sich immer noch nicht zu Hause blicken. Selbst zum 28. Geburtstag seiner Gattin am 25. April 1871 kam er nicht auf Heimaturlaub. Also schickte ihm Alice ein Stück ihres Geburtstagskuchens, außerdem etwas Gelee, frisch gesalzene Butter und ein Stück Roastbeef. Ihr Plan stand jetzt fest. Da sie befürchtete, dass Ludwig noch ganze zwei Monate fortbleiben würde, wollte sie mitsamt dem kleinen Frittie nach Frankreich reisen. „… in dem Fall muss ich dich besuchen, es hat keinen Sinn, so lange getrennt zu bleiben." Später fügt die Prinzessin hinzu: „Hessen ist mir jetzt einerlei." Major Westerweller sollte sie mit dem Kind in Straßburg abholen. Der Kleine wurde zu dieser Zeit noch viermal am Tag gestillt, sodass er auf jeden Fall mitkommen musste. Die anderen Kinder könne sie unbesorgt für drei, vier Wochen verlassen, schreibt Alice: „Ich bin zu allem bereit." Am 7. Mai teilt sie dem Gatten mit, dass sie „incognito" reisen wolle, und am 14. Mai bittet sie ihn, sich umzusehen, wo man in Frankreich frische Milch fürs Baby bekommen könne, da Frittie nicht ausschließlich gestillt wurde. „Du kannst Westerweller bitten, im Voraus sich danach umzusehen. Ein … [unleserlich, mögl: Lakai] kann es dann selbst holen, um

82 Ebd.

sicher zu sein, dass sie frisch ist und von welcher Kuh." Doch Alices größter Wunsch sollte sich wiederum nicht erfüllen. Am 19. Mai schreibt sie: „Liebes Männchen. Da du mich durchaus nicht haben willst, so muss ich dir dies schicken statt bringen. Ich habe es für dich in Wien machen lassen." Leider wissen wir nicht, worum es sich dabei handelte. Aber eines zeigen die Zeilen deutlich: Ludwig dachte gar nicht daran, Alice in Frankreich zu treffen. War ihm der Besuch der Gattin am Ende gar peinlich? Fürchtete er das Gerede seiner Kameraden? Oder waren es eher die hohen Ansprüche seiner Frau, denen er nicht genügen konnte oder wollte? Alice erkundigte sich sogar über die Distanz, was er zurzeit gerade lese. Auch fragte sie nach, ob er sich in der *Times* über das neue Werk Darwins und eine neue Übersetzung von Platon informiert habe.

So ganz einfach schien das Zusammenleben mit Alice nicht gewesen zu sein. Allein ihre andauernden Krankheiten dürften dem guten Louis nicht behagt haben. Zurzeit litt sie gerade unter Zahnweh, sodass gebohrt und zwei Goldplomben eingesetzt werden sollten. „Ich bin ein solcher Hasenfuß für alles, was Zähne betrifft", klagt sie am 29. April, und am 4. Mai: „Ich schäme mich." Schließlich ließ sie sich einen Weisheitszahn ziehen und jammerte über die Schmerzen. Die junge Frau laborierte auch wieder an Neuralgien im Kopfbereich, an Hals und Füßen. „Ich habe so unruhige Nächte – eine ganz andere Luft würde gewiss gut sein, auch die anhaltenden neuralgischen Schmerzen würden eher vergehen und vor allen Dingen hätte ich etwas Ruhe. Ich habe zu viel zu tun. Jede Stunde des Tages ist im Voraus vergeben, sodass ich nie ausruhen kann." Und dann erkrankten auch noch alle Palais-Pferde. Sie litten an Nesselsucht und waren nicht zu gebrauchen, sodass die Prinzessin, um ausfahren zu können, auf Pferde aus dem Marstall zurückgreifen musste.

Allein von den Kindern wird Freudiges berichtet. Beim Jüngsten brachen jetzt die oberen Zähnchen durch, aber er war trotzdem wohlauf und munter. Alice berichtet stolz: „Starck sagte gestern, Fritzie wäre doch die Perle – und sein Blick wäre die beste Zusammenstellung der beiden Eltern. Er soll so viel Ausdauer und Züge von dir und mir vereinigen und ich höre das so gern." Ernie konnte mittlerweile viel besser sprechen. Er hatte nach Auskunft seiner Mama eine besondere Passion für Blumen und kannte schon viele Namen. Der Kleine pflückte sie gerne und brachte sie mit ins Palais. Eines Tages war er sogar mit einigen Blümchen seines Vaters in der Hand eingeschlafen. „Fliegen fangen und zerquetschen ist aber leider die Haupt-Liebhaberei", berichtet Alice. Außerdem sollte der kleine Tunichtgut jetzt gemalt werden. Der verpflichtete Künstler kam ins Haus, und der Prinz musste still sitzen, was er zunächst wohl auch ganz ordentlich tat. Nachdem der Maler aber eine halbe Stunde da gewesen war, sprang Ernie auf und rief: „Goodbye – no more!" Er hatte eben schon in frühester Jugend einen entschiedenen Charakter. Victoria und Ella machten Alice Vergnügen, als sie mit Spielgefährtin Annchen eine Murmel unter die Möbel rollten und dann „hingen alle Drei auf die Erde, um es heraus zu bekommen". Alice begab sich jetzt nachmittags zum Jagdschloss Kranichstein. Sie nahm dort unter Bäumen ihren Tee ein und fuhr dann mit zwei Kindern spazieren.

Die Kleinen machten der Prinzessin gewiss große Freude, aber Alices allgemeiner Gemütszustand wollte sich trotz des bevorstehenden Friedens und frühlingshafter Temperaturen nicht bessern. Am 25. Mai schreibt sie: „Das schöne Wetter stimmt mich ernster und trauriger denn je – könnte ich vor mir selber entkommen! Das unglückliche Paris brennt an allen Ecken und Enden. Tuilerien, Louvre, Hôtel de Ville, Élysée Palais Royal. Fast alle Hauptgebäude – und da viele durch Petroleum angesteckt sind, kann man sie nicht löschen! ... Es ist ein gräuliches Schauspiel, die vielen Kunstschätze, die doch eigentlich Welteigentum sind."

Am 16. Juni sollte der Einzug der deutschen Truppen in Berlin stattfinden, und nach wie vor sträubte sich Alice, daran teilzunehmen. „I don't feel use to it."[83] „Da du wohl gehen wirst, müssen wir uns wieder trennen – aber du bleibst gewiss nur zwei Tage höchstens und das muss ertragen sein – außerdem gönne ich dir, dabei zu sein, da der Anblick gewiss großartig sein wird." Doch dann scheint sich die Prinzessin ihrem Gatten zuliebe anders besonnen zu haben. Sie versucht sogar, den kleinen Fritzie abzustillen, um ihn nicht nach Berlin mitnehmen zu müssen. Allerdings gab es noch einen Strohhalm, an den sie sich klammerte: Da die Heimkehr der hessischen Truppen womöglich zur gleichen Zeit in der Heimat gefeiert werden sollte, argumentiert sie: „Der Einzug hier ist doch der erste für uns, und wenn sie zusammenfallen, können wir doch nicht nach Berlin, was mir *nicht* leid täte, da ich so keine Lust habe, unter Menschen zu gehen, am wenigsten dort. Ich bin ganz leidend heute – die Brust [ist] sehr schmerzhaft, und da ich pumpern muss, um die Milch zu vertreiben, bin ich ganz elend." Am 2. Juni kommt aus Darmstadt dann doch ihre endgültige Zusage. „Da du es gerne willst, gehe ich mit dir nach Potsdam und Berlin ... Ich bestelle meine Sachen gleich und füge mich in das Unvermeidliche." Große Freude schien sie bei dem Gedanken nicht empfunden zu haben, eher Gram. Und so wurde aus dem Triumph in Berlin eine persönliche Niederlage Alices.

Unmerklich begann sich im Laufe der Jahre eine Dissonanz in die Beziehung des Paares einzuschleichen, die beide zunehmend voneinander entfernte. Nicht, was die Liebe Alices zu ihrem Gatten betraf, dem sie nach wie vor innig verbunden war. Das trennende Element lag auf der intellektuellen Ebene, die nicht kompatibel erschien. Alice beklagte sich Jahre später bitter darüber, dass sie in Darmstadt weder das Leben gefunden habe, das sie erwartete, noch, dass sie in ihrem Gatten einen echten Seelenverwandten gefunden habe: „I feel that true companionship is an impossibility for us, because our thoughts will never

83 „Ich sehe es nicht als notwendig an."

meet."[84] Sie fand seine Briefe nett, „but so empty and bare"[85], und zeigte sich bitter enttäuscht darüber, dass ihre Hoffnungen kompletten Schiffbruch erlitten hätten. Selbst das Land, in dem sie lebte, erschien ihr nun nicht mehr liebenswert, ganz zu schweigen von dessen Bewohnern: „I feel more and more, how little I like Germany and the Germans."[86] Der Alltag im kleinbürgerlichen Hessen hatte ihr jegliche Illusionen geraubt und führte zu einer Generalabrechnung mit ihrem Leben, die, hätte Alice ein respektables Alter erreicht, vielleicht sogar zum endgültigen Bruch mit ihrem Gatten hätte führen können.

In Darmstadt sah man im Frühling des Jahres 1871 täglich die zurückkehrenden Truppen, „zum Entzücken der Kinder"[87], wie die Prinzessin berichtet. Doch in die Freude über die Heimkehr der Soldaten mischte sich auch der Kummer um das Leid der Verletzten. Das Darmstädter Garnisons-Lazarett war noch voller Verwundeter und die Luft dort so schlecht, dass sie trotz offener Fenster verpestet war. Die angehende Großherzogin hatte sich in der zurückliegenden Zeit sehr für die Errichtung eines neuen Hospitals eingesetzt. Man plante den Verkauf des kleinen alten Hauses in der Mauerstraße und die Errichtung eines Neubaus mitsamt einer Pflegeschule. Neun Ärzte aus dem „Hospitälchen" sollten übernommen werden. Außerdem war vorgesehen, Pflegerinnen einzustellen, deren Tracht nach den Angaben Alices gefertigt werden sollte. Die Regularien wurden von der Prinzessin und Dr. Eigenbrodt nach dem englischen Vorbild von Miss Florence Nightingale aufgesetzt.

84 „Ich fühle, dass wahre Gemeinschaft eine Unmöglichkeit für uns ist, weil sich unsere Gedanken nie treffen werden." Gerard Noel, aaO. 224.

85 „… aber so leer und nichtssagend"; ebd.

86 „Ich fühle immer mehr, wie wenig ich Deutschland und die Deutschen mag." aaO., 223.

87 Alice an Prinz Ludwig, Darmstadt, 2. Juni 1871, in: Alice an ihren Mann Prinz Ludwig, Teil 4, 61 Briefe, 1871 bis 1875, HStAD, Großherzogliches Familienarchiv, D 24 Nr 11/3.

Währenddessen näherte sich Ludwig täglich ein Stückchen mehr der Heimat, und Alice war damit beschäftigt, im Neuen Palais neben dem Grünen Salon eine Nursery für die Kleinen einzurichten. Ihre Brust schmerzte vom Abstillen, sie war erkältet und allgemein in keinem angenehmen Zustand. Liest man ihre Briefe, dann scheint sie vorzeitig gealtert zu sein. Dabei handelte es sich doch um eine junge Frau von noch nicht einmal dreißig Jahren! Fünf Kinder in Folge, das war offenbar zu viel für die englische Königstochter. Dennoch hielt sie an ihren ehernen Prinzipien und strikten Tagesabläufen fest. Und kaum war ihr geliebter Louis wieder zu Hause, wurde das sechste Kind gezeugt: Alexandra, die spätere russische Zarin – wahrscheinlich im Englandurlaub, den sich die junge Familie im September 1871 gönnte.

„Gott gebe, dass Fritzchen die Überfahrt nicht schadet“[88], schreibt dessen Großmutter, die hessische Prinzessin Carl, am 5. September 1871 von der Darmstädter Rosenhöhe aus an Alice. Obwohl bisher in all den Briefen noch nicht einmal die Rede von der Hämophilie war, ist herauszulesen, dass der kleine Frittie langsam zum Sorgenkind wurde. Zwar hatten zum damaligen Zeitpunkt alle Kinder der Familie den Husten, aber mit dem kleinen Sonnenschein schien es doch etwas Besonderes zu sein, weshalb auch die Großmutter zwei Wochen später sorgenvoll kundtat: „Gott Lob, dass Fritzchen die Luft gut bekommt. Nun fürchte ich die frische schottische für ihn, die gewiss in der Art der hiesigen ist.“[89] Der Kleine war oft krank, hatte Durchfall und Magenverstimmung. Aber er lief offenbar noch nicht und konnte sich somit auch kaum verletzen. Die tückische Hämophilie blieb also nach wie vor unentdeckt.

Die Familie verlebte eine unbeschwerte Zeit auf Balmoral Castle. Tagsüber ging Alice mit den Kindern spazieren. Der

88 Prinzessin Carl an Alice, Darmstadt, 5. September 1871, in: Prinzessin Elisabeth von Hessen an Prinzessin Alice, 80 Briefe, 1860 bis 1873, HStAD, Großherzogliches Familienarchiv, D 24 Nr. 26/6.

89 Ebd.

Gatte nutzte die Gelegenheit, um im schottischen Hochland zu jagen, und am Abend spielte die Prinzessin ihren Lieben auf dem Klavier vor – allein oder mit ihrem an Hämophilie erkrankten Bruder Leopold. Zur gleichen Zeit weilte auch Queen Victoria innerhalb der altehrwürdigen Mauern aus dem 14. Jahrhundert. Doch der 52-Jährigen ging es nicht gut. Sie litt an einer bösartigen Halsentzündung, hatte Probleme mit einem Arm und Rheuma – zuerst im Fuß, dann in Schulter, Hüfte und Hand. Die Schmerzen waren so heftig, dass sie „das Weinen nicht zurückhalten konnte“[90], wie Alice am 25. September ihrer Schwiegermutter nach Darmstadt schreibt. Die Herrscherin über ein Drittel der Weltbevölkerung war auf das Sofa gebannt und konnte sich ohne fremde Hilfe nicht fortbewegen. „Gestern hat sie zum ersten Mal gestanden und wir hoffen, dass keine neue Stelle sich zeigt. Sie hat so leiden müssen“[91], berichtet die Prinzessin. Ihr selber schien es offenbar recht gut zu gehen. Sie übernachtete sogar am Geburtstag ihres Mannes in einem Husarenlager in der Höhe von Alderscott. Drei Tage war Alice zu Pferd unterwegs und genoss das Gefühl, endlich frei und ohne die Last der täglichen Pflichten zu sein.

Doch das nächste Ungemach ließ nicht lange auf sich warten. Ihr älterer Bruder Albert Eduard, auch Bertie genannt, erkrankte lebensgefährlich, und zwar an typhoidem Fieber, ausgerechnet der Krankheit, an der seinerzeit Vater Albert gestorben war. Das Schicksal hatte erneut zugeschlagen, und Alice kämpfte jetzt um ihren Lieblingsbruder, jenen Gefährten der Kindheit, dem sie in herzlicher Zuneigung verbunden war und der sie als kleines Mädchen manchmal vergessen ließ, dass sich die Queen ihren Kindern gegenüber ziemlich gleichgültig verhielt.

---

90 Alice an Prinzessin Carl, Balmoral Castle, 25. September 1871, in: Prinzessin Alice von Hessen an ihre Schwiegermutter Prinzessin Elisabeth, Teil 2, 1866 bis 1877, 122 Briefe, HSrAD, Großherzogliches Familienarchiv, D 23 Nr. 30/7.

91 Ebd.

„Die Geschwister behalten mich hier“[92], schreibt Alice am 22. November 1871 an ihren Gatten nach Darmstadt. Es hatte den Anschein, als wolle der Herrgott ihnen keine gemeinsame Zeit gönnen. Das Schicksal war unerbittlich. Immerhin kamen die Kinder nach. Da aber Alice mit der Krankenpflege ihres Bruders betraut wurde, mussten die lieben Kleinen die meiste Zeit des Tages mit den Gouvernanten verbringen. Die großen Mädchen hatten in dem von allen bewohnten Landsitz Sandringham die Ankleidezimmer bezogen, und die Jüngsten waren ebenfalls in dem riesigen Gebäude mit den vielen Zimmern untergebracht. Dass ihre Kinder ebenfalls erkranken könnten, fürchtete Alice zunächst nicht. Sie schreibt: „… es ist keine Ansteckung für solche, die nur im Haus sind – nur für die, die um ihn bleiben –, und das in sehr leichtem Grad.“ Sorgen machte sie sich vor allem um den geliebten Bertie. „Sein Kopf schmerzt, … er kann gar nicht schlafen. Wir dürfen nicht mit ihm sprechen. Er liebt aber, dass wir im Zimmer sitzen“, schreibt sie am 23. November und fährt fort: „28 Tage dauert die Krankheit, die Krisen sind am 11. und 18. Tag.“

In der Krankenpflege wechselte sich Alice mit ihrer Schwägerin, der Prinzessin Alexandra von Dänemark, ab, die offenbar froh war, eine so kundige Verwandte an ihrer Seite zu haben. Der berühmt-berüchtigte Albert, der in gesunden Zeiten keinem Weiberrock widerstehen konnte, konstatierte aber ob der gesitteten Atmosphäre im Krankenzimmer, es wäre wie im Kloster. Auch ließ er sich am liebsten nur von Frauen bedienen. Doch die lockeren Sprüche sollten ihm bald vergehen. Am 27. November schreibt Alice: „Es ist eine furchtbare Krankheit und hat gewütet wie ein Sturm die letzten Tage.“ Offenbar war auch die Queen in Sorge und reiste nach Sandringham. Außer-

92 Alice an Prinz Ludwig, Sandringham King’s Lynn, 22. November 1871, in: Alice an ihren Mann Prinz Ludwig, Teil 4, 61 Briefe, 1871 bis 1875, HStAD, Großherzogliches Familienarchiv, D 24 Nr. 11/3. Die folgenden Zitate sind, soweit nicht anders angegeben, dieser Quelle entnommen.

dem sollte Alice abgelöst werden. Doch die Prinzessin weigerte sich standhaft, ihren Platz am Krankenbett aufzugeben – mit der fadenscheinigen Begründung, dass die Ärzte ihrem Bruder jeden Wechsel der Umgebung verboten hätten.

Derweil fing der erkrankte Bertie an zu fantasieren. „Since two days he thinks, he is king, speaks of Mama's death … Then he regrets his past life – thinks, Alix has left him …“[93] Nachdem die Nachricht überbracht wurde, dass ein ebenfalls Erkrankter wahrscheinlich sterben würde, entschloss sich die Prinzessin, die Kinder fortzugeben. „Ich fürchte, es ist epidemisch – aber bitte ängstige dich nicht. Du weißt, in schweren Zeiten hat man doppelte Kraft, und meine verlässt mich selten“, schreibt sie an den Gatten in Darmstadt. Bedenkt man aber, dass auch Alice nicht gesund und vor allem schwanger mit ihrem sechsten Kind war, dann erscheint ihre Aussage in einem ganz anderen Licht.

Das Fieber des Kranken kletterte auf 40 Grad, der Puls auf 100, und an Atemzügen zählten die eifrigen Damen im Krankenzimmer 32. Alice half jetzt, andauernd das Bett des Bruders frisch zu beziehen, da dieser außerdem an Diarrhö litt „… und da geht alles ins Bett. Schon seit fünf Tagen, oft ohne dass was an ist, und dann will er immer alles gewechselt haben, die ganze Wäsche. Es ist oft sehr mühsam. Heute am Tag hat er zweimal das Hemd gewechselt. Es ist so traurig, ihn so ganz als Kind zu behandeln, und er ist sehr lieb und geduldig und dankt fast immer.“ Die Queen war besorgt, trat aber nicht ans Krankenbett ihres Sohnes. „… wir nahmen sie an Berties Türe, sodass sie durch ein[en] Schirm verdeckt ihn sehen konnte.“ War es eine Vorsichtsmaßnahme, um den Kranken nicht zu beunruhigen, oder fürchtete die Herrscherin am Ende gar, sich selber anzustecken?

Alice war zu dieser Zeit mit ihren Gedanken ganz oft in ihrem Wohnsitz in Darmstadt, wo gerade die Zimmer neu

93 „Seit zwei Tagen denkt er, er sei König, spricht von Mamas Tod. Dann bereut er sein zurückliegendes Leben, denkt, Alix hätte ihn verlassen.“

ausstaffiert wurden. Sie schreibt: „Es sind eine Menge Sachen aus England im Palais ... Wie sind die Zimmer unten und die Kinderzimmer? Der Vorhangstoff für Letztere, den ich in Darmstadt möchte, ist noch nicht bestellt." Auch gab es Pläne für die Salons. Im Gelben Zimmer sollten über den Türen Medaillons mit den Portraits von Alice und Ludwig angebracht werden. Die Köpfe ihrer beiden Eltern waren als Supraporten für das eigene Wohnzimmer vorgesehen. „Ich bin disappointed [enttäuscht] und erstaunt, dass Westerweller dies nicht hat tun lassen, wie wir es besprochen und ausgemacht hatten", schreibt sie nach Darmstadt und fügt an: „Der Grund von unseren Köpfen sowie der von Mama und Papa soll vergoldet sein. Bitte lass das *jetzt* machen, ich hatte mich grade auf *diese* Verschönerung so gefreut." Der gute Ludwig schien bemüht gewesen zu sein, alles nach den Wünschen seiner Angetrauten auszuführen. Nur an etwas ganz Wichtiges hatte er in jenen Tagen nicht gedacht. „Hast du vergessen, dass es heute elf Jahre sind, dass du den kleinen Fehler (für dein Glück!) begingst, mich als Lebensgefährtin zu engagieren?" schreibt Alice am 30. November. Wie konnte Ludwig ihren Hochzeitstag vergessen! Die Gattin schreibt gewitzt und vermeidet es, ihm grobe Vorwürfe zu machen. Aber geärgert haben wird sie sich doch, denn sie liebte ihn nach wie vor. So sehr, dass die Prinzessin am nächsten Tag schon Folgendes zu Papier brachte: „Gute Nacht Schatz, wie möchte ich dich küssen. Fühlst du dich sehr einsam nachts – wie und wo schläfst du?"

Derweil ging es dem Kranken in Sandringham unverändert schlecht. In seinen Fieberfantasien sprach er jetzt davon, dass die Ärzte ihn umbringen wollten. Alice war verzweifelt und befürchtete das Schlimmste. „Ach Gott, erhalte ihn", schreibt sie nach Darmstadt. „Alix – die Kinder – das Band – wir Geschwister – ohne ihn! ... Ich halte die Ungewissheit kaum mehr aus, ein zweites Mal dieses durchzumachen und allein." Anfang Dezember beschloss man, dem Patienten weniger Portwein zu geben, um seine angegriffenen Nieren zu schonen, doch

Bertie machte kaum Fortschritte. Dafür ging es den Kindern gut. Alice schreibt, dass ihr besonders die Kleinen fehlten. Und mit spitzer Feder an ihren Gatten gerichtet: „Du vermisst mich nur wenig, scheint es." Außerdem kommen am 6. Dezember folgende mahnende Worte: „Ich bin gewiss, du sitzest zu viel, das bekommt dir immer schlecht. Mache täglich einen guten Spaziergang und bestelle dir irgendeinen Kameraden dazu. Du bist gewiss zu shy [schüchtern] oder zu bequem?" Wenn sie sich nur nicht immer um alles gekümmert hätte, die gute Alice. Vielleicht wäre es ihr dann auch gesundheitlich besser gegangen. Doch sie schien die Perfektion in Person zu sein.

Weihnachten stand vor der Tür, und dem armen Bertie ging es immer noch nicht besser. Er redete in drei Sprachen durcheinander und wurde, wenn er Beklemmungen bekam, schwarz-blau im Gesicht. Außerdem schrie er so laut, dass man die Türen schließen musste. Jetzt machte sich auch die Schwangerschaft bemerkbar. „Ich glaube, das Kind fängt an zu leben", schreibt Alice dem Gatten am 12. Dezember, und fügt gleich besorgt hinzu: „Wenn es dann nur nicht schadet. Ich seh' natürlich schlecht und angegriffen aus." Derweil machte sich die Schwiegermutter in Darmstadt Gedanken, wie wohl das Fest gefeiert werden sollte. „Wo wirst du zu Weihnachten sein?" schreibt sie. „Am Ende gar nicht mit den Kindern? Es ist nun aber auch Zeit, liebe Alice, dass du an dich denkst und deine Gesundheit, denn die gehört nicht dir allein, sondern deinem Mann und Kindern."[94]

Die Prinzessin blieb trotz der mahnenden Worte auch an Weihnachten in Sandringham. Nicht wissend, dass sie noch vor Jahreswende einen weiteren Schicksalsschlag hinnehmen musste, der alles Bisherige in den Schatten stellen sollte. Es betraf ihren Jüngsten, über den sie am 27. Dezember 1871 an Louis die folgenden Worte schreibt: „Jenner tells me, Fritzie

94 Prinzessin Carl an Alice, Darmstadt, 21. Dezember 1871, in: Prinzessin Elisabeth v. Hessen an Prinzessin Alice, 80 Briefe, 1860 bis 1873, HStAD, Großherzogliches Familienarchiv, D 24 Nr. 26/6.

had many bruises again – and it seemed clear, that he had in some degree Leopold's complaint. I am full of anxieties and have passed a dreadful night without any sleep."[95] Also doch, der Kleine war an Hämophilie erkrankt. Seine vielen Blutergüsse waren ein untrügliches Zeichen. Zwar stand noch nicht fest, in welchem Maße, aber aus der Krankengeschichte ihres Bruders Leopold wusste Alice, dass ein leidvolles Leben vor dem kleinen Prinzen lag – ihrem Augenstern, dem Sonnenschein mit den feinen Gesichtszügen!

Umso erstaunlicher ist es, dass sie in den folgenden Briefen nicht mehr an die Diagnose erinnert. Da geht es um einen Waschtisch mit Geschirr, den der kranke Bertie als Weihnachtsgeschenk für ihren Gatten besorgen ließ. Alice berichtet, dass sich die Schwägerin in Sandringham über ihr Geschenk, eine Sammettasche mit silbernem Schloss, gefreut habe und dass sie im Schneegestöber spazieren gefahren sei. Doch liest man zwischen den Zeilen, dann wird deutlich, dass die junge Frau und Mutter zutiefst beunruhigt war. Wieder einmal drückte es ihr Körper deutlicher aus, als ihr Mund sagen konnte. „Dr. Gull hat mir etwas eingegeben, um mich wieder zu kräftigen. Es war mir so schlecht die letzten Tage – zu viel Angst und Sorge." Das war alles. Kein Wort mehr über die heimtückische Krankheit des kleinen Frittie. Stattdessen schreibt sie über die Freude, einige Fotos von ihren beiden Jungen erhalten zu haben, auf denen u.a. Ernie mit einem Gewehr abgebildet war.

Zur Jahreswende wäre der arme Bertie beinahe an Spasmen in der Brust erstickt; er litt jetzt auch noch unter Schmerzen im Bein. Frittie hatte Magenprobleme und immer noch den Husten, aber gottlob keine Lungenentzündung. „Wenn er nur kein gastrisches Fieber – oder schlimmer noch – typhoses bekommt. Ich habe Angst um das süße Kind." Später fährt Alice fort: „Ich

95 „Jenner sagt mir, dass Fritzie wieder viele blaue Flecken hatte, dass er in einem gewissen Grad Leopold's Krankheit habe. Ich bin voller Ängste und habe eine schreckliche Nacht verbracht ohne jeglichen Schlaf."

weiß, er ist nie wohl gewesen, seitdem er den Keuchhusten hat. Gott sei Dank, dass wir morgen zu ihm gehen. Immer Sorgen – nichts als Sorgen, nie Ruhe oder Freude – so beginnt das neue Jahr!“ Einen Tag später macht sie sich immer noch Gedanken um ihren Jüngsten: „Fritzie sieht sehr krank aus – hat aber kein Fieber mehr. Er kann noch nicht essen, und die Verdauung ist ganz gestört. Er wird aber, hoffe ich, bis Montag wohl genug sein zu reisen.“ Mit anderen Worten: Alice plante ihre Abreise aus England. Ihrem Bruder Bertie ging es zu diesem Zeitpunkt erheblich besser, und somit bestand kein Grund, länger zu verweilen. Gleichzeitig aber war sie schon wieder besorgt, ob die Kinder in Darmstadt gut aufgehoben seien, denn sie fürchtete um die frisch renovierten Zimmer im Palais: „Ein Sachverständiger muss bestimmen mit Weber, ob die neuen Zimmer ungesund sind ...“

Derweil wollte der kleine Sonnenschein einfach nicht gesund werden. Er sah blass aus, weinte viel, konnte fast nichts essen, und seine Leber war „derangiert“. „Sein Befinden wird meine Abreise bestimmen“, schreibt Alice am 9. Januar. Die Prinzessin war inzwischen mit den Kindern in Windsor Castle angelangt und verstand sich dort offenbar nicht sonderlich gut mit der Queen. „Mama will mich natürlich auch gerne los sein“, teilt sie ihrem Louis mit. Doch dann war es endlich so weit. Über den Ärmelkanal hinweg ging es in Richtung Darmstadt. Mit dabei waren die Weihnachtsgeschenke, unter anderem ein großer indischer Teppich für den Gelben Salon, ein Präsent der Queen, ähnlich dem im Frühstückszimmer von Sandringham. Und etwas ganz Besonderes kam noch mit auf die Reise: ein Pony, auf dem unter anderem der kleine Ernie bereits eifrig geritten war und das nun in Antwerpen abgeholt werden musste.

Immer wieder machte sich die schwangere Alice jetzt auch Gedanken, ob die anstrengende Zeit in Sandringham nicht doch ihre Spuren hinterlassen habe. Sie sorgte sich um das ungeborene Wesen. Außerdem – oder vielleicht gerade deshalb – stellten sich erneut rheumatische Schmerzen in Kopf und

Augen ein. Allein die Freude über die Genesung des Bruders hielt die Prinzessin aufrecht: „Dass es Bertie wirklich so weit gut geht, ist eine große Beruhigung. Jetzt kommt die Sorge, ob, wenn er hergestellt ist, er ein ernstes anderes Leben führen wird – so schwierig wird es für ihn sein!" Die Geschichte zeigt, dass der gute Bertie tatsächlich irgendwann das Lotterleben aufgab und Queen Victoria im Jahre 1901 auf den Thron folgte – als Edward VII., Herrscher des Vereinigten Königreichs von Großbritannien und Irland sowie Kaiser von Indien. Er regierte bis zu seinem Tod im Jahr 1910.

Dem kleinen Frittie ging es gottlob auch wieder besser, und Ernie hatte seine ganz eigene Meinung über die Rückkehr. Auf die Frage der Mama: „Are you glad to go to D[armstadt]?", antwortete er: „Yes." Worauf Alice insistierte: „Aren't you sorry to leave England?" Seine Antwort war „No." Was der Prinzessin vielleicht nicht ganz so gut gefallen haben dürfte. Also bohrte sie weiter: „Why do you wish to go?" worauf der Kleine unbeholfen, aber entschieden antwortete: „Papa like[s] it."[96]

Während die Familie nach Hause reiste, machte sich Ludwig auf den Weg nach Berlin. Ohne Alice, die sogar darum bat, dass er möglichst lange vorher dorthin fahre, mit der Begründung, dass es sonst vor den Leuten so aussähe, als ob man immer voreinander wegliefe. Alice machte sich die Heimreise so bequem wie möglich. Sie logierte drei Nächte in Brüssel und besuchte dort sogar einen Ball. Wenige Tage später traf sie wohlbehalten in Darmstadt ein. Zu diesem Zeitpunkt hören auch die Briefe an Louis und ihre Schwiegermutter auf, denn nun war man wieder als Familie beisammen. Erst im April desselben Jahres geht es mit der Berichterstattung weiter.

In Darmstadt wurden zu dieser Zeit die Messbuden aufgebaut, und Ernie hatte mal wieder nichts als Unsinn im Sinn.

96 Alice: „Bist du froh, nach D(armstadt) zu gehen?" Ernie: „Ja." Alice: „Bist du nicht traurig, England zu verlassen?" Ernie: „Nein." Alice: „Warum möchtest du gehen?" Ernie: „Weil Papa es möchte."

Am 19. April 1872 berichtet die hochschwangere Alice: „Ernie hat heute früh mein Gurgelwasser in die Seltzerwasserflasche ausgegossen und ganz verschmitzt getan." Das sah ihm ähnlich! Klein, aber immer darauf bedacht, etwas auszuhecken. Am 6. Juni kam Schwesterchen Alexandra auf die Welt. „Ich habe viel Milch, und die Kleine wird fast zu lieb, da sie viel schläft und trinkt und nicht unruhig ist, wie Fritzchen es war"[97], schreibt Alice nach der Geburt an ihre Schwiegermutter. Louis erwies sich jetzt als guter Familienvater. Er kümmerte sich um die Kinder und machte sogar Seifenblasen mit den Buben. Im August gab es gar ein kleines Drama während des Sommeraufenthalts der Familie im Jagdschloss Kranichstein. Vater Ludwig hatte im Wald eine Eule gefangen und sie in einen hölzernen Käfig gesperrt. Unglücklicherweise trug er den geradewegs in ein Zimmer, in dem Alices Blutfink stand, der immer so schön pfiff. In der Nacht zerbrach das Wildtier die Querhölzer und riss dem kleinen Vögelchen die Schwanzfedern aus, woran es letztlich zugrunde ging. Die Kinder sollen sehr betrübt gewesen sein.

Und wie ging es Frittie, dem Sorgenkind der Familie? Er litt an Diarrhö und sah sehr abgemagert aus. In einigen undatierten Zeilen an die Schwiegermutter ist zum ersten Mal die Rede von einer Wunde: Mit Bleistift, hastig auf ein Briefcouvert geschrieben, hat Alice die folgenden Worte vermerkt: „Fritzie blutete gestern Abend, als ich nach Hause kam – ließ Weber holen – er blutet immer zu – um halb neun kommt Dr. Metzler mit Weber." Es war also geschehen. Die äußeren Anzeichen der Hämophilie traten zutage. Bedenkt man, dass es zur damaligen Zeit außer der Behandlung mit Höllenstein so gut wie keine Möglichkeiten gab, solche Wunden zu schließen, dann ist zu

97 Alice an Prinzessin Carl, Darmstadt, 9. Juni 1872, in: Prinzessin Alice von Hessen an ihre Schwiegermutter, Prinzessin Elisabeth, Teil 2, 1866 bis 1878, 122 Briefe, HStAD, Großherzogliches Familienarchiv, D 23 Nr. 30/7. Die folgenden Zitate sind, sofern nicht anders angegeben, dieser Quelle entnommen.

ermessen, welche Ängste Alice um ihren kleinen Sonnenschein ausgestanden haben muss.

Der Sommeraufenthalt im Jagdschloss Kranichstein ging vorüber, der Herbst kam, und schon stand das Weihnachtsfest vor der Tür. Für die nunmehr sechs Kinder des hochherrschaftlichen Paares wurde im Neuen Palais der Christbaum geschmückt. Mitsamt der Dienerschaft und dem übrigen Personal versammelte man sich im Weihnachtszimmer, wo es für alle Kinder des Hauses eine Bescherung gab.

Anfang Februar 1873 traf bei Queen Victoria eine alarmierende Meldung über den kleinen Fritzie ein. Alice berichtet: „Seit drei Tagen, mit einer Unterbrechung von einem Tage, hat der arme Frittie unaufhörlich infolge einer leichten Verletzung am Ohr, welche beinahe geheilt war, geblutet. Seit gestern Abend können wir das Blut nicht stillen – alle herkömmlichen Heilmittel wurden angewendet, aber bis jetzt vergeblich. In diesem Augenblick wurde die wunde Stelle wieder mit Höllenstein geätzt, nachdem wir mit großer Mühe die Menge geronnenen Blutes von Haaren, Ohr und Hals entfernt hatten. Der Anblick so vielen Blutes erschreckte ihn, aber ungeachtet eines so großen Blutverlustes zeigt er große Stärke. Er ist natürlich sehr gereizt, und da er nicht schreien darf, muss man ihm alles zu Gefallen tun, wodurch er schrecklich verwöhnt werden wird. Ich gestehe, dass es mich erschütterte, als ich wahrnahm, dass er diese Krankheit hatte, und die Angst vor dem, was uns die Zukunft bringt, selbst wenn er es übersteht, wird jahrelang fortbestehen ... Das eigene Kind leiden zu sehen ist für eine Mutter eine harte Prüfung. Mit Freudigkeit würde man mit dem Kleinen tauschen und seine Schmerzen ertragen." Dennoch hadert die junge Frau nicht und zeigt sich gottergeben: „Jeder Mensch hat sein Schicksal, sei es dies oder jenes, und mit Gottes Hilfe werden wir ohne Murren ertragen, was er uns sendet."[98]

98 Alice – Großherzogin von Hessen und bei Rhein – Prinzessin von Großbritannien und Irland – Mitteilungen aus ihrem Leben und aus

Um die Blutungen am Ohr zum Stillstand zu bringen, bekam der kleine Junge außerdem einen Druckverband um den Kopf. Dieser und auch das Ätzmittel, das Ausschläge auf Wange und Hals verursachte, bereiteten ihm große Schmerzen, sodass er in den ersten zwei Tagen und Nächten weder im Bett noch sonst irgendwo ruhig blieb. Als sich die Hautverletzungen abschälten, fing der kleine Kranke an, daran zu reiben und zu kratzen, was wiederum eine Gefahr bedeutete. Trotzdem bestand Alice darauf, das Kind wie gewohnt zweimal täglich an die frische Luft zu führen. Die Spaziergänge und Ausfahrten waren Teil ihres persönlichen Fitness-Programms und wurden durchgezogen, egal, welche Krankheit auch immer kommen mochte. Die Tatsache, dass Frittie dennoch sein rosiges, gesundes Aussehen behielt, ließ Alice zu dem Schluss kommen, dass er genug gesundes Blut habe. Denn, so ihr Argument, andernfalls würde er schlimmer aussehen und hätte Schwäche gezeigt. Dass sie sich in diesem Punkt gründlich täuschte, beweist der Fortgang der Ereignisse.

Trotz seines offensichtlichen Handicaps erwies sich Fritzie als äußerst gelehrig. Er sprach gut für sein Alter und schien sich auch sonst entsprechend zu entwickeln. Nur war er, wie Alice betont, sehr wild, sodass es unmöglich schien, ihn vor Unglücksfällen zu beschützen.

Mitte Februar desselben Jahres war die angehende Großherzogin immer noch mit der Ausstaffierung des Neuen Palais beschäftigt. Alle Räume wurden so schön wie irgend möglich gestaltet. Dazu gehörte ihrem Selbstverständnis zufolge auch, dass die englischen Großeltern, sprich Queen Victoria und ihr Gatte Albert, den Kindern sowohl im Unterrichtszimmer wie auch im Kinderzimmer und ihrem eigenen Wohnzimmer entgegensahen. Ebenso die englische Urgroßmutter und deren Gatte, der aber nur im Wohn- und Schulzimmer zu hängen kam. Die armen Kleinen waren also ständig im Blickfeld der

---

ihren Briefen, Darmstadt 1886, 323–324.

hochverehrten family, und Alice hatte ihre Lieben, auch wenn sie nicht präsent sein konnten, mittels Stahlstichen und Lithografien vor Augen.

Die folgenden Monate ging es gemächlicher zu im Hause derer von Hessen und bei Rhein. Die Krankheiten der Kinder ließen nach, was eine Verschnaufpause ermöglichte. Alice fand jetzt endlich Zeit, etwas für ihr eigenes geistiges Wohlbefinden zu tun: Sie lernte Italienisch. Außerdem beschäftigte sie sich mit Kunst und Geschichte. Anlass dazu war eine Italienreise. Frei von allen Verpflichtungen und Kümmernissen des Alltags, ging es Mitte April über München und den Brenner nach Rom. Die junge Frau besichtigte das Kapitol, Galerien, Kirchen, den Vatikan und war zu einem Besuch bei Papst Pius IX. geladen. Außerdem nahm die fromme Christin die Gelegenheit wahr, an einem deutschen Gottesdienst in einer katholischen Kirche teilzunehmen. „Die Predigt war innig warm … Ich fand wahren Trost und Erbauung“, schreibt sie am 20. April 1873. Auch die Gebete und das Singen gefielen der Prinzessin, „aber alles sonst ist mir schrecklich und fast rätselhaft. Wie die einfache reine christliche Religion so ausarten konnte!“ Über die Landschaft um Neapel und Pompeji schwärmt Alice: „Ich kann mich nicht genug satt sehen an dieser göttlichen Aussicht. Der Himmel ist so blau, das Meer so blau, die Ferne so duftig – die scharfen Konturen des Vesuvs mit seiner stillen Rauchwolke, die kerzengerade zum Himmel steigt, machen ein Bild, welches ich hoffe nie zu vergessen.“ Später ging es im halboffenen Salonwagen über Perugia und den Trasimenischen See nach Florenz, in jene Stadt, in der Leonardo da Vinci, Michelangelo und Galileo Galilei gelebt hatten. Wie mag sie sich gefühlt haben: so fern der Heimat und doch glücklich? Die Auszeit dürfte der Prinzessin gut getan haben, und so kehrte sie frisch und munter am 2. Mai nach Darmstadt zurück. Es sollte die letzte Ruhe vor dem Sturm sein.

Daheim warteten bereits einige Geschenke auf die junge Frau, denn sie hatte eine Woche zuvor, am 25. April, Geburtstag gehabt. Dreißig Jahre! Lebe wohl, Jugend! Die Zeit war schnell vergangen und Alices Einschätzung nach nicht immer glücklich gewesen. Da war es also wieder, dieses Düstere, Melancholische, das die junge Frau verinnerlicht zu haben schien und das immer dann, wenn sich ein Glücksmoment zeigte, diesen wie ein undurchdringlicher grauer Nebel überlagerte. Dabei gab es durchaus Anlass, vergnügt zu sein. Der kleine Ernie hatte sich aus gegebenem Anlass eine ganz besondere Geburtstagsüberraschung ausgedacht. Er schenkte seiner Mama eine Porzellanpuppe mit einer Badewanne, wohl annehmend, dass ihr solches gefallen würde. Schließlich frönte die angehende Großherzogin immer noch ihrer Leidenschaft für kalte Wannenbäder. Oder war es ein Hinweis darauf, dass der kleine Mann künftig selbst gerne in die Wanne stiege? Vielleicht sogar mit angenehm warmem Wasser? Da die Toten keine Stimme haben, werden wir es nie erfahren.

Zurück in Darmstadt, stellten sich bei Alice wieder die alten Krankheiten ein. Um den 13. Mai herum lag sie tagelang mit Migräne im Bett oder auf dem Sofa. Gatte Louis vermerkte dieses wie andere Begebenheiten in seinem dicken schwarzen Tagebuch mit Dekor-Prägung, einem Letts's Diary Nr. 8 von 1873, das ihm wohl die Gattin geschenkt hatte. Eine Seite pro Tag stand zur Verfügung, aber der hessische Prinz füllte selten alle vorgesehenen Zeilen. Stattdessen vermerkte er nur kurz und bündig das Wichtigste, legte hingegen kleine Dinge, die ihm teuer waren, hinein, wie Einladungskarten, getrocknete Blätter oder Blümchen. Um sie wiederzufinden, war das buchähnliche Werk mit einem Lesezeichen aus wasserblauer Seide versehen. Ein edles Stück also, das der Stellung seines Nutzers angemessen schien und uns nachvollziehen lässt, was in den nächsten Tagen passierte. Wir erfahren, dass Ludwig Raucher war, der sich hin und wieder eine Zigarette gönnte. Auch, dass er am 20. Mai in Frankfurt weilte und dort den Palmengarten und wohl auch die Frühjahrsmesse besuchte. Am 25. Mai nahm er die Kinder in Darmstadt mit auf den

Exerzierplatz, und nachmittags pflückten die Kleinen Blumen im Park. Am 26. vermerkt der Prinz, dass er auf einem Pferd namens „John“ geritten sei, und am 27. verließ er die Heimat, um über Frankfurt und Gießen nach Nordhessen zu fahren.

Das Tagebuch enthält am 29. Mai ein fast leeres Blatt. Lediglich den Satz: „Um sieben Uhr ritten wir drei auf Schwadronspferden über Steinberg, über den oberen Steinberg.“[99] Dann bricht die Berichterstattung ab. Das Datum ist mit schwarzer Tinte unterstrichen, und darüber prangt ein schwarzes gemaltes Kreuz. Was war geschehen?

Näheres ist im Tagebuch des Prinzen Carl (1809–1877) unter dem Datum des 29. Mai zu lesen, in dem er mit winzig kleiner, akkurater Schrift die Ereignisse dokumentiert. Er beginnt mit den Worten: „Ein schwarzer Tag voll Entsetzen im Beginn.“[100] Wir erfahren vom Großvater des Kindes, dass „klein Fritzchen“, wie er ihn nannte, an diesem unglückseligen Freitag aus dem Fenster gefallen war. „Else eilt hin, ich folgte. Sprach Dr. Göring, der zufällig der erste gerufene Arzt war dort.“ Telegrammstilartig geht es weiter: „Ärzte sind nicht ohne Hoffnung, nur die Anlage zu Blutungen schlimm. Nun mit Else hinein, wo unglückliche Alice, die Kinderfrauen. Dr. Weber fort, arme Kindchen im Bett, bewusstlos, aber ruhig atmend. – Lieben Ausdruck, kein Gliedchen gebrochen, aber Kopf etwas geschwollen.“[101] Prinz Carl war fassungslos und die gesamte Familie in heller Aufregung. Vor allem Alice, die unglücklicherweise wieder alleine dastand, da der ahnungslose Louis immer noch in Nordhessen weilte.

Dem Bericht des Großvaters und des Prinzen Alexander, welcher den Vorfall ebenfalls noch einmal ausführlich in seinem Tagebuch am 31. Mai verewigte, verdanken wir, dass die

---

99 Tagebucheintrag des Prinzen Ludwig vom 29. Mai 1873, Letts's Diary Nr. 8, 1873, HStAD, Großherzogliches Familienarchiv, D 24 Nr. 6/5.

100 Tagebucheintrag des Prinzen Carl vom 29. Mai 1873, HStAD, Großherzogliches Familienarchiv, D 23 Nr. 25/16.

101 Ebd.

Fenster des Neuen Palais, aus dem der kleine Frittie gefallen war und sich tödlich verletzte. Das Fenster wurde nach dem Tod des Kindes mit dieser Malerei bedeckt. HStAD D 27 A Nr. 9/11

näheren Umstände des Unglücks bekannt wurden, wobei die Aussagen nicht völlig identisch sind. Hier also ein Konglomerat dessen, was die beiden berichten: Demnach war Alice im Schlafrock und wollte sich gerade anziehen, als der kleine Fritz und sein Bruder Ernie morgens, gegen neun Uhr, in ihr Zimmer gebracht wurden. Die junge Frau lag noch auf dem Bett. Plötzlich lief der fünfjährige Ernst ins Nebenzimmer, wo ein Fenster zum Garten aufstand. Alice stürzt nach, um ihn von dort fortzuziehen. Dann hörte sie einen schweren Schlag, eilte zurück ins Schlafzimmer[102] zu einem angelehnten Fenster und sah den kleinen Frittie nicht mehr. Sie schrie und lief zuerst zur Kinderfrau. Dann mit ihr eine halbe Treppe in den Garten hinunter. Da kam ihr auch schon die Hauswärterin Laudner mit dem Kind auf dem Arm entgegen. Sie hatte den Kleinen bewusstlos vorgefunden, das linke Händchen unter dem Kopf.

Sicher ist, dass Ernie und Frittie spielen und sich einen Spaß machen wollten. Denn das Neue Palais – und das war seine architektonische Besonderheit – hatte zur Gartenseite hin einen Vorsprung, sodass man sich von einem Fenster zum anderen zuwinken konnte. Vielleicht hatten die beiden kleinen Jungen dies im Sinn, als sie auf die Fenster losstürmten. Auf jeden Fall war es Ernie, dem das verhängnisvolle Spiel einfiel. Zeit seines Lebens sollte er fortan wegen dieses kindlichen Streiches eine schwere Last auf der Seele tragen. In späteren Jahren hat er selbst dieses Unglück beschrieben. Von ihm erfahren wir auch, dass der kleine Frittie auf einen Stuhl gestiegen war, um aus dem Fenster sehen zu können. Als dieser kippte, fiel der Kleine nach vorne, geradewegs auf den steinernen Treppenabsatz. Das schlechte Gewissen plagte den älteren Bruder aber auch noch wegen einer anderen Begebenheit sein Leben lang. Tags zuvor

102 In den Texten gibt es eine Unstimmigkeit über den Ort des Unglücks-Fensters. Im Tagebuch des Prinzen Carl ist vom Schlafzimmer der Großherzogin die Rede, während Ernst Ludwig in einer handschriftlichen Bildlegende im Familienalbum vermerkte, dass sich das Todesfenster im Toilettenzimmer seiner Mutter befunden habe.

war die Familie auf dem Glasberg gewesen. „Dort pflückten wir Maiblumen und Fritz, der mich besonders liebte, hatte welche in seiner kleinen Hand, die er mir geben wollte. Ich lief immer weiter, und er mit seinen kurzen Beinen trottete hinter mir her, und ich hörte noch, wie er mir nachrief: ‚Ernie, I wants [y]ou, Ernie, I wants [y]ou so much.‘ Er wollte mir ja seine Maiblumen schenken. Dieser Ruf ging mir viele Monate, ja sogar Jahre nicht aus dem Kopf.“[103]

Zunächst hatte man noch Hoffnung, dass der kleine Verunglückte den Sturz überleben würde. Sein Puls war gut. Aber der Atem setzte zeitweise aus, und er röchelte. „Wir lauschten oft bang“[104], berichtete der Großvater. Doch so genau man auch hinschaute, das gute Kind bewegte kein Fingerchen und zeigte keine Anzeichen einer Besserung. Offenbar war eine unstillbare Blutung im Gehirn aufgetreten. Die Hämophilie zeigte ihre zerstörerische Wirkung. Gegen Mittag dann die traurige Gewissheit: „... um dreiviertel eins kein Atmen mehr, lieb Fritzchen war verschieden. Oh, das war schrecklich“[105], fügt der Großvater an, schreibt aber gleichzeitig, dass die unglückliche Mutter bewundernswert in ihrem Schmerz gewesen sei und dass man nun auf den Vater warte, der dann einige Stunden später mit dem Zug aus Gießen kam. Prinzessin Carl hatte die traurige Aufgabe übernommen, ihren Sohn vom Bahnhof abzuholen.

Derweil wurde die Leiche des kleinen Frittie im Gobelin-Zimmer des Neuen Palais aufgebahrt. Umringt von Blumen, lag er da in seinem kleinen Sarg: den Mund leicht geöffnet und die Händchen gefaltet. Gerade so, als ob er schliefe. Das arme Kind! Nicht einmal drei Jahre alt war es geworden. Das Schicksal hatte zugeschlagen. Der Schierlingsbecher war bis auf

---

103 Manfred Knodt, Ernst Ludwig, Großherzog von Hessen und bei Rhein. Sein Leben und seine Zeit, Darmstadt 1997, 34.

104 Tagebucheintrag des Prinzen Carl vom 29. Mai 1873, HStAD, Großherzogliches Familienarchiv, D 23 Nr. 25/16.

105 Ebd.

den letzten Tropfen geleert und die kleine unschuldige Seele aus dem leblosen Körper entwichen.

In Windeseile wurden alle Verwandten benachrichtigt, und am nächsten Tag, einem Freitag, kam die kondolierende Familie, darunter auch der amtierende Großherzog Ludwig III., der deutlich gealtert schien und etwas hustend dem kleinen Großneffen seine letzte Ehre erwies. Dem Großvater fiel die traurige Aufgabe zu, im Mausoleum auf der Rosenhöhe nach einem geeigneten Platz zur Bestattung des Kindes Ausschau zu halten. Mit zwei Vertrauten traf er sich im kalten und nassen Vorraum der Kapelle, um die notwendigen Vorkehrungen zu besprechen. Dass die Eltern nicht dazu in der Lage waren, ist verständlich. Alice schien zu diesem Zeitpunkt „oft wie fern mit den Gedanken“[106], schreibt Prinz Carl in seinem Tagebuch. Oder sie brach unvermittelt in Tränen aus. Wie sich Gatte Louis verhielt, ist nicht überliefert.

Am Samstag wurde ein weiterer hochherrschaftlicher Kondolenzgast erwartet: Alices ältere Schwester Victoria, die deutsche Kronprinzessin. Sie reiste, über Venedig und München kommend, nach Darmstadt und sagte dem kleinen Sonnenschein farewell. Gegen Abend sollte der Sarg geschlossen werden. Doch da man im Hause derer von Hessen und bei Rhein nicht einfach so ins Leben eintrat und auch nicht wieder aus ihm schied, ohne dem Protokoll Genüge zu tun, musste dieser Akt im Beisein öffentlicher Vertreter geschehen. Der Minister des Äußern, Carl Hofmann, der Königlich Großbritannische Geschäftsträger am Großherzoglichen Hofe, Evan P. M. Baillie, Legationsrat von Werner sowie der Hofmarschall und persönliche Adjutant des Prinzen Ludwig, Major von Westerweller, überzeugten sich, dass der Sarg auch tatsächlich die Leiche des besagten Kindes enthielt, und unterzeichneten ein entsprechendes Protokoll. Es war elf

106 Tagebucheintrag des Prinzen Carl vom 30. Mai 1873, HStAD, Großherzogliches Familienarchiv, D 23 Nr. 25/16.

Aufnahme des toten Frittie, im Sarg liegend. Das Foto ist Bestandteil des Tagebuchs seines Vaters, Prinz Ludwig. HStAD D 24 Nr. 6/5

Uhr nachts, als sich der Sargdeckel über dem kleinen Frittie schloss. Auf ewig.

Am Pfingstsonntag, gegen Viertel vor sechs Uhr abends, fand im Beisein der hochadeligen Trauergäste, von Vertretern der Stadt, des Landes, der Königlich Großbritannischen Gesandtschaft sowie des Offizierskorps der Residenz die Einsegnung des „Hochseligen Prinzen" statt. Hofprediger Bender gestaltete die stille Feierauf besonderen Wunsch Alices so, wie sie in der englischen Kirchenordnung üblich war. Anschließend wurde der mit einer „roten Sammetdecke"[107] verhüllte Sarg ins Erdgeschoss getragen – geführt von Major von Westerweller, General von Grolman, Oberst Freiherr von Riedesel und Dr. Becker, die jeweils einen Zipfel der Sargdecke anfassten. Der

107 Ausgeschnittener Zeitungsbericht, ohne weitere Angaben (wohl aus dem Darmstädter Tagblatt), beiliegend im Tagebuch des Prinzen Ludwig von 1873, HStAD, Großherzogliches Hausarchiv, D 24 Nr. 6/5.

kleine Zug schritt vorbei an Offizieren, die auf beiden Seiten der Treppe standen und dem kleinen Prinzen ihre letzte Ehre erwiesen.

Vor dem Neuen Palais stiegen Alice und Louis in einen mit vier Pferden bespannten Trauerwagen zum Sarg ihres geliebten Kindes – auf dass es seinen letzten Weg nicht alleine führe. Die Prinzessinnen Victoria, Elisabeth und Irene folgten mit ihren Kinderfrauen in der nächsten Kalesche und dahinter die übrigen Trauergäste. In einem nicht näher bezeichneten, undatierten Zeitungsausschnitt wird berichtet: „In feierlicher Weise setzte sich der Zug in Bewegung durch die obere Hügelstraße, an der Stadtkapelle vorbei, die Mühlstraße entlang bis zur Erbacher Straße, welcher er nach der Rosenhöhe folgte, wo in dem nordöstlichen Teile der Anlagen das Großherzogliche Mausoleum liegt."[108]

Gegen halb sieben Uhr kam der Trauerzug am Mausoleum auf der Rosenhöhe an, jenem langgestreckten Gebäude mit dem roten Sandsteinportal und den rechts wie links flankierenden klassizistischen Säulengängen, dessen verheißungsvolle goldgefasste Inschrift den Trauernden Trost spenden sollte und dies auch heute noch tut: „In spem aeterni consortii" steht dort zu lesen – „In der Hoffnung auf ewige Gemeinschaft."

Zunächst wurde der verblichene Frittie in seinem kleinen Kindersarg aus dem Wagen gehoben. Hofprediger Bender schritt der Leiche voran, während die bereits genannten Honoratioren wieder die Zipfel der roten Sammetdecke fassten und nebenher liefen. Direkt dahinter schritten Alice und Ludwig, wobei sich die Prinzessin hilfesuchend auf den Arm des Gatten stützte. In ihrer Begleitung waren die drei Töchter, die ungeachtet ihrer jungen Jahre die traurige Zeremonie durchstehen mussten. Den kleinen Ernie hatte man offenbar zu Hause gelassen. Zum einen sicherlich deshalb, weil er noch zu jung war, Derartiges zu verkraften. Zum anderen wohl auch, um

108 Ebd.

seine ohnehin schon vorhandenen starken Schuldgefühle am Tod des Bruders nicht noch zu fördern.

Im linken Vorraum des klassizistischen Baus aus dem Jahr 1831 wurde der Sarg abgesetzt. Pfarrer Bender sprach ein kurzes Gebet, segnete das verblichene Kind erneut und betete in Deutsch, aber nach der englischen Agende. Aus den Aufzeichnungen von Prinz Carl wissen wir, dass die Familie anschließend noch mit ernsten, tiefen Gefühlen an den Särgen der dahingeschiedenen Anverwandten verweilte, Blumen auf die Sargdecke des kleinen Fritzchen legte und dann den Heimweg antrat. In der Zeitung konnten die Darmstädter darüber hinaus Folgendes lesen: „Alle Blumen und Kränze waren nach dem Mausoleum mitgenommen und wurden von den Höchsten Herrschaften an dem Sarge niedergelegt, worauf Höchstdieselben nach Ihrem Palais in der Stadt zurückkehrten."[109]

Es war geschafft. Das Kind, wenn auch nicht unter der Erde, so doch ebenerdig an würdiger Stelle beigesetzt, umringt von den Ahnen, die zumeist in weit höherem Alter ihr Leben ausgehaucht hatten. Der Großvater begab sich, wie sein Tagebucheintrag von diesem Datum zeigt, gegen halb elf Uhr zur Ruhe. Und wie mag es den armen Eltern ergangen sein? Keine Zeile berichtet über ihre Gefühle. Wir wissen nur, dass sie am folgenden Tag, dem Pfingstmontag, mit ihren Kindern einige Zeit im Garten verbrachten. Wohl um zu entspannen und das Geschehen zu verarbeiten.

Alices Briefe sind nach dem Tode Fritties mit einem dicken schwarzen Trauerrand versehen, und ihr Gatte Ludwig hat in seinem Tagebuch gepresste Maiglöckchen eingefügt. Braun und unscheinbar liegen sie zwischen den Blättern. Vielleicht sind es jene, die der kleine Junge damals auf dem Glasberg pflückte. Bei der Durchsicht der Aufzeichnungen lagen sie geradewegs an dem entsprechenden Datum. Und wenn in späteren Jahren niemand Hand daran gelegt hat, dann könnten es tatsächlich

109 Ebd.

die letzten Relikte aus den Fingerchen des kleinen Frittie gewesen sein. Warum sonst sollte der Vater sie aufgehoben haben?

Der Sommer begann, der Sommer ging, und Alice war weit davon entfernt, ihr seelisches Gleichgewicht wiedergefunden zu haben. Alles und jedes erinnerte sie an das geliebte Kind. Am 29. August schreibt die Prinzessin, dass sie ein rührendes Geschenk bekommen habe, ein Porträt Fritties. „Es sieht wie ein schönes Aquarell aus und hat mich tief ergriffen, als ich es bekam. Ich kann mich gar nicht davon trennen." Außerdem fügt sie an: „Es ist etwas zu blass und flach, sonst sehr ähnlich ..."[110] Man versprach, es noch ein wenig ändern zu lassen, und Alice war überglücklich. Schließlich handelte es sich um jenes Bild von ihrem geliebten Kind, das ihr am meisten gefiel.

Am 5. September schreibt sich die Prinzessin ihren Kummer mit folgenden Worten von der Seele: „Nie wird die Wunde heilen! Nie sein geliebtes Bild von meiner Seele weichen! Ach, ich leide ..." Und an den Gatten gewandt: „Dein Leid helfen tragen dir und den Kindern *alles*, alles sein, ist das Einzige, was mir hilft und wofür ich zu leben wünsche. Sonst mitunter fühle ich mich zu lebensmüde, zu in Herz und Seele geknickt und gebeugt."[111]

Das Bild des toten Kindes ging der armen Mutter nicht mehr aus dem Sinn. Besonders schlimm aber war, dass sich jenes Fenster, durch das der kleine Frittie in den Tod stürzte, in ihrem eigenen Toilettenzimmer befand. Zwangsläufig schaute sie tagtäglich auf den Ort des Geschehens, es gab kein Entrinnen. Weder der schöne geblümte Teppichboden, die zierlichen Stühle noch die prunkvollen Bilder konnten darüber hinwegtäuschen, dass der Blick in den Garten mit größter Seelenpein verbunden war. Und so entschloss sie sich, die Sicht durch das schicksalsträchtige zweiflügelige Fenster mit dem halbkreisför-

110 Alice an Prinz Ludwig, Seeheim, 29. August 1873, in: Prinzessin Alice an ihren Mann Prinz Ludwig, Teil 4, 61 Briefe, 1871 bis 1875, HStAD, Großherzogliches Familienarchiv, D 24 Nr. 11/3.

111 Alice an Prinz Ludwig, Seeheim, 5. September 1873, aaO.

migen Oberbau zu verdecken. Die Scheiben wurden mit einem grafischen Muster bemalt und mittig auf dem rechten wie dem linken Fensterflügel eine christliche Szene dargestellt. Hinzu kamen links die Worte: „Of such is the kingdom of heaven" und rechts: „Not lost, but gone before"[112]. Tröstliche Sprüche, die, wann immer die trauernde Mutter darauf blickte, Zuversicht geben sollten. Die Malerei wurde 1904, also 26 Jahre nach dem Tod Alices, wieder entfernt.

Auch im Oktober 1873 schien die Wunde im Herzen der Mutter nicht heilen zu wollen. Prinzessin Carl machte sich schon Sorgen, denn sie befürchtete, dass Ernie, der Auslöser des Unglücks, Schaden nehmen könnte. Sie schreibt: „Wie verstehe ich deinen Schmerz, liebes Herz, der immer wieder ausbricht! Aber suche ihn immer mehr zu überwinden, du bist es dem Zukünftigen schuldig, denn das arme Kindchen wird sonst zu sehr darunter leiden."[113] Recht hatte sie, die Schwiegermutter. Denn der Erbprinz zeigte schon erste Anzeichen in dieser Richtung, die den Erwachsenen zu denken geben sollten. Aber dennoch ging die Trauerarbeit weiter.

So weit scheint alles schlüssig zu sein. Oder war mit „dem Zukünftigen" am Ende gar etwas anderes gemeint? Vielleicht ein weiteres Kind? Es mutet undenkbar an, aber dennoch beweisen die Fakten, dass vor allem diese Interpretation die wahrscheinlichere ist. Die Prinzessin trug sich tatsächlich mit dem Gedanken, eine erneute Schwangerschaft zu wagen – nach sechs Kindern in Folge. „Nie habe ich mir wieder ein Kindchen so sehr gewünscht wie dies Mal, obgleich ein Ersatz es nie sein

112 „Von dieser Art ist das Königreich des Himmels" – „Nicht verloren, aber vorangegangen", Fensterinschriften im Toilettenzimmer der Großherzogin, HStAD, Großherzogliches Familienarchiv, Fotoarchiv, D 27 A Nr. 9/11.

113 Prinzessin Carl an Alice, Montreux, 4. Oktober 1873, in: Prinzessin Elisabeth von Hessen an Prinzessin Alice, 80 Briefe, 1860–1873, HStAD, Großherzogliches Familienarchiv, D 24 Nr. 26/6.

wird für den verlorenen Schatz!"[114], waren ihre Worte. Kann man ein Leid durch neues Glück mildern oder ersetzen? Die Sache schien fragwürdig zu sein, besonders unter dem Aspekt, dass die angehende Großherzogin Unterleibsprobleme hatte. Sie litt unter einer Gebärmuttersenkung, die sich besonders bei langem Stehen unangenehm bemerkbar machte. Die Ärzte rieten von einer erneuten Schwangerschaft ab. Aber die junge Frau war fest entschlossen, einen weiteren Versuch zu wagen. Die Geschichte zeigt, dass die Prinzessin bereits drei Monate nach dem Tod Fritties erneut schwanger wurde. Es sollte das letzte Mal sein.

Der Kreis schließt sich, und wir rekapitulieren: Kann ein Mensch von Anbeginn seines Lebens Pfade beschreiten, die nicht in ein glückliches Leben führen? Gibt es das unerbittliche Schicksal, dem man machtlos ausgeliefert ist? Schauen wir bei Albert Einstein nach – einem Realisten, wie man annehmen sollte –, dann erstaunt dessen Haltung zu dieser Frage. „Alles ist vorbestimmt, Anfang wie Ende, durch Kräfte, über die wir keine Gewalt haben. Es ist vorbestimmt für Insekt nicht anders wie für Stern. Die menschlichen Wesen, Pflanzen oder der Staub, wir alle tanzen nach einer geheimnisvollen Melodie, die ein unsichtbarer Spieler in den Fernen des Weltalls anstimmt."[115] Es könnte einen grausen bei diesem Gedanken. Denn wozu sich dann noch anstrengen? Wozu Hoffnung haben, wenn es doch keine geben kann? Schaut man sich das unglückliche Leben des kleinen Frittie an, dann könnte man geneigt sein, Einstein recht zu geben. Die Lebensmelodie des kleinen Jungen erklang fast immer nur in Moll. Die düsteren Schatten über ihm wichen nur selten hellem Sonnenschein. Womit wir bei Nietzsche wären, der zu diesem Wechsel von Hell

114 Alice an Prinz Ludwig, 6. September 1873, in: Alice an ihren Mann Prinz Ludwig, Teil 4, 61 Briefe, 1871–1875, HStAD, Großherzogliches Familienarchiv, D 24 Nr. 11/3.

115 Alice Calaprice (Hrsg.), Einstein sagt. Zitate, Einfälle, Gedanken, München 2004.

und Dunkel treffend bemerkte: „Das Schicksal des Menschen ist auf glückliche Augenblicke eingerichtet – jedes Leben hat solche –, aber nicht auf glückliche Zeiten."[116] Mit anderen Worten: Es gibt kein allzeit glückliches Leben. Wir müssen uns mit den wenigen Momenten begnügen, die uns das Schicksal bietet.

Prinz Ludwig schreibt am Ende des Jahres 1873 in sein Tagebuch: „Lebe wohl, altes Jahr, das uns so bitteres Leid gebracht, schmerzhaft wirst du in unserer Erinnerung bleiben."[117] Wenn er damals geahnt hätte, dass seine kleine Familie noch weitaus größeres Unheil treffen würde, dann wäre er wohl gänzlich verzweifelt. So aber schien das Leben weiterzugehen, auch wenn die geliebte Alice nur noch fünf Jahre zu leben hatte und das letztgeborene Mädchen, Marie, im zarten Alter von nur vier Jahren kurz vor der Mutter verschied. Aber das ist eine andere Geschichte.

In der kindlichen Vorstellung des kleinen Ernie war der Tod gleichbedeutend mit endgültigem Abschied, mit Alleinsein. Aber welcher kleine Junge und welches kleine Mädchen wollte schon ohne Mama und Papa in eine unbekannte, andere Welt überwechseln? Das war beängstigend. So berühren seine Worte über den Tod mehr, als jedes Sinnieren der Erwachsenen. Der kleine Junge sagte zu Alice:

> *When I die, you must die too and all the others. Why can't we all die together? I don't like to die alone like Frittie.*[118]

---

116 Friedrich Nietzsche, Werke, I: Menschliches, Allzumenschliches.

117 Tagebucheintrag des Prinzen Ludwig vom 31. Dezember 1873, Letts's Diary Nr. 8, 1873, HStAD, Großherzogliches Familienarchiv, D 24 Nr. 6/5.

118 „Wenn ich sterbe, musst du auch sterben und all die anderen. Warum können nicht alle zugleich sterben? Ich möchte nicht allein sterben wie Frittie." Alices Brief an Queen Victoria vom 26. April 1874, in der deutschsprachigen Version in: Manfred Knodt, Ernst Ludwig, Großherzog von Hessen und bei Rhein – Sein Leben und seine Zeit, Darmstadt 1997, 36.

Ortstermin im Hause Heydrich (rückwärtige Gartenansicht, von Osten): Der des Mordes beschuldigte Wilhelm Vogt sitzt auf Anordnung der Polizei am geöffneten linken Fenster im ersten Stock, dem Zimmer der Helene Heydrich. Im Erdgeschoss rechts ist das Fenster des Sterbezimmers zu sehen, darüber Brandspuren an der Holzverkleidung. Polizeifoto der Kriminalabteilung, HStAD Abt. G 27, Staatsanwaltschaft Darmstadt Nr. 3453 Bd. 2

Der Fall Heydrich

Sex and Crime im Elfengrund

In der Leichenhalle des Eberstädter Friedhofs wurde ein mit Tüchern bedeckter, stark verbrannter Körper aus dem Sarg gehoben und auf den metallbeschlagenen Seziertisch gelegt. Es handelte sich um die sterblichen Überreste eines Mannes von mittlerer Größe und mittlerem Ernährungszustand, die einen grausigen Anblick boten. Fast die gesamte Haut war schwarzbraun verfärbt. Sie hatte eine lederartige Textur und war mit Sprüngen und Rissen durchsetzt. Der linke Kopf- und Gesichtsbereich hatte sich fast vollständig in eine schwarze verkohlte Masse verwandelt. Die Lippen standen weit offen, die Zunge war zwischen den gut erhaltenen Zähnen eingeklemmt, das linke Ohr nur noch als formloses Gebilde zu erkennen und die gräulichen Augäpfel hatten sich ein Stück weit in die Augenhöhlen zurückgezogen. Im mittellangen Haupthaar klebte geronnenes Blut. Es stammte von einer Verletzung an der rechten Schläfe, wo der Schädelknochen in einer Länge von ca. 7,5 cm eingebrochen war. Auch sonst boten die menschlichen Überreste des Toten keinen angenehmen Anblick. Die Mittelglieder der rechten Hand fehlten, die Arme waren stark angewinkelt, der linke Fuß stand in Spitzfußstellung und der rechte Unterschenkel war fast völlig zerstört.[119] Bemerkens-

119 Gutachten Kreisassistenzarzt Dr. Robert Engau, Darmstadt, 17. Mai 1914. Nahezu das gesamte Quellenmaterial über den Mordfall Heydrich wurde vom Hessischen Staatsarchiv in Darmstadt zur Verfügung gestellt. Es handelt sich dabei um Prozessunterlagen, die in zwei Kartons gelagert werden. Die Signatur lautet: Hessisches Staatsarchiv Darmstadt, Abt, G 27 Staatsanwaltschaft Darmstadt Nr. 3453 Bd. 1 bzw. Bd. 2. Soweit nicht ausdrücklich anders angegeben, sind die Zitate

wert schien darüber hinaus zu sein, dass sich im oberen Teil des Sarges, wo der Kopf des Toten gelegen hatte, „eine größere Blutlache von kirschroter Farbe“ befand.

Polizeidiener Meidinger identifizierte den nackten Toten als Wolfgang Heydrich, einen begüterten 35-jährigen Privatier aus Darmstadt-Eberstadt, der am Tag zuvor, dem 16. Mai 1914, in seiner Villa in der Kaiser-Wilhelm-Straße 86 (heutige Bezeichnung: Am Elfengrund) tot aufgefunden worden war. Das „Totenzeugnis“ des Arztes Dr. Wilhelm Lutz lautete auf „tragisches Ableben durch Verbrennen“ – eine durchaus plausible Todesursache, die durch den Zustand der Leiche und die Gegebenheiten im Hause Heydrich untermauert wurde. Die Feuersbrunst hatte derart gewütet, dass sogar der Putz von den Wänden gefallen war, weshalb es auch nicht verwunderte, dass die im Büro auf dem Boden liegende Leiche unter geschwärztem Schutt begraben aufgefunden wurde. Aber auch im Hausflur hatte der Brand Verwüstungen hinterlassen. Die hölzernen Zimmertüren waren verkohlt, die Treppe und das Geländer angebrannt, und überall lagen große Stücke des Wandputzes auf dem braun gesprenkelten Terrazzoboden.[120] Kurzum, es bot sich ein Bild der Verwüstung. Allerdings nur im Arbeitszimmer und im Hausflur, die übrigen Räume waren entweder gar nicht oder nur wenig betroffen. Von der Gartenseite aus zeugte eine schwarze Rauchspur über dem Fenster des Arbeitszimmers vom tragischen Unglück im Wohnhaus. Die Flügel waren durch

und Hinweise (wie auch der auf das besagte Gutachten) dem zweiten Band dieser Akten entnommen. Zitate aus dem ersten Band werden im Folgenden mit „Gerichtsakten, Bd. 1“ zitiert. Wiederentdeckt wurde der spektakuläre Mordfall von Herrn Dr. Friedrich Wilhelm Knieß vom Stadtarchiv Darmstadt, der auch während der Recherche dankenswerterweise beratend zur Seite stand.

120 Das Haus der Heydrichs existiert auch heute noch. Allerdings sind die Straßenbezeichnung und die Hausnummer andere. Heute heißt die Straße „Am Elfengrund“. Der ursprüngliche braune Terrazzoboden im Erdgeschoss ist nach der Renovierung des Hauses teilweise erhalten geblieben.

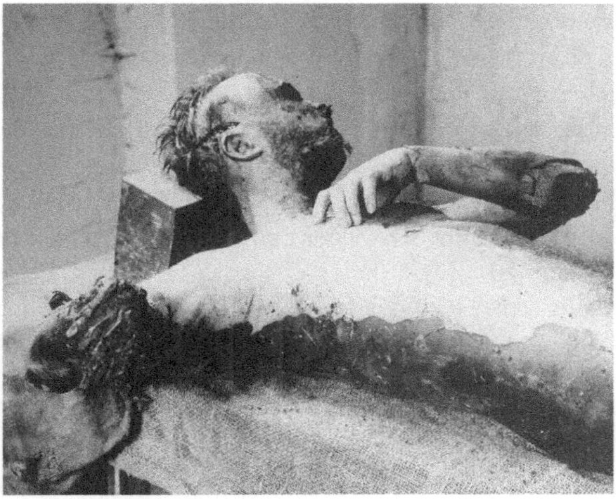

Oberkörper des ermordeten Wolfgang Heydrich mit einer klaffenden Wunde über dem rechten Ohr. Die hellen Teile der Haut sind unversehrt. Sie waren offenbar während des Brandes dem Boden zugekehrt. Polizeifoto der Kriminalabteilung, HStAD, Abt. G 27 Staatsanwaltschaft Darmstadt Nr. 3453 Bd. 2

eine Explosion zerstört worden, sodass man nur noch in die leere Fensterhöhle blickte, während im ersten Stock lediglich die Glasscheiben zu Bruch gegangen waren.

Die Frau des Hauses, Helene Heydrich, und deren 14-jähriger Sohn Hellmuth befanden sich zur Zeit des Brandes nicht im Haus. Sie waren an diesem schönen Maitag gegen fünf Uhr nachmittags auf die nahe gelegene Ludwigshöhe gewandert, ein nach Großherzog Ludewig I. (1753–1830) benanntes Ausflugsziel mitten im Wald. Hier befanden sich ein imposanter Aussichtsturm von 28 m Höhe, ein Musiktempel und ein Hotel-Restaurant.[121] Helene hatte dort zwei Tage zuvor

121 Ludwigshöhe Darmstadt: Während des Zweiten Weltkriegs wurde das Hotel-Restaurant durch die deutsche Luftwaffe/Wehrmacht genutzt und Ende März 1945 angezündet und gesprengt. Quelle: Wikipedia.

bei Oberkellner Leonhard Uffelmann einen Tisch reservieren lassen, da sich die Familie an diesem Samstagnachmittag in der herrlichen Natur an einem Konzert erfreuen wollte. Mit von der Partie waren die seit vierzehn Tagen zu Besuch weilende Schwester Anna Schweder aus Berlin-Lichterfelde, deren 18-jährige Tochter Adeline und der Haushund, eine Dogge, die man auf Wunsch der Schwester zum persönlichen Schutz mitgenommen hatte. Eigentlich sollte auch Helenes Gatte Wolfgang dabei sein. Doch der zeigte keine besondere Vorliebe für die Musik und beschäftigte sich stattdessen lieber zu Hause mit dem Aufräumen und Sortieren seiner Steinsammlung. Nach Aussage von Schwägerin Anna soll er aber versprochen haben, die Gesellschaft später vom „Bessunger Hausberg“ abzuholen.

Nachdem das Konzert beendet war, wartete die kleine Gesellschaft bis kurz nach sieben Uhr auf Wolfgang Heydrich, doch dieser erschien nicht. Stattdessen erreichte ein unheilverkündendes Telefonat das Waldidyll. Fregattenkapitän Litzmann, ein Nachbar der Heydrichs, meldete dem Oberkellner, dass Helene heimkommen solle, da die Villa brenne, worauf diese aufsprang, um selbst ans Telefon zu eilen. Nach wenigen Schritten brach sie jedoch ohnmächtig zusammen. So jedenfalls erklärte die 35-Jährige ihre Reaktion auf die Hiobsbotschaft. Oberkellner Uffelmann erinnerte sich an einen etwas anderen Hergang der Ereignisse. Seiner Aussage nach soll Frau Heydrich zunächst ganz gefasst gewesen sein. Sie habe sich angezogen, sei weggegangen und erst nach zehn bis zwölf Schritten zusammengebrochen, wobei sie laut geschrien habe. Uffelmann will sie dann auf ein „Sofa“ expediert haben, wo die konsternierte Dame öfter in äußerster Erregung gerufen habe: „Es ist ja alles nicht wahr!“ Offenbar war Helenes Zustand so besorgniserregend, dass man den Arzt Dr. Hammer herbeirief, der sie nach kurzem Augenschein umgehend ins Krankenhaus einliefern ließ. Dort versuchte man, die junge Frau mit beruhigenden Kampferspritzen wieder in einen normalen Gemüts- und Geisteszustand zu versetzen, was allerdings nicht sogleich gelang. Vom Unfall ihres Mannes erfuhr die Kranke erst am folgenden Morgen – und da auch nicht die ganze Wahrheit. Erst am Dienstag will sie durch die schwarze Kleidung ihrer Schwester Anna die Gewissheit erlangt haben, dass ihr Gatte nicht mehr unter den Lebenden weilte.

Während Helene in ihrem Krankenhausbett lag, untersuchte man die Leiche ihres Gatten mit medizinischem Spürsinn. Jeder Zentimeter seines Körpers wurde examiniert, wobei Ungeheuerliches zutage kam. Die Obduktion ergab, dass der Tod nicht etwa durch Verbrennen, sondern infolge einer schweren Schädelverletzung eingetreten war. Als Auslöser wurde ein stumpfer oder stumpfkantiger Gegenstand vermutet – etwa ein Werkzeug oder ein vergleichbar schwerer Gegenstand. Um Weiteres über die Todesursache zu erfahren, wurde das renommierte Institut für gerichtliche Chemie und Mikroskopie des Dr. Popp in Frankfurt beauftragt, die Leiche und deren Kleidung mit wissenschaftlichen Methoden zu untersuchen. Das ärztliche Gutachten ergab, dass weder im Blut aus dem Herzen noch dem aus der Lunge Kohlenoxid nachzuweisen war. Auf dem blauen wollenen Anzug des Verblichenen befanden sich Blutspritzer, und die gesamte Kleidung verströmte einen schwachen Pyridingeruch[122], der von denaturiertem Spiritus herrührte. Der Spritgeruch war auch im Haus der Heydrichs in der Nähe der Türschwelle des Arbeitszimmers und an der davor liegenden Matte wahrnehmbar. In der vorderen Zimmerecke nach dem Fenster zu fand man die Reste einer grünen Spiritusflasche. Da feine Sprungrisse fehlten, wie sie bei einer Explosion üblich sind, schloss man daraus, dass die Flasche von außen zertrümmert worden war.

Die Befunde waren eindeutig und ließen die Experten folgende Schlüsse ziehen:

1. Da im Körper des Wolfgang Heydrich kein Kohlenmonoxid nachgewiesen wurde, galt es als ausgeschlossen, dass er während des Brandes noch gelebt hatte.

---

122 Pyridin: farblose, leicht entzündliche chemische Verbindung.

2. Ein Unglücksfall durch Spiritus-Explosion kam ebenfalls nicht in Betracht, weil sich dieser nur in geringen Mengen unter der Leiche befand und der Linoleum-Boden keinerlei Brandspuren oder Einwirkungen von Spiritus zeigte. Letzterer musste auf den Körper des am Boden Liegenden ausgegossen worden sein, ebenso auf die Türschwelle, den Bereich zwischen Tür und Leiche sowie auf die Matte vor der Zimmertür.

Mit anderen Worten: Der Verblichene war nicht etwa infolge seiner Verbrennungen ins Jenseits befördert worden, sondern durch grobe Gewalteinwirkung auf seinen Schädel – von der Hand eines Mörders, der zur Verdeckung seiner Tat das Zimmer angezündet hatte. Doch wer konnte ein Motiv gehabt haben, dem vermeintlich biederen Rentier aus der Villenkolonie nach dem Leben zu trachten? Schauen wir uns deshalb einmal an, was an jenem schicksalsträchtigen 16. Mai 1914 im Hause der Heydrichs wirklich geschah. Die Prozessakten des Falles Heydrich geben nähere Auskunft darüber.

Das Dienstmädchen Lina Weidmann aus Erbach hatte am fraglichen Samstag, gegen sieben Uhr in der Früh, das letzte Mal Kohlen für die Heizung ihrer Herrschaft aufgelegt und später nicht mehr nachgeschürt. Bei Ausbruch des Brandes am Abend dürfte selbst die Glut schon viele Stunden erloschen gewesen sein und kam deshalb als Unglücksursache nicht in Betracht. Lina war zur fraglichen Zeit ausgegangen. Helene Heydrich hatte sie in die Stadt geschickt, um Besorgungen zu machen. Bei ihrer Rückkehr gegen Viertel vor acht Uhr am Abend war das Unglück bereits geschehen.

Wolfgang Heydrich hatte sich an diesem Tag in sein Arbeitszimmer im Erdgeschoss zurückgezogen, einen kleinen Raum mit Blick auf den Garten, der direkt neben dem Salon lag. Hier verwahrte er alles, was sein Sammlerherz entzückte: Versteinerungen, die in zwei Schränken untergebracht waren, chemisches Equipment zur Herstellung von künstlichem Blumendünger und jede Menge Bücher. Es gab auch einen Schreibtisch, an dem der Herr des Hauses seine Studien trieb.

Just oberhalb dieses Schreibtisches hatte Schreinermeister Wilhelm Breitwieser noch am Nachmittag des Unglückstages ein Bücherbrett angebracht. Und dann war da ein gewisser Wilhelm Vogt im Hause. Ein 23-jähriger Student aus Darmstadt, der dem Hausherrn beim Aufräumen helfen wollte. Der junge Mann verkehrte seit rund anderthalb Jahren bei den Heydrichs. Er studierte im achten Semester Medizin in Heidelberg und kam vorwiegend am Wochenende zu Besuch, wenn er bei seiner Mutter im Martinsviertel wohnte. Wilhelm verstand sich gut mit den Eheleuten Heydrich. Er nannte sie sogar „Onkel" und „Tante", obwohl er nicht mit ihnen verwandt war. Der junge Mann wurde offenbar von der Familie als potenzieller Bräutigam Adelinchens angesehen, der ältesten Tochter von Helenes Schwester Anna. Die jungen Leute neckten sich, schrieben verliebte Briefe und schienen das ideale Paar zu sein.

Ob der Hausherr nun Kunstdünger für seine Orchideen herstellen oder die Steinsammlung reinigen wollte, ist nicht bekannt. Auf jeden Fall begab sich Heydrich irgendwann in das Zimmer seiner Frau im ersten Stock, um sich eine Flasche Spiritus zu besorgen. Später eilte auch noch der junge Vogt die Holztreppe hinauf, um aus der unteren Schublade des Wäscheschrankes der Frau Heydrich einen Werkzeugkoffer mit Nägeln zu holen. Gut platziert stand er dort zwischen dem feinen Weißzeug der Hausherrin, einer groß gewachsenen, hübschen Brünetten in den besten Jahren, die viel Wert auf ihr Äußeres legte. Sie war stets gut gekleidet, trug seidene Strümpfe und machte so manchem Herrn der Schöpfung schöne Augen. Welche Gedanken dem jungen, in Frauengeschichten wenig erfahrenen Vogt beim Anblick der feinen Unterwäsche dieser Frau gekommen sein mögen, sei dahingestellt. Auf jeden Fall gab er zu, dass ihn dieselben „geschlechtlich erregt" hätten.

Was dann im Hause Heydrich geschah, lässt sich nur vermuten. Bleiben wir aber bei den Fakten. Es war kurz vor sieben Uhr, als Nachbar Wilhelm Filsinger auf dem Balkon seiner Villa stand und Rauch aus dem schräg gegenüber liegenden

Heydrich'schen Anwesen aufsteigen sah. Der 31-jährige Finanzaspirant dachte zunächst an eine Ofenexplosion. Als jedoch der Rauch immer stärker wurde, lief er hinüber, kletterte über das verschlossene Hoftor und eilte zur rückwärtigen Gartenseite des Hauses. Dort sah er, dass hinter dem geschlossenen Fenster des Arbeitszimmers im Erdgeschoss alles lichterloh brannte. Auf seine Rufe „Heydrich, Heydrich!“[123] erschien plötzlich Wilhelm Vogt am geöffneten linken Fenster im ersten Stock, dem Zimmer der Frau Heydrich, und rang nach Luft, worauf Filsinger auf die Straße rannte, um Hilfe zu holen, die ihm dann auch in Gestalt von Fregattenkapitän Lietzmann und Herrn von Malapert entgegenkam. Der Finanzaspirant öffnete das Hoftor, während Herr von Malapert mit seinem Burschen eine Leiter herbeischleppte. Letztere wurde eiligst am Hause angestellt, und Vogt stieg darauf herab. Der junge Mann war kaum in der Lage zu sprechen. Eines allerdings wurde aus seinen Wortfetzen deutlich: dass Heydrich noch im Hause sei und der Schreibtisch brenne. Wie von Sinnen versuchte nun der Student, durchs Fenster in das verqualmte Zimmer zu gelangen. Als die Nachbarn ihn davon abhielten, rannte er ums Haus, schlug mit einer Schippe das zur Straße gelegene Küchenfenster ein und kletterte hinein. Doch sein Verbleiben war nicht von langer Dauer. Kurze Zeit später war er wieder draußen und legte sich im Vorgarten auf die Steine, wo er nach Luft schnappte. Man brachte den maladen jungen Mann dann in das Haus der Familie Filsinger und schließlich ins Krankenhaus nach Darmstadt.

Wilhelm Filsinger war indessen auch nicht untätig. Er half beim Löschen und ging mit den Rettungskräften der Feuerwehr ins Haus, wo er im dämmrigen Arbeitszimmer die verbrannte Leiche des Wolfgang Heydrich liegen sah: den Kopf gegen die nordwestliche Ecke des Zimmers gereckt, ein Knie aus einem Haufen Schutt und Papier herausragend und den linken Arm wie zur Abwehr vorgestreckt.

---

123 Zeugenaussage des Wilhelm Filsinger, undatiert, in: Gerichtsakten, Bd. 1.

Unterdessen hatten sich Bürgermeister Schäfer und der Schütz von Eberstadt am abgesperrten Unglücksort eingefunden.[124] Außerdem kamen einige Nachbarn, die gespannt den seltsamen Vorgängen am Haus Nr. 86 folgten. Es können nicht sehr viele gewesen sein, denn bis zum Ausbruch des Ersten Weltkrieges standen in dieser von Wald umgebenen Siedlung gerade mal 33 Häuser, allesamt villenartige Bauten, die von begüterten Rentnern, Offizieren im Ruhestand und Privatiers bewohnt wurden.[125]

Da lagen sie nun im städtischen Krankenhaus, die Zwei aus dem Unglückshaus: Helene Heydrich mit nervösen Nervenbeschwerden und Wilhelm Vogt mit versengten Haaren und den Symptomen einer Rauchvergiftung. Da der Student nachweislich mit dem Ermordeten in den letzten Stunden seines Lebens Kontakt gehabt hatte, wurde er noch im Krankenhaus von der Polizei vernommen. Man wollte wissen, ob er Streit mit dem Opfer gehabt habe, und einiges mehr über seinen höchst merkwürdigen Auftritt im ersten Stock des Hauses Heydrich in Erfahrung bringen. Warum hatte der junge Mann, nachdem er mit den Nägeln ins Arbeitszimmer zurückgekehrt war, nichts unternommen, um den Hausherrn zu retten? Weshalb war er wieder in den ersten Stock gerannt, wo er sich doch durch die nicht abgeschlossene Haustür in den Garten hätte retten können? Und wieso fragte er am 18. Mai vor der Gegenüberstellung mit der Leiche den Gendarmen, ob der Heydrich auch wirklich tot sei? Das Verhalten des jungen Mannes aus der Eckhardtstraße 21 war sehr merkwürdig und in hohem Maße verdächtig. Und so kam, was kommen musste: Am 19. Mai, also drei Tage nach dem Unglück, wurde er verhaftet und in das Großherzogliche Provinz-Arresthaus in der Rundeturmstraße in Darmstadt gebracht.

124 Ebd.
125 Denkmaltopografie Bundesrepublik Deutschland, Kulturdenkmäler in Hessen, Stadt Darmstadt, Herausgeber: Landesamt für Denkmalpflege Hessen, Wiesbaden, 1994.

Helene hatte infolge der Aufregung um den Tod des Gatten zeitweise die Sprache verloren, war auch Tage nach dem Brand noch im Zustand der halben Bewusstlosigkeit und wurde deshalb auf Anordnung des Arztes Dr. Hammer in ein Sanatorium im Taunus gebracht. Doch anstatt sich zu erholen, dachte sie an Selbstmord. Die junge Frau bat ihren Bruder inständig, einen Revolver mitzubringen, damit sie ihrem Leben ein Ende bereiten könne. Doch der weigerte sich, ihr diesen „Liebesdienst“ zu erweisen, sodass sich die junge Frau weiterhin mit der Realität auseinandersetzen musste. Sie gab an, am Tode ihres Mannes unschuldig zu sein. Aber dennoch war da ein dunkles Geheimnis. Es lag in ihrer Vergangenheit. Zwei handgeschriebene, undatierte Lebensläufe, die sie offenbar später in der Klinik für psychische und nervöse Krankheiten in Gießen schrieb, lösen das Rätsel. Die 35-Jährige war im Juli 1914 dorthin verbracht worden, um auf ihren Geisteszustand untersucht zu werden. Was sie aufschrieb, war eine Mischung aus „Sex and Crime“ und durchaus dazu geeignet, die Vorfälle im Hause Heydrich zu erklären.

Helene wuchs in einer gutbürgerlichen Familie in Berlin-Lichterfelde auf. Sie war die Jüngste von fünf Geschwistern und besuchte die Höhere Töchterschule. Das hübsche, aber etwas eigensinnige Mädchen konnte Klavier spielen, las für sein Leben gern und fühlte sich von Jugend an in besonderem Maße zu den Herren der Schöpfung hingezogen. Der erste Erwähnenswerte in Helenes Leben war ein bedeutend älterer Arzt, der ihr Vater hätte sein können. Er war klein und nicht besonders ansehnlich, aber wohl mit irdischen Gütern reichlich gesegnet. Dann machte ihr ein angehender Fähnrich den Hof, den sie in Berlin kennengelernt hatte. Er schenkte ihr die schönsten Blumen und bezauberte sie durch seinen Charme. Doch der junge Mann wollte bald nicht nur platonisch mit ihr verkehren. Er drängte sie zum Geschlechtsverkehr. Es war Wolfgang Heydrich, ihr späterer Gatte. Seiner Meinung nach lag es in der Natur des Mannes, intim mit der Freundin zu sein.

Das einzige verfügbare Bild der Helene Heydrich zeigt die junge Frau, links am Tisch sitzend (mit schwarzem Spitzenkleid), inmitten ihrer Berliner Verwandtschaft. Das Foto wurde dankenswerterweise von der Familie zur Verfügung gestellt.

Wenn sie nicht dazu bereit wäre, so drohte er, müsse er eben zu käuflichen Mädchen gehen. Helene konnte zwar seinen Argumenten nicht so ganz folgen, insbesondere dem, was das Vergnügen des Mannes am eigentlichen Akt betraf, stimmte aber mit ihrem Liebsten darin überein, dass man auf gar keinen Fall den Zeitpunkt der Intimitäten vom Ja-Wort in der Kirche abhängig machen solle.

Der erste Konflikt zwischen beiden trat auf, als das junge Mädchen schwanger war. „An eine solche Möglichkeit habe ich nie gedacht, da ich der Meinung war – und mein Mann mich darin bestärkte –, dies könne nur eintreten, wenn auch das Weib aktiv tätig ist." Kurzum, über die Aufklärung wurde in der Höheren Töchterschule wohl kein Wort verloren. Wolfgang Heydrich riet Helene, eine Hebamme aufzusuchen und das Kind wegmachen zu lassen. Doch die junge Frau hatte Bedenken und entschied sich dazu, das kleine Wesen unter ihrem Herzen austragen. Da sie in diesem Zustand aber nicht im Elternhause bleiben konnte, zog sie mit ihrem Liebsten nach Halle und brachte dort Sohn Hellmuth zur Welt. Der Familie daheim gaukelte die gefallene höhere Tochter vor, bei einer reichen Dame in Stellung zu sein. Um ihre angebliche Tätigkeit glaubhaft zu machen, schrieb sie ihren Lieben in Lichterfelde sogar fingierte Postkarten von angeblichen Reisen mit ihrer Herrschaft.

Die Heirat mit Heydrich fand im Jahr 1900 statt. Wolfgang hatte zu dieser Zeit eine Ausbildung zum Fähnrich abgeschlossen, musste dann aber verschiedener Arreststrafen wegen als Einjähriger weiterdienen. Er erkannte das Kind Hellmuth als das seinige an, und alles war eitel Sonnenschein – bis der junge Familienvater zu einer Übung nach Magdeburg eingezogen wurde. Dort, so bar jeglicher Zärtlichkeiten und sexueller Genüsse, wandelte der Familienvater auf Abwegen. Er begab sich in fragwürdige Etablissements und zog sich von Dirnen eine Geschlechtskrankheit zu. Es war Tripper, eine bakterielle Infektion mit schwerwiegenden Folgen. Das Unglück ließ auch nicht lange auf sich warten, denn daheim steckte der untreue Gatte seine Helene an, die bereits mit ihrem zweiten Kind schwanger ging. Die Auswirkungen waren fatal, denn die junge Frau erlitt eine Frühgeburt. „Das Kind, ein Mädchen, war augen- und herzkrank. Es lebte drei Wochen und schlief dann ruhig ein." Helene war außer sich. Sie führte das Drama um ihr verblichenes Töchterchen auf die Tripper-Infektion zurück und schrieb Jahre später in ihrem Lebenslauf: „Ich sah in meinem Mann den Mörder meines armen Kindes und bin auch nie von diesem Gedanken losgekommen. Ich musste mit meinem Körper und dem Leben meines Kindes den Leichtsinn meines Mannes zahlen." Und weiter schreibt sie: „Ja, auch jetzt ließ er mir nicht einmal die nötige Ruhe, noch im Wochenbett zwang er mich zum Geschlechtsverkehr." Hinzu kam, dass die heimtückische Krankheit bei der jungen Frau nicht ausheilte und zu einer gefährlichen Entzündung der Unterleibsorgane führte, die ihr in der folgenden Zeit große Schmerzen und ständiges Unwohlsein bescherte.

Von diesem Zeitpunkt an wandte sich Helene von ihrem Gatten ab. Sie hatte jegliches Gefühl von Zuneigung für ihn verloren. Wolfgang wiederum begegnete der Gefühlskälte seiner Angetrauten auf eine ganz besondere Art. Er behandelte sie „in der rohesten Weise" und zwang die junge Frau trotz Verbots des behandelnden Arztes, Prof. Dr. Fehling, ihm im Bett zu Willen zu sein. Die Arme litt dabei unter Unterleibsschmerzen und ständigem Kopfweh, vor allem aber unter Krampfanfällen, die ihrer Meinung nach durch die Angst vor dem Verkehr mit ihrem Gatten hervorgerufen wurden. Die Lebensfreude war dahin, und es begannen düstere Wolken am Lebenshorizont der Eheleute aufzuziehen.

Helene suchte nach Linderung ihrer Qualen und fand nur einen sicheren Ausweg: den Selbstmord. Da ein Revolver nicht zur Hand war, griff sie zum Opium, das ihr in geringer Dosis als Mittel gegen Schmerzen verordnet worden war. Die Lebensmüde leerte eines schönen Tages kurzerhand eine ganze

Flasche davon und machte sich bereit zum Sterben. Sie verfiel in einen Starrkrampf, verlor das Bewusstsein und erwachte erst wieder, als der Hausarzt an ihrem Bett saß.

Auf Wolfgang Heydrich schien die Verzweiflungstat seiner Angetrauten keinen großen Eindruck hinterlassen zu haben, denn er führte nach wie vor sein altes Leben. „Er trieb sich tage- und nächtelang mit Dirnen herum und verlangte dann auch von mir, dass ich ihm meinen Körper ließ“, so die Gepeinigte. Irgendwann kam sie auf die Idee, sich auf andere Art und Weise zu betäuben. Und zwar mit Alkohol. Genauer gesagt mit schwerem Wein, den sie des Abends in größeren Mengen trank, als ihr zuträglich war. Hinzu kommt, dass auch die Gesellschaft eine besondere war. Wolfgang Heydrich hatte begonnen, junge Herren einzuladen, die seiner Frau den Hof machten. „Für meinen Mann war es ein Reiz mehr, wenn er sah, welche Mühe sich andere Männer um mich gaben. Er kaufte mir das Eleganteste an Kleidern etc. und war stolz, wenn man seine Frau anschaute.“ Ins Bett ging Helene ohne ihre Verehrer, aber schlafen konnte sie nicht. Schließlich kam sie auf die Idee, jeden Abend zur Beruhigung noch ein Gläschen von dem bekannten Opium zu nehmen. Es schläferte ein und sorgte dank seiner betäubenden Wirkung für einige Stunden Ruhe. Inwieweit die junge Frau abhängig vom Alkohol war, lässt sich nicht sagen. Aber immerhin war ihr körperlicher Zustand so besorgniserregend, dass sie der behandelnde Arzt in eine Kaltwasserheilanstalt schickte, wo Helene nach dem Entzug des Weines wieder in die Lage versetzt wurde, ein normales Leben zu führen.

Kaum daheim, tat sich ein neues Problem auf: Gatte Wolfgang hatte mittlerweile angefangen, stark zu trinken und – aufgrund der Ablehnung seiner Gattin, mit ihm zu verkehren – die grässlichsten Anforderungen an sie zu stellen. „Kam er angetrunken nach Hause“, so Helene, „verlangte er von mir, dass ich mich nackend vor ihn hinstellen solle. Er ließ mir nicht eine Stelle meines Körpers unbenützt – bis auf das Gesicht, das

Gemälde eines unbekannten Künstlers vom Haus Heydrich, Kaiser-Wilhelm-Straße 86. Es befindet sich im Besitz einer Darmstädter Familie, die über viele Jahre hinweg Eigentümer des Hauses war und das Foto dankenswerterweise zur Verfügung gestellt hat.

ich mir schützen konnte. Ich habe meinen Mann oft in einem Zustand gesehen, wo ich nahe daran war, ihn für wahnsinnig zu halten." Und weiter fügt sie an: „Oft bin ich mitten in der Nacht in den Garten gelaufen, aus Angst vor seinen Berührungen. Ich hatte einen solchen grenzenlosen Widerwillen gegen das Leben, dass ich froh gewesen wäre, wenn ich ruhig hätte sterben können. Noch dazu ich keinen Tag ohne Schmerzen war. Wenn nicht die Liebe zu meinem Kind mich gehalten hätte, das ich ja seinem Vater preisgeben musste, der in seinem grenzenlosen Egoismus keine eigentliche Liebe kannte, es hätte mich wohl nichts daran hindern können."

Von Entspannung im Hause Heydrich konnte also keine Rede sein. Im Gegenteil, die Lage hatte sich verschärft. Doch gerade in dieser Zeit des Jammers und des Elends zeigte sich ein Hoffnungsschimmer am Horizont. Er kam für die malträtierte Helene wiederum in der Gestalt eines Mannes daher: zehn Jahre älter, von Beruf Architekt. Willy Aßmann[126] schien der ideale Partner zu sein. Er hatte stets ein offenes Ohr für die Sorgen der jungen Frau, und sie begann ihn zu achten. Vor allem, weil er nicht nur ein „Geschlechtstier" in ihr sah. Und so kam, was längst überfällig war: Die Ehe der Heydrichs wurde geschieden und der kleine Hellmuth seiner Mutter zugesprochen. Die Schuld am ehelichen Zerwürfnis gaben die Richter der Gattin, weil sie offen erklärt hatte, dass sie einen anderen Mann liebe und Wolfgang Heydrich ihr zum Ekel sei. Dass sie ihrem Gatten ebenfalls Ehebruch hätte nachweisen können, kam ihr nicht in den Sinn. Sie verteidigte sich nicht einmal. „Ich stand außerdem auf dem Standpunkt, dass die Richter ja Männer sind, die nie das Seelenleben einer Frau beurteilen können."

Mittlerweile hatte auch Wolfgang Heydrich wieder eine neue Liebe gefunden. Sie hieß Else Müller und wohnte in Halle. Beide heirateten am 17. Mai 1904, neun Monate später wurde Sohn Joachim geboren (28. 2. 1905). Eigentlich hätte das Leben nun für alle Beteiligten in ruhigeren Bahnen verlaufen können. Doch das Schicksal wollte es anders, denn Helene stand schon bald wieder vor ungeahnten Schwierigkeiten. Ihr momentaner Liebster war auf die Idee gekommen, seinen gut dotierten Beruf als Architekt aufzugeben und sich ausschließlich der Schriftstellerei zu widmen. Hätte Willy Aßmann mit seinen literarischen Ergüssen Erfolg gehabt, wäre alles in bester Ordnung gewesen. So aber fehlte dem Paar die finanzielle Lebensgrundlage. Drei Jahre wartete Helene auf eine Änderung der Situation. Aber der Auserkorene blieb nach wie vor ein brotloser Künstler, und so entschloss sich die junge Frau schweren Herzens, das Verlöbnis zu lösen – in aller Liebe und Freundschaft, wie sie betonte.

Ihren Lebensunterhalt verdiente Helene fortan als Verkäuferin; Sohn Hellmuth wurde monatlich mit 50 Mark Unterhalt vom Vater unterstützt. Doch die Einkünfte reichten mehr

126 Willy Aßmann, Schriftsteller, geb. 22. August 1872.

schlecht als recht. Eines schönen Tages kam die junge Frau auf die Idee, wieder mit ihrem Exgatten Kontakt aufzunehmen, angeblich, um für ihr Kind noch etwas Geld zu retten. Dem stand nichts entgegen, denn Wolfgang Heydrich war im Oktober 1905 nach gut einem Jahr Ehe bereits wieder von seiner Else geschieden worden, und zwar schuldig. Er zeigte sich erfreut über den Kontaktversuch seiner Verflossenen und lud Frau und Kind ein, ihn zu besuchen. Doch nicht etwa in heimischen Gefilden, sondern in Spanien, wo er in der Nähe von Valencia Mitinhaber einer Seifenfabrik geworden war. Helene packte daheim die Koffer und fuhr mit der Eisenbahn in Richtung Süden. Schon an der Grenze nahm Wolfgang Heydrich die Exgattin und sein Kind in Empfang. Dann fuhr man gemeinsam nach Benetuser, dem Firmensitz, wo das Paar ein erneutes Zusammenleben probte. „Unser Leben gestaltete sich ganz friedlich, nie habe ich in der Zeit, wo ich dort war, ein böses Wort von ihm gehört", schreibt Helene in ihrem Lebenslauf. Sie fühlte sich wohl in Spanien, badete im warmen Meer und war nach einer überstandenen Lungenentzündung auch gesundheitlich bald wieder in guter Verfassung.

Dann kommt ein Punkt im Leben der Helene Heydrich, der nach dem bisher Vorgefallenen irgendwie unlogisch erscheint und, wenn überhaupt, dann nur durch ihre ernsten Geldsorgen zu entschuldigen ist: Die 28-Jährige heiratete Wolfgang Heydrich am 25. Juni 1908 in Valencia ein zweites Mal – unter der Bedingung, dass man nur rein freundschaftlich miteinander verkehre. Alles wollte sie mit ihm teilen, nur eine eheliche Gemeinschaft schloss sie aus. Dass dies auf Dauer nicht gut gehen konnte, war absehbar.

Ein halbes Jahr hielt der Gatte sein Versprechen, dann war alles wieder beim Alten. Wolfgang argumentierte, er hätte es satt, zu Dirnen gehen zu müssen. Doch diesmal waren seine Ausschweifungen in fremden Betten weit weniger häufig, denn es drückten ihn schwere Geldsorgen. Mit anderen Worten: Er hatte nicht das nötige Kleingeld, um sich in ausreichendem

Maße die Damen vom horizontalen Gewerbe leisten zu können. Außerdem änderte sich das Umfeld des Paares. Helene war im Herbst 1908 nach Deutschland zurückgekehrt und im Juli 1909 mit Wolfgang nach Basel gezogen, wo das Paar mit Sohn Hellmuth bis zum Jahr 1911 blieb. Der Hausherr ging weiterhin keiner Beschäftigung nach und lebte von seinen eher dürftigen Einkünften aus der Seifenfabrik der Firma Paege in Benetuser.

Unverhoffter Geldsegen kam eines schönen Tages durch eine Erbschaft ins Haus, und zwar in Höhe von 185.000 Mark – ein Betrag, der alle Geldsorgen der Vergangenheit gegenstandslos werden ließ. Auslöser war ein wenig erfreuliches Ereignis. Wolfgang Heydrichs Vater Franz Theodor hatte das Zeitliche gesegnet, doch er war nicht etwa eines natürlichen Todes gestorben. Der 59-Jährige hatte sich im März 1911 erschossen. Die Umstände, die dazu führten, waren mehr als pikant. Der alte Herr wurde verdächtigt, seine Tochter Paula missbraucht zu haben.[127] Angeblich hatte die zweite Frau Heydrich, also Else, den alten Mann damit erpresst, sodass dieser keinen anderen Ausweg mehr sah, als sich mittels Schusswaffe ins Jenseits zu befördern. Dies war auch in etwa der Zeitpunkt, als die Heydrichs nach Darmstadt übersiedelten, und zwar in die Heidelberger Straße Nummer 73, wo das Paar eine Mietwohnung bezog. An ihren Verflossenen, den glücklosen Literaten Willy Aßmann, schreibt Helene am 29. Dezember 1911: „Darmstadt gefällt mir sehr gut, es ist ein sehr sauberes, gemütliches Städtchen." Aber mit einem so großen Vermögen konnte man sich auch ein eigenes Heim leisten. Und so beschlossen die Heydrichs noch im Todesjahr des alten Herrn, ein Haus zu bauen. Helene berichtet darauf ihrem Ex-Geliebten Willy am 2. Februar 1912: „Wir sind jetzt auch Grundbesitzer geworden, was sagst du nun? Und zwar haben wir 1200 qm in der Waldvillenkolonie Eberstadt, direkt bei Darmstadt, gekauft.

127 Zeugenaussage der Frau Paula Pachaly, geb. Heydrich, undatiert, in: Gerichtsakten, Bd. 1.

Und zwar von der Stadt, den qm für 2,50 [Mark]. Es stehen schon ca. vierzig Villen an fest regulierten Straßen, sodass wir also alles Gute beisammen haben: allein mitten im Walde und doch nicht allein. Auch die Verbindung mit D[armstadt] durch elektr. Bahn[128] ist gut. Wir fangen nun jetzt gleich an zu bauen, sodass mein Traum, ein eignes Heim, sich zum Herbst verwirklicht." Über die Ausstattung schreibt die junge Frau: „Das Häuschen wird einfach, aber praktisch; im Parterre drei Zimmer und Küche mit Vorraum und Klosett, oben drei Zimmer und Bad, Mädchenzimmer. Dazu eine schöne Veranda." Bereits in der Heidelberger Straße hatte Helene wieder angefangen, Piano zu spielen. Sie ging ins Theater, schien zufrieden zu sein und schrieb an Aßmann: „Sonst leben wir still und ruhig für uns." Doch das war nicht die ganze Wahrheit, denn im Zusammenleben mit ihrem Wolfgang war etwas Schlimmes eingetreten, das alles Bisherige in den Schatten stellen sollte.

Es begann damit, dass der Familienvater über hartnäckige Halsschmerzen klagte. Zur Linderung seines Leidens schluckte er ein Jod-Präparat, wohl in der Annahme, dass es sich um eine Schilddrüsen-Erkrankung handele. Als die Beschwerden immer ernster wurden, ging der Mitt-Dreißiger zum Arzt, wo eine Blutuntersuchung gemacht wurde. Die Diagnose war niederschmetternd: Wolfgang Heydrich litt an Syphilis. Er hatte sich offenbar bei seinen zahlreichen amourösen Ausflügen in das Dirnen-Milieu mit dieser Geschlechtskrankheit angesteckt. Syphilis wird durch direkte sexuelle Kontakte übertragen. Der Erreger dringt in die Schleimhäute ein und bildet Geschwüre. Besonders die daraus austretende Flüssigkeit ist höchst infektiös. Ein frühes Merkmal dieser in unbehandeltem Falle zum Tode führenden Krankheit ist das Anschwellen der Lymphknoten, unter dem offenbar auch Wolfgang Heydrich litt. Der

128 Die Angabe der Helene Heydrich ist nicht korrekt. Zu diesem Zeitpunkt gab es lediglich eine Dampf-Straßenbahn-Verbindung. Die Strecke nach Eberstadt wurde erst zum 1. Mai 1914 elektrifiziert.

Kranke wurde deshalb sogleich mit einer Salvarsan-Einspritzung[129] behandelt, einer hochwirksamen Arsen-Verbindung, die von Paul Ehrlich und Sahachiro Hata erfolgreich gegen Syphilis getestet worden war und die seit 1910 gegen den Erreger zum Einsatz kam, bis es von Penicillin abgelöst werden konnte. Helene hingegen mochte der Wirkung dieses Meilensteins in der Arzneimittelforschung nicht ganz trauen. War ihr Wolfgang wirklich geheilt? Allein schon beim Gedanken an den sexuellen Verkehr mit ihrem Mann litt sie Höllenqualen. Zum einen, weil sie sich auf gar keinen Fall anstecken wollte. Zum anderen, weil sie fürchtete, ein Kind zu bekommen, das schon im Mutterleib mit der tödlichen Krankheit infiziert werden könnte. Dabei wünschte sie sich sehnlichst ein Baby. Doch die Krankheit des Gatten machte all ihre schönen Hoffnungen zunichte und trübte die Freude am Einzug in das neue Heim.

Wolfgang Heydrich beanspruchte seine Frau in dieser Zeit nicht mehr so häufig. Die Syphilis machte ihm zu schaffen, und darüber hinaus war er mit dem Hausbau in Eberstadt so beschäftigt, dass Helene immer wieder Zeit hatte, sich zu erholen. Die junge Frau ging viel spazieren und mied ängstlich jede Art von Alkohol. Allerdings wurde sie nach wie vor von heftigen Kopfschmerzen und Unterleibsbeschwerden geplagt.

Es erregt Mitleid, wenn man an die Qualen der Helene Heydrich denkt. Doch auch sie war keine Klosterfrau. In Basel soll sie seinerzeit dem einen oder anderen Herrn schöne Augen gemacht haben und sogar der Grund für die Scheidung der Eheleute Sarnowsky gewesen sein. Madame hatte offenbar ein Verhältnis mit dem Ehegatten, sodass dieser seine Angetraute und die drei Kinder verließ. Nach wie vor bestand auch guter Kontakt zu Willy Aßmann, dem brotlosen Literaten. Am 23. März 1911 schreibt ihm Helene, dass sie sehr erfreut über die Besserung seiner „pekuniären" Lage sei. Vielleicht hat sie sogar

129 Der Name Salvarsan ist eine Zusammensetzung aus dem lateinischen Wort „salvare" = retten und „Arsen".

manchmal daran gedacht, zu ihm zurückzukehren. Auf jeden Fall wollte sie sich Ende Juli heimlich mit dem Verflossenen in Berlin treffen – um halb vier Uhr in der Teestube des Kaufhauses Wertheim. Eigentlich wäre ihr seine Wohnung lieber gewesen. Doch da sie nicht wusste, wo und wie er lebte, schlug sie ein Rendezvous auf neutralem Boden vor. Gatte Wolfgang, der in Annaberg weilte, erfuhr nichts vom geplanten Stelldichein seiner Angetrauten. Helene hielt den Kontakt mit Aßmann über postlagernde Briefe oder passte später in der Darmstädter Villenkolonie den Briefträger so rechtzeitig ab, dass die verfänglichen Zeilen erst gar nicht in die Hände des Hausherrn gelangten.

Und dann waren da noch die galanten Kellner von der Ludwigshöhe. Auch mit ihnen soll Helene zumindest heftig geflirtet haben. Die hübsche Frau hatte ohne Zweifel jede Menge Chancen bei den Herren und nutzte diese weidlich. Vielleicht wäre sie sogar irgendwann mit einem ihrer zahlreichen Verehrer durchgebrannt. Doch das Schicksal wollte es anders.

Am Rosenmontag des Jahres 1913 wurde der Privatiersgattin mit dem Hang zum erotischen Abenteuer der Medizinstudent Wilhelm Vogt vorgestellt, ein äußerst intelligenter, um zwölf Jahre jüngerer Mann, der mit dem weiblichen Geschlecht bisher noch nicht allzu viel Bekanntschaft gemacht hatte. Ja, er war sogar als Weiberfeind bekannt. Der Ehefrau und Mutter fiel zunächst die Art auf, wie der 22-Jährige sie anschaute: zurückhaltend, aber auch irgendwie abschätzend. Außerdem hatte sie das Gefühl, dass er beißende Kritik übe, was ihr eine „leise Unruhe“ verschaffte und sich störend auf ihre Fröhlichkeit auswirkte. Als ihr der Medizinstudent später aus Versehen Bier über das Kleid schüttete und eine dürftige Entschuldigung aussprach, betrachtete ihn Helene endgültig als Tollpatsch und wenig amüsanten Zeitgenossen. Doch das sollte sich bald ändern. Schon am nächsten Tag trafen sich die beiden bei einer weiteren Fastnachtsveranstaltung wieder. Diesmal brachte ihr der junge Vogt Blumen mit, um sein Missgeschick vom Vortag zu entschuldigen. Bereits an diesem Abend hätte die junge Frau gerne in seiner Nähe gesessen. Aber leider wollte niemand ihrer Nachbarn seinen Platz aufgeben, „und so blieb uns nur ein verstohlener Blick und ein gelegentliches Zutrinken“, wie sie in ihrem Lebenslauf schreibt. Beim Verlassen des Festes ging der Student bereits an ihrer Seite, und sie vergaß „in der Unterhaltung mit ihm schnell seine große Jugend. Im Gegenteil, er erschien mir oft nicht jünger als ich es bin, trotz meiner Erfahrung.“ Außerdem fügt sie den bedeutsamen Satz an: „Er war mir schon vom ersten Moment an nicht gleichgültig.“

Auch am Aschermittwoch gab es ein Wiedersehen. Bereits zu diesem Zeitpunkt unterhielten sich die beiden in Gesellschaft ausschließlich miteinander und traten gemeinsam den Heimweg an. „Er brachte mich und meinen Mann ... ein Stück des Weges nach Hause und bot mir ganz selbstverständlich den Arm, drückte mir hin und wieder die Hand und tat überhaupt, als kennten wir uns schon eine Ewigkeit.“ War Heydrichs Gattin etwa zu diesem Zeitpunkt schon in den Studenten verliebt? In den jungen Mann mit dem wachen Verstand, von dessen äußerer Erscheinung wir uns leider keine Vorstellung machen können, da es in den gesamten Akten der Staatsanwaltschaft Darmstadt nicht ein eindeutig ihm zuzuordnendes Bild gibt? Es ist anzunehmen, dass Helene tatsächlich Schmetterlinge im Bauch verspürte und deshalb kurzerhand selbst für ein Wiedersehen sorgte. Sie lud Vogt, seinen Bruder und dessen Braut eines Sonntags zum Abendessen in das neue Haus in der Villenkolonie ein. Hier zeigte sich der Auserwählte von seiner liebenswürdigen Seite. Er war sehr unterhaltsam und ließ sich, wie die Frau des Hauses es ausdrückte, „in jeder Weise von mir verwöhnen“. Sie fährt in der Art der düsteren Weissagung eines sybillinischen Orakels fort: „Ganz allmählich, aber sicher wurde aus dem leisen Spiel bitterer Ernst.“

Die beiden trafen sich nun häufiger. Sie machten in den Osterferien lange Spaziergänge miteinander und verstanden sich immer besser. Doch mit der Zeit scheint Wilhelm gespürt zu haben, dass Helene nicht glücklich war, dass sie unter den

Ansicht der Villa Heydrich, von der Kaiser-Wilhelm-Straße aus gesehen. Polizeifoto der Kriminalabteilung, HStAD, Abt. G 27 Staatsanwaltschaft Darmstadt Nr. 3453 Bd. 2

häuslichen Umständen litt und der Abwechslung bedurfte. Während der junge Mann nun ständig die Nähe seiner Geliebten suchte, fühlte sie sich durch die traute Zweisamkeit zunehmend unbehaglich. Sie schreibt: „Ich sträubte mich noch dagegen, einem so jungen Menschen mein Herz darzubringen." Also gab Helene ihm eines schönen Tages nach dem Abendessen bei der Familie Euler einen Kuss auf die Stirn und bat den Studenten, vorläufig nicht mehr wiederzukommen.

Vogt kam aber trotzdem und machte mit der unmissverständlichen Äußerung, dass Helene nicht mit ihm spielen dürfe, seinen Standpunkt klar. Die 34-Jährige schwankte zwischen Himmel und Hölle. Manchmal war sie grenzenlos glücklich, dann wieder zu Tode betrübt. Irgendwann muss ihr der Gedanke gekommen sein, von Wilhelm, den sie liebte, ein Kind zu bekommen – gewissermaßen als Ersatz für ihr früh dahingeschiedenes Töchterchen. Sie hatte den Gedanken an ein eigenes Kind angesichts der Erkrankung des Gatten schon fast aufgegeben und bereits erwogen, einen Säugling anzunehmen, als auf einmal dieser blutjunge, unberührte Mann in ihr Leben trat. Wilhelm schien der ideale Partner zu sein. Und so weihte sie ihn zwangsläufig eines schönen Tages in die Kunst der körperlichen Liebe ein.

Es passierte während der Ferien im April, Gatte Wolfgang war verreist. Der Student saß an jenem Abend zu vorgerückter Stunde im Salon des Heydrich'schen Hauses, als Helene, angetan mit verführerischem Nachthemd und feinen Seidenstrümpfen, dem jungen Mann Appetit auf ihren Körper machte. Wilhelm ließ sich von den Reizen der Mitt-Dreißigerin betören und folgte ihr ins Schlafzimmer im ersten Stock. Er teilte ihr Bett, „jedoch erst am Morgen kam es infolge seiner Unerfahrenheit zum Beischlaf". Für den jungen Mann scheint es die Erfüllung seiner Träume gewesen zu sein, während die 34-Jährige mit dem Ergebnis haderte. Sie schreibt: „Ich war des Verkehrs aus Zuneigung zu entwöhnt, sodass sich meine Natur dagegen sträubte – noch dazu er selbst zu leidenschaftlich war und mir keine Zeit ließ, mich an ihn zu gewöhnen ... Außerdem waren wir beide viel zu nervös, durch die doch immerhin für mich noch nicht gewesene Situation; so kamen wir von Gefühlen nicht los, die natürlich störend wirken mussten." Mit anderen Worten: Der erste Sex sorgte nicht für ein uneingeschränkt angenehmes Hochgefühl. Dennoch wollte Helene diesem denkwürdigen Abend und überhaupt den Annäherungen während der Ferien ein Denkmal setzen. Und so entschloss sie sich, ihrem Wilhelm als Erinnerung an die gemeinsam verbrachten Stunden einen Ring zu schenken. Dieser schätzte offenbar das Pfand der Liebe und trug fortan das Erinnerungsstück an seinem Finger.

Später gab es auch sehr glückliche Momente der Zweisamkeit. So im Sommer, als die Verliebten an einem freundlichen, lichten Tag mit dem Zug an die Bergstraße fuhren, um in idyllischer Umgebung Kaffee zu trinken und durch Wald und Feld zu wandern. Helene „war lieblich weiß, duftig und luftig angezogen, die Stimmung fröhlich ausgelassen, wir selbst glücklich taumelnd, liebestrunken. Lustig spielend trug ich sie stückwegs“, erinnerte sich Vogt. „… an einem lauschigen, einsamen Plätzchen kam es unvorbereitet zu geschlechtlichem Verkehr, von dem ich sagen kann, dass er den reinsten Gefühlen und dem besten Mannesbewusstsein entsprang.“ Gegen Abend wanderte das Paar dann „in Zufriedenheit und dem Bewusstsein der Zusammengehörigkeit, verbunden durch eine innige, reine, heilige Liebe, einen weiten unbekannten Weg zur Bahn nach Hause“. Für den Studenten scheint dieser Tag unvergesslich gewesen zu sein, denn er fügt an: „Dieser Nachmittag birgt wohl einige der glücklichsten Stunden meines Lebens, an die ich auch in aller Reinheit zurückdenken kann.“

Wie anders waren da die trüben Stunden mit Helenes Angetrautem Wolfgang! Dieser schien eine gewisse sexuelle Befriedigung darin zu finden, seine Frau durch plumpe Zärtlichkeiten zu quälen – von Liebe und Romantik keine Spur. Außerdem hatte auch er eine neue Flamme gefunden. Jedenfalls sah das Helene so. Es war Frau Euler, die Gattin eines befreundeten Ehepaares. Ihr machte der umtriebige Gatte den Hof und hatte fortan nur noch Augen für die junge Frau.

Mitte Mai entschloss sich Helene, ihrer lädierten Nerven zuliebe auszuspannen und Urlaub zu machen. Das Ziel war Schlangenbad, ein idyllisch gelegener kleiner Kurort im nahen Taunus. Die junge Frau reiste mit dem Hintergedanken, hier heimlich ihre neue Liebe treffen zu können. Und auch Student Vogt hatte Ähnliches im Sinn. Er schrieb seiner Angebeteten des Öfteren in die Kurstadt und schien sich auf ein Wiedersehen zu freuen. Doch zunächst einmal kamen Mann und Sohn zu Besuch. Es war Pfingsten, und die Stimmung denkbar schlecht. Sohn Hellmuth weinte, weil Wolfgang Heydrich grob mit ihm umgegangen war. Dann musste Helene auch noch erfahren, dass ihr Gatte Frau Euler zu einem Sängerfest nach Frankfurt begleitet hatte und dass er dieser Dame seidene Strümpfe gekauft hatte, die sie noch am selben Abend anprobierte. Den Rest konnte sich die Gattin denken und reagierte pikiert, zumal sie wusste, dass Wolfgang nur Frau Euler zuliebe Musik und Gesang anhörte, während er mit Helene seit Jahren keine Theateraufführung und kein Konzert mehr besucht hatte.

Kaum waren Vater und Sohn abgereist, telegrafierte Helene an ihren Wilhelm, dass er kommen könne. Dieser machte sich sogleich auf den Weg, und beide verlebten drei glückliche Tage miteinander, „wohl überhaupt die schönsten während unseres Verkehrs“, schreibt Helene in ihrem Lebenslauf. „Wir hatten doch einmal jede Stunde des Tages für uns, dazu die wunderbare Umgebung und diese Ruhe um uns. Ich war ihm so dankbar für jede Zärtlichkeit, wollte wenigstens jetzt nichts weiter sein als das liebende Weib.“ Insgeheim hoffte sie, dass sich aus den Intimitäten eine Schwangerschaft entwickeln würde. Doch Vogt wollte von Nachwuchs nichts wissen. Er argumentierte, dass ihn ein Kind zu sehr in Anspruch nehme und ihm dann keine Zeit mehr für seine Liebste bleibe. In Wahrheit fühlte er sich wohl noch nicht reif für derartige Zukunftspläne und schränkte fortan den Verkehr mit seiner Geliebten ein. Er teilte Helene mit, dass er wegen seiner Studien in Heidelberg nicht mehr nach Schlangenbad kommen könne, und diese, aufs Höchste gekränkt, schrieb ihm postwendend zurück, dass sie das Verhältnis mit ihm als gelöst betrachte.

Doch was sollte die arme Erholungssuchende tun, so ganz allein in Schlangenbad? Es war kein neuer Liebhaber in Sicht, und die Zeit wurde ihr lang. Also schrieb sie an ihren Ex-Verlobten Aßmann, den glücklosen Literaten, mit dem Ergebnis, dass sich dieser auf die weite Reise von Berlin in den Taunus machte, um ihr nahe zu sein. „Erst als er im Hotel so selbstverständlich ein gemeinsames Zimmer verlangte, wurde ich unruhig“, schreibt Helene in ihren Erinnerungen. Sie teilte das Bett mit ihm, wollte aber keinen Sex. Stattdessen weinte sie fast die ganze Nacht und wünschte sich weit fort. „Am nächsten

Tag fuhr ich wieder nach Schlangenbad zurück, ich wäre keine Stunde mehr mit Herrn Aßmann zusammen geblieben." Das einst so heiß lodernde Feuer der Liebe war endgültig erloschen.

Mittlerweile hatte sich Student Vogt besonnen und wollte nun wieder bei seiner Geliebten in dem kleinen Kurstädtchen aufkreuzen. Doch Helene blieb standhaft und gewährte ihm keine weitere Nacht an ihrer Seite. Als sie dann aber bei ihrer Rückkehr zu Hause einen Strauß dunkelroter Rosen von ihm vorfand – ihre Lieblingsblumen –, schmolz sie dahin wie das Eis in der Sonne und vergaß all ihre guten Vorsätze. Die Zwei sahen sich nun regelmäßig samstags und sonntags, wenn der junge Mann auf Wochenendbesuch in Darmstadt weilte. Die untreue Gattin besuchte ihn aber auch in Heidelberg auf seiner Studentenbude, wobei es eines schönen Tages geschah, dass die neugierige Wirtin durchs Schlüsselloch spähte, um zu ergründen, was sich bei dem ungleichen Paar in trauter Zweisamkeit so abspielte. Doch die Alte sah geradewegs ins Schwarze, da Wilhelm in weiser Voraussicht seinen Hut auf die Türklinke gehängt hatte.

Die Sommermonate des Jahres 1913 vergingen wie im Fluge. Wilhelm und Helene kamen sich immer näher und schmiedeten Zukunftspläne. Nicht, dass die beiden ernstlich daran gedacht hätten, zu heiraten. In ihrem Übermut bauten sie lediglich „himmelhohe Luftschlösser", wie sie es nannten – bis Anfang September das Schicksal erneut zuschlug. Die 34-Jährige erkrankte ernstlich. Sie hatte so starke Unterleibsblutungen, dass sie sich in Heidelberg bei Hofrat Prof. Dr. Menge einer Operation unterziehen musste, wobei alle Genitalorgane bis auf den rechten Eierstock entfernt wurden. Die Ursache war mit großer Wahrscheinlichkeit eine gonorrhoische Erkrankung, also die Tripper-Infektion durch den Ehemann. Vorbei war es nun mit dem Kinderkriegen und mit der wiedergewonnenen Lebensfreude!

Es drängt sich die Frage auf, ob Wolfgang Heydrich sein Unrecht einsah und als Verursacher dieses gesundheitlichen Dramas Schuldgefühle entwickelte. Man hätte es fast annehmen können, denn während des Krankenlagers seiner Frau soll er der aufmerksamste Gatte gewesen sein. Auch als Helene wieder zu Hause war, überhäufte er sie mit Geschenken, „die sich allerdings in der Hauptsache auf Wäsche und seidene Strümpfe beschränkten. Also wiederum Gegenstände, die seine Sinne anreizen sollten“, erinnert sich die Gattin. „Vierzehn Tage nach meiner Rückkehr von Heidelberg gebrauchte er mich wieder geschlechtlich. Trotzdem es ihm selbst gesagt wurde, dass ich ein Viertel Jahr Ruhe brauche, ehe alles ausgeheilt sei. Diese entsetzliche Stunde werde ich wohl nie in meinem Leben vergessen können. Zu schwach, um mich wehren zu können, wurde ich dann ohnmächtig und erwachte erst wieder davon, dass mein Mann mir Gesicht und Körper sehr sorgfältig mit desinfiziertem Wasser abwusch.“ Am nächsten Morgen machte Helene ihrem Peiniger bittere Vorwürfe. Da gestand ihr Wolfgang, dass auch er Schmerzen gehabt habe, da sich durch die Reizung beim Akt eine Entzündung und Eiterung an seinem Geschlechtsteil verschlimmert habe. „Auf mein Befragen, was er denn hätte, erklärte er mir, dass er schon seit einigen Wochen diese Entzündung habe und ihm vom Arzt streng verboten sei, zu verkehren, ... der großen Ansteckungsgefahr wegen.“ Also doch wieder Syphilis, die schon längst überwunden schien! Heydrich hingegen führte seine Symptome auf die Nachwirkungen der Salvarsan-Behandlung zurück. Doch Helene glaubte nicht an diese Mär und stand Todesängste aus, sich angesteckt zu haben. Sie schreibt: „Seit dreizehn Jahren musste ich durch ständige Schmerzen den Leichtsinn meines Mannes ... büßen, während er selbst jeden Moment seines Lebens genoss. Musste die Möglichkeit, Mutter zu werden, opfern und hatte nun weiter ein Leben der ständigen Angst vor Siechtum vor mir.“

Besonders schlimm für die junge Frau war, dass ihr Gatte seine Zudringlichkeiten verstärkte, sobald sie sich sträubte. „Nach jeder geschlechtlichen Ausschweifung meines Mannes, die sich in der Hauptsache darauf bezog, dass er versuchte, durch den Darm zu verkehren und mir rücksichtslos die größten Schmerzen verursachte …", litten die Nerven Helenes. Sie bekam starkes Kopfweh und hysterische Anfälle mit Absencen. „Die größte Qual war aber das Säugen an der Brust, das mich in die größte Wut versetzte, durch die rasenden Schmerzen, die ich im Kopf und Rücken bekam. Mein Mann wusste, dass ich gerade an der Brust überaus empfindlich bin und in solchen Momenten wohl fähig gewesen wäre zu jeder Tat der Verzweiflung." Als wäre das nicht schon schlimm genug, erniedrigte Wolfgang Heydrich seine Gattin damit, dass er ihr Geld für jeden Geschlechtsakt gab. Angeblich, damit sie ihren Freund unterstützen könne, also Wilhelm Vogt. Helene vermutete, dass Heydrich dies nur deshalb tat und auch das Verhältnis mit dem Studenten nur duldete, um sie zu quälen.

Fürchterliche Szenen häuslicher Gewalt spielten sich hinter den ehrwürdigen Mauern des Hauses der Heydrichs ab – in Räumen, die gutbürgerliche Seriosität atmeten und die doch Schauplatz menschlicher Abgründe waren. Helene litt unsäglich unter den gegebenen Umständen. Das Blut schoss ihr bei der kleinsten Demütigung in den Kopf, sodass sie vor Sausen und Brausen fast die Besinnung verlor. In solchen Fällen ging sie schnell an die frische Luft oder setzte sich in ihr Zimmer, bis der Anfall vorbei war. Konzert- und Theaterbesuche waren nicht mehr möglich, da die junge Frau auf jede Menschenansammlung mit Angst und Unruhe reagierte. „Mir erschien alles grau in grau. Am Tage die Angst vor der Nacht und des Nachts die Qual des Augenblicks." Warum tat Wolfgang ihr das an? Der Frau, die er einmal heiß und innig geliebt hatte? Die schöne Helene wusste nur eine Antwort darauf: Sie war der festen Überzeugung, dass Heydrich es darauf anlegte, sie für nervenkrank erklären zu lassen und geradewegs ins Irrenhaus zu bringen.

Auch mit dem Geliebten lief es jetzt nicht mehr so gut. Der Student entpuppte sich als dominanter Partner, der Helene nach seinem Sinne formen wollte. „Er ließ mir keinen freien Willen mehr, über jede Stunde fast musste ich ihm Rechenschaft ablegen." Besonders hart traf sie der Vorwurf des Geliebten, dass sich Sohn Hellmuth im letzten Jahr sehr zu seinem Nachteil verändert habe und dass er anfange, immer mehr seinem Vater zu gleichen. Ob dies tatsächlich der Fall war oder Helene übertrieb, lässt sich heute nicht mehr ergründen. Auf jeden Fall begann die junge Mutter, wieder vermehrt Schlafmittel zu nehmen und auf Geheiß ihres Mannes Sekt zu trinken. Sie wollte sich betäuben, nichts mehr von den realen Vorgängen im Hause mitbekommen. Und so kam sie irgendwann nahezu zwangsläufig auf den Gedanken, ihrem Leben durch Selbstmord ein Ende zu setzen. Wenn nur das Kind nicht gewesen wäre!

Wolfgang Heydrich war das Verhältnis seiner Gattin mit dem Studenten Vogt allgegenwärtig. Eines Samstags hat er die beiden sogar beinahe in flagranti ertappt. Man hatte gemeinsam zu Mittag gegessen, und Helene war anschließend mit dem jungen Wilhelm in ihr Zimmer entschwunden; die Tür zum Korridor stand auf. Das Paar hatte sich gerade geküsst, als der Hausherr vorbei kam. Die beinahe Ertappten reagierten verlegen, der gehörnte Gatte hingegen ließ sich nichts anmerken, und somit hatte der Vorfall kein Nachspiel. Spätestens zu diesem Zeitpunkt aber wurde klar: Heydrich war ein Störfaktor im Hause, jemand, der den amourösen Abenteuern der Verliebten im Wege stand, wenn nicht gar sie verhinderte. Da Helene mit Rücksicht auf Sohn Hellmuth den Gedanken an Selbstmord aufgab, kam jetzt nur noch eine Lösung in Frage: Ehemann Wolfgang musste das Feld räumen. Sprich, sein Tod sollte die Befreiung aus den gegenwärtigen Verhältnissen bewirken. Doch wie konnte man sich des Gatten möglichst spurlos entledigen?

Während einer Nachenfahrt auf dem Neckar kamen die Liebenden auf die Idee, Heydrich durch ein Bootsunglück ins Jenseits zu befördern. Da der Gute nicht schwimmen konnte, wäre dies eine perfekte Möglichkeit gewesen, ihn loszuwerden. Doch dummerweise konnte auch Vogt nicht schwimmen. Es hätte ihn also das gleiche Schicksal ereilt. Deshalb bestand Helene darauf, dass ihr Liebster erst schwimmen lernen müsse, worauf dieser erwiesenermaßen in Heidelberg einen Schwimmkurs besuchte.

Anfang April erwog das Pärchen abends im Darmstädter Café Oper die Möglichkeit eines Duells. Doch Helene war sich nicht sicher, ob ihr Gatte den Mut zu einer solchen Schießerei haben würde und ob er überhaupt gewillt gewesen wäre, auf diese Weise um sie zu kämpfen. Außerdem stand Gift zur Debatte. Der angehende Mediziner Vogt empfahl das schwer nachweisbare Bienengift, das durch eine Spritze injiziert werden sollte.

Noch besser aber erschien ihnen die Methode, von der sie eines schönen Tages in der Presse lasen: „Durch eine Zeitungsnotiz kamen wir auf den Gedanken des Selbstmords durch Leuchtgas. Und da mein Mann an dem Samstag vor Ostern überaus roh zu mir war, kam uns der Gedanke, dass es eigentlich ein Segen wäre, wenn mein Mann einmal vergessen würde, in seinem Zimmer den Gashahn zuzuschließen." Mit anderen Worten, die beiden avisierten einen vorgetäuschten Unfall. Zu jener Zeit waren sogenannte Gaslüster modern, Lampen, die anstatt durch elektrischen Strom mittels einer an der Decke verlaufenden Gasleitung versorgt wurden. Gerade eine solche wollte man dem Hausherrn zum Verhängnis werden lassen. Nur musste sichergestellt werden, dass er allein im Zimmer war. Aber auch das schien kein Problem zu sein. „... wenn ich wollte, dass ich von meinem Mann wirklich erlöst sein möchte, so solle ich ihn veranlassen, in meinem Zimmer zu schlafen, wenn meine Schwester zu mir zu Besuch käme. Ich habe noch darüber gelacht, da ich ja annahm, dass mein Mann sich wohl hüten würde, auf der Chaiselongue in meinem Zimmer zu schlafen. Ich habe auch weiter nicht mehr daran gedacht. Bis einige Tage darauf Herr Vogt wieder darauf zurückkam und nun ständig in mir diesen Gedanken wach hielt – nie durch direkte Reden, als durch Bemerkungen, die sich nur darauf beziehen konnten. Wir konnten uns stundenlang ausmalen, wie schön das Leben sein könnte. Jedoch sträubte sich alles in mir gegen die Tat selbst." Helene bekam Angst vor der Ausführung. Sie fühlte sich körperlich immer elender und griff öfter zum Schlafmittel. Doch das Vorhaben ließ sie nicht mehr los. „Nichts anderes hatte mehr Raum als nur dieser Gedanke."

Mit der Zeit gewöhnte sich die Geliebte an die Idee des geplanten Mordanschlags und fand Gründe, diesen zu entschuldigen: „Schließlich erschien mir die Tat selbst als eine gerechte Strafe. Jedoch wollte ich dem Schicksal nur so weit die Hand reichen, als unbedingt nötig. Ich wollte nichts tun, was meinem Mann eine Rettung unmöglich machen konnte. Also das Fenster schließen, wenn es zufällig offen ist, oder ihn gar einschließen etc. Rettet er sich, so war mir eben damit gesagt worden, dass es für mich und meinen Sohn keine Rettung gibt."

Es war die Nacht vom 3. auf den 4. Mai 1914[130], als aus den Vorüberlegungen bitterer Ernst wurde. Helenes Schwester Anna war mit ihrer Tochter Adeline aus Berlin-Lichterfelde angereist, und Wolfgang Heydrich hatte sich entgegen aller Befürchtungen tatsächlich dazu entschlossen, den beiden Damen das eheliche Schlafzimmer zu überlassen und im Zimmer seiner Frau zu nächtigen. Für den Samstagabend waren Gäste eingeladen, u.a. der Student Wilhelm Vogt und seine Mutter. Die Hausfrau hatte zur Bewirtung eine Mai-Bowle angesetzt. Das alkoholische Getränk mit den süßen Früchten fand großen Anklang und war schon bald bis auf den letzten Tropfen geleert. Also stieg Heydrich in den Keller hinab, um Nachschub zu holen. Er brachte Wein herauf, und die Gesellschaft wurde immer lustiger – auch Helene, die nach eigenen Aussagen von ihrem Mann sehr stark zum Trinken animiert wurde und irgendwann mit keinem Gedanken mehr daran dachte, was für diese Nacht geplant war. Dafür waren Wilhelm Vogts Nerven aufs Äußerste gespannt. Mit seiner Liebsten hatte er verabredet, Heydrich heimlich Schlafpulver in die Bowle zu schütten. Doch der war an diesem Abend sehr misstrauisch und gab sein

130 Im Lebenslauf der Helene Heydrich ist die Nacht vom 2. auf den 3. Mai 1914 angegeben, also von Samstag auf Sonntag. In der Anklageschrift ist die vom 3. auf den 4. Mai 1914 angegeben, also Sonntag auf Montag.

Glas nicht aus der Hand. Schließlich gelang es dem Studenten, unbemerkt zwei Tuben absoluten Alkohol (16 cbcm)[131] in den großen Bowlentopf zu gießen. Wolfgang trank jedoch recht wenig, und so blieb der gewünschte Erfolg aus.

Als gegen halb zwei Uhr alle Gäste fort waren, ging die Frau des Hauses mit ihrer Schwester ins Schlafzimmer und schlüpfte in ihr Nachtgewand, während es sich Heydrich nebenan bequem machte. Helene holte noch eine Tasse Zuckerwasser aus der Küche im Erdgeschoss, weil sie Schlaftabletten nehmen wollte. Ihr war nicht ganz wohl zumute nach dem Weingenuss. Sie verspürte starkes Herzklopfen und fürchtete, deshalb nicht einschlafen zu können. Im Nachtgewand, mit der Tasse und zwei Schlaftabletten in der Hand, betrat sie noch einmal das Zimmer ihres Gatten, um ein Taschentuch zu holen. Heydrich lag bereits auf dem unbequemen Kanapee, hatte aber das Licht noch brennen. Er bat sie, für Sohn Hellmuth einen Zettel zu schreiben und zehn Mark dazu zu legen. Helene tat, wie ihr befohlen, trug dann beides in das Zimmer des Jungen und betrat erneut ihr eigenes, um besagtes Taschentuch zu holen. Wolfgang Heydrich interpretierte ihr Verhalten wohl als Aufforderung, mit ihm intim zu sein. Er stand auf und zog sie an sich. Auf ihr Sträuben sagte er, dass andere sie am Tage hätten, da wolle er wenigstens eine Stunde in der Nacht mir ihr haben. Helene, vom Weingenuss ziemlich kraft- und willenlos, sank dahin und wurde in der üblichen Weise genommen. Diesmal aber biss und schlug sie ihren Peiniger. Der verstärkte darauf seine Angriffe, und die junge Frau bekam wieder einen ihrer Nervenkrämpfe, nach dem sie ganz apathisch wurde. „Jetzt konnte mein Mann mit mir machen, was er wollte, ich hatte auch kein Schmerzempfinden mehr, es war mir alles gleichgültig …“ Das Deckenlicht war zu diesem Zeitpunkt bereits

131 Anklageschrift der Staatsanwaltschaft bei Großh. Landgericht der Provinz Starkenburg, gegen Wilhelm Vogt und Helene Heydrich, Darmstadt, 6. November 1914, in: Gerichtsakten, Bd. 1.

gelöscht. „Wie lange ich nach dem Geschlechtsakt noch bei meinem Mann liegen blieb, weiß ich nicht. Ich weiß nur, dass mein Mann aufstand und mich aus dem Zimmer brachte, da ich am Ende meiner Kräfte war.“ Die Geschundene legte sich sofort ins Bett und erinnerte sich später angeblich nicht mehr an die weiteren Vorgänge dieser Nacht. Tatsächlich war Folgendes geschehen: Schwester Anna lag in tiefem Schlummer und auch Wolfgang Heydrich war längst hinweggedämmert, als Helene heimlich still und leise aus dem Bett krabbelte, in der Hand eine Taschenlaterne, die durch ein weißes Taschentuch abgedunkelt war. Sie schlich durch die Verbindungstür zum Nebenzimmer, lief auf Zehenspitzen an dem schlafenden Heydrich vorbei und öffnete den Gashahn. Zur Vermeidung von Geräuschen hatte sie tags zuvor den Verschluss wie auch die Scharniere der Zimmertür geölt. Die eigentliche Tat war von ihr bereits in einem Selbstversuch geprobt worden.[132]

Aus den Aufzeichnungen Helenes ist zu erfahren, dass der Gatte am nächsten Morgen wider Erwarten putzmunter war und sich bester Laune erfreute: „Mein Mann war lustig und guter Dinge, erzählte mir, dass ich wohl gestern zu viel getrunken hätte, und darum sei ich so elend. Erst nach einer ganzen Zeit erzählte er mir, dass er wohl in dieser Nacht den Gashahn nicht ganz geschlossen hätte und von dem Gasgeruch aufgewacht wäre. Er … erzählte dies alles in einem merkwürdigen Ton. Sofort kam mir der Gedanke: Sollte ich wirklich dies getan haben? Ich wurde natürlich leichenblass und konnte mich kaum halten. Mein Mann spöttelte noch, dass er gar nicht geglaubt hätte, mich könnte dies so erschüttern. Den ganzen Tag grübelte ich darüber, ob ich es war oder ob meine Gedanken sich auf meinen Mann übertragen hätten.“ Dass Helene in Wirklichkeit genau über ihr Handeln Bescheid wusste, ist den Prozessunterlagen zu entnehmen. Danach hat sie gleich

132 Tathergang, beschrieben in der Anklageschrift, Darmstadt, 6. November 1914, in: Gerichtsakten, Bd. 1.

am nächsten Morgen ihren Liebhaber angerufen und von dem missglückten Mordanschlag berichtet, worauf Wilhelm sofort in die Villa kam und ihr schwor: „Er soll sterben."[133]

Von Heydrich hörte der Student dann die leidige Gas-Geschichte ein zweites Mal. Hierbei erfuhr er, dass der Hausherr vom Geruch des ausströmenden Gases wach geworden war, sich im Nachtgewand zum Fenster geschleppt hatte und bei offenen Flügeln frische Luft schnappte, bis sich seine Lebensgeister wieder regten. Helene behauptete, nach der Tat am Boden zerstört gewesen zu sein. Sie habe sich ständig Selbstvorwürfe gemacht, nichts mehr gegessen und nur mit Mühe ihren täglichen Verpflichtungen nachgehen können. Trost suchte sie bei ihrem Liebsten. Doch der nahm angeblich ihre Gewissensbisse nicht ernst. Und so schrieb ihm die junge Frau Tage später, dass sie enttäuscht sei und nichts mehr von ihm wissen wolle. Damit hatte Vogt nicht gerechnet! Sollte er die Liebe seiner Helene durch den missglückten Gas-Anschlag verloren haben? Eine knappe Woche nach der nächtlichen Attacke stellte er sie in der Villa zur Rede. Doch da gab sich Helene schon wieder versöhnlich. Was geschehen wäre, wenn sie ihn verlassen hätte, sagte Vogt klipp und klar. Er sei in der Absicht gekommen, sie alle in die Luft zu sprengen. Ob man diesen Ausführungen in Helenes Lebenslauf glauben darf, sei dahingestellt. Studiert man die Prozessunterlagen, dann ist immer die Rede davon, dass die junge Frau zu jeder Zeit hinter ihrem Liebhaber stand und dessen Handlungen billigte. Ja, dass sie sogar die treibende Kraft war im Bestreben, den Gatten zu töten. Schöne Zustände gab es da im Hause Heydrich! Sexuelle Exzesse, Mordanschläge sowie Androhung von Gewalt waren an der Tagesordnung. Und das in einer Gegend, wo man bestenfalls in der Zeitung von derartigen Gräueltaten las.

133 Anklageschrift der Staatsanwaltschaft bei Großh. Amtsgericht der Provinz Starkenburg gegen Wilhelm Vogt und Helene Heydrich, Darmstadt, 6. November 1914, in: Gerichtsakten, Bd. 1.

Am 8. Mai 1914 war Wilhelm Vogt fest entschlossen, den Hausherrn mit Äther zu töten. Er reiste nach Darmstadt und wies Helene am Telefon an, sie solle mit ihren Freundinnen abends ins Theater gehen. Als der Student nachmittags gegen fünf Uhr in der Kaiser-Wilhelm-Straße ankam, waren die Damen gerade im Begriff fortzugehen. Sie wollten sich im Großherzoglichen Hoftheater den Fliegenden Holländer ansehen. Heydrich kam wie immer nicht mit. Doch er war derart nett und freundlich, dass Wilhelm Bedenken bekam, ihm mit dem Inhalt seiner zwei Äther-Fläschchen den Garaus zu machen. Auch am 9. Mai traute sich Vogt nicht, die Attacke auszuführen. Am 11. schließlich beschloss er, einen Selbstversuch zu wagen. Der junge Mann lud Helene zu einem Ausflug nach dem Oberwaldhaus ein, jenem idyllischen Fleckchen vor den Toren Darmstadts, wo man herrlich spazieren gehen oder in einem Boot über den kleinen Teich rudern konnte. Um vier Uhr trafen sich die beiden am Verkehrsbüro in der Innenstadt und fuhren dann ihrem Ausflugsziel entgegen. Im Oberwaldhaus tranken sie gemütlich Kaffee, bauten wie immer ihre Luftschlösser und spazierten durch den Wald. Hier, inmitten der schönen Natur, verlangte Vogt von Helene etwas höchst Merkwürdiges: Er sagte, sie solle mal an ihm „etwas praktizieren", da er die Wirkung kennenlernen wolle. Doch die junge Frau traute sich nicht. Sie hatte Angst, ihm Schaden zuzufügen. Stattdessen bot sie sich selbst als Versuchsobjekt an. „Darauf nahm er mich in seinen Arm und betäubte mich mit Äther, was ich sofort am Geruch erkannte. Bei meiner Nervenschwäche gehörte dazu nur ein Moment." Vogt hatte im Geologischen Institut in Heidelberg zwei Fläschchen Äther à 10 gr.[134] besorgt, außerdem Verbandgaze und ein Benzinfeuerzeug. Seine Absicht war, Heydrich so stark zu betäuben, dass dieser infolge

134 Anklageschrift der Staatsanwaltschaft bei Großh. Amtsgericht der Provinz Starkenburg gegen Wilhelm Vogt und Helene Heydrich, Darmstadt, 6. November 1914, in: Gerichtsakten, Bd. 1.

seines Lungen- und Herzleidens nicht mehr aus der Narkose aufwachen würde. Helene jedenfalls verlor sofort das Bewusstsein, sank dahin und rührte sich nicht mehr. Lange Zeit gab sie kein Lebenszeichen von sich, sodass Wilhelm in große Sorge geriet. War die Dosis am Ende gar zu stark gewesen? Irgendwann schlug die Liebste dann aber doch die Augen wieder auf. Sie hatte starkes Herzklopfen, war zunächst außerstande zu sprechen und sehr benommen. Zu ihrer Verwunderung erschien Helene die Zeit der Betäubung im Nachhinein sogar als recht angenehm. So schön, dass sie den Wunsch verspürte, sich selbst einmal in diesen Zustand zu versetzen, wenn die quälenden Gedanken und Selbstvorwürfe wiederkämen. „Ich hatte damit nun ein unfehlbares Mittel, dessen Wirkung ich kannte und das ich mir jeder Zeit verschaffen konnte."

Äther schien genau das probate Mittel zu sein, um Wolfgang Heydrich möglichst unauffällig um die Ecke zu bringen. Doch irgendwie haperte es stets mit der Ausführung – bis zu jenem 16. Mai, als Wolfgang Heydrichs Arbeitszimmer in Flammen aufging. Es bleibt die Frage: Was wusste Helene vom Mordanschlag? Und: War Wilhelm Vogt überhaupt der Mörder?

Bei seiner Vernehmung im Krankenhaus sagte der Student stets: „Ich hab's nicht getan!" oder: „Ausgeschlossen!" Allerdings fiel den Beamten auf, wie schwach sich der junge Mann gegen die Vorwürfe verteidigte. Nur einmal kam er aus seiner Lethargie heraus: bei der Frage, ob er mit Frau Heydrich intim verkehrt habe. Vogt gab an, mit ihr und dem Gatten gleich gut befreundet gewesen zu sein, was eine glatte Lüge war. Auch an seiner Beschreibung der fraglichen Stunden des Unglücksnachmittags gab es berechtigte Zweifel. Die meisten Fragen zur Tat beantwortete der Student erst nach längerer Bedenkzeit. Er lachte gelegentlich und machte fortwährend eigentümliche Mund- und Kinnbewegungen. Bei der Ankündigung, dass er in Untersuchungshaft genommen werden solle, befiel ihn ein heftiges Zittern. Am 18. Mai wurde der Haftbefehl für Wilhelm Vogt ausgestellt, und am 19. Mai, also drei Tage nach dem Unglück, bezog der junge Mann eine Zelle im Großherzoglichen Provinzial-Arresthaus in Darmstadt.

Hinter den dicken Gefängnismauern in der Rundeturmstraße versuchten die Vertreter der Justiz, den Hintergründen der Tat auf die Spur zu kommen. Das seltsam enge Onkel-/Tante-Verhältnis zu den Heydrichs erklärte der Student aus seiner eigenen unglücklichen Familiensituation heraus, vornehmlich durch die unterkühlte Beziehung zu seiner Mutter, die nach dem Tod des Vaters, eines Bäckermeisters, wieder geheiratet hatte. Sie besaß drei Häuser in der Eckhardtstraße[135], aber das Geld war dennoch knapp, weil sie ungünstige Grundstücksspekulationen getätigt hatte. Selbst das Erbteil Wilhelms war von ihr zum damaligen Zeitpunkt schon angegriffen worden. Es sollen 25.000 Mark gewesen sein. Außerdem studierten beide Söhne: der eine Medizin, der andere Jura. Wilhelm fühlte sich zu Hause nicht genug beachtet, nicht ausreichend gefördert, nicht geliebt. So will er bis zur Bekanntschaft mit den Heydrichs noch nie in Gesellschaft gewesen sein, keine Tanzstunde besucht haben, keine Bälle und keine anderen Festlichkeiten. Mit anderen Worten: Er war spartanisch groß geworden. Von seinen Mit-Abiturienten wurde er „Vogtche“ oder „Metzger“ genannt. Ersteres wegen seiner Gutmütigkeit und opferwilligen Kameradschaftlichkeit und Letzteres wegen seines kräftigen, untersetzten Körperbaus. Freunde hatte er kaum. „Ich war immer bestrebt, mich abzusondern, meine eigenen Wege zu gehen.“

Und dann tauchte da auf einmal die lebenslustige Helene in seinem Leben auf. Ein Vollweib, das ihm eindeutige Avancen machte und es darauf anlegte, ihn zu verführen. Sie war wohlhabend, führte einen aufwändigen Lebensstil und hatte mit ihrem Angetrauten nicht mehr viel im Sinn. Wer wollte es dem jungen Mann verdenken, dass ihm all dies gefiel? Am meisten will ihn aber der Charakter Helenes beeindruckt haben: ihre mütterli-

135 Wilhelm Vogts Mutter, Maria Kissel, gehörten die Häuser Eckhardtstraße 21, 13 und 23 in Darmstadt.

che Fürsorge gegenüber ihrem Kinde, die er daheim offenbar nicht in ähnlicher Weise erfuhr. Konnte man ihm das glauben?

Die Staatsanwaltschaft ordnete zunächst eine Hausdurchsuchung von Vogts Studentenbude in Heidelberg an. Jede Postkarte, jeder Liebesbrief wurde mitgenommen und gelesen. Dabei fiel Kriminalkommissar Repp auf, dass es noch eine zweite Frau im Leben Wilhelms gab. Besagte Adeline, zur Zeit des Unglücks achtzehn Jahre alt. Das junge Mädchen kam im September 1913 zu den Heydrichs, um während der Abwesenheit Helenes, die sich einer Unterleibsoperation unterziehen musste, den Haushalt zu führen. Die Kleine war hübsch, gebildet und hatte wohl ein Auge auf den smarten Studenten geworfen. Sie schrieb ihm liebe Zeilen auf lila Briefpapier und bedachte ihn sogar zum Geburtstag mit einem kleinen Geschenk. Es waren Taschentücher, offenbar von kleinem Format, denn Wilhelm klagte später, dass diese doch eine Nummer größer hätten ausfallen dürfen. Er selbst schickte dem Mädchen hauptsächlich Bild-Postkarten von Heidelberg und Umgebung, nannte sie Adelinchen, zuweilen auch Adelchen und schrieb ihr nette Zeilen aus seinem Studentenleben. Doch irgendwie schienen die ganz großen Gefühle nicht im Spiel gewesen zu sein. Seine Zeilen waren stets jugendlich-locker, aber auch ein Stück weit reserviert, gerade so, als ob er das junge Mädchen lediglich als nette kleine Freundin ansah. Da waren ihm Helenes Briefe weitaus lieber. Sie schrieb fast täglich auf stark parfümiertem Briefpapier. Vogt revanchierte sich u.a. durch kleine Aufmerksamkeiten. Einmal bat er Adeline brieflich, heimlich, still und leise eine Postkarte auf „Tantchens Platz" zu stellen und mit Rosen zu dekorieren. Es war wohl anlässlich ihres Geburtstags, und der verliebte Student wollte ihr mit ein paar netten Zeilen und den Lieblingsblumen eine Freude bereiten.

Die Durchsuchung erbrachte nichts Außergewöhnliches oder Bemerkenswertes. Es wurden weder verdächtige Instrumente noch Chemikalien oder dergleichen gefunden. Allerdings hatten die Wirtinnen aus der Bunsenstraße 22 und im Schlossberg Nr. 2 einiges über das Leben des Studenten zu berichten. Er schien zuletzt nicht mehr zielstrebig seinen Studien nachgegangen zu sein, lag oft um neun Uhr morgens noch im Bett, versäumte seine Vorlesungen und sah nach den Wochenendbesuchen in Darmstadt oft müde und abgespannt aus. Außerdem empfing er mehrmals Frauenbesuch – immer von seiner angebeteten Helene. Auch Geldsorgen soll er gehabt haben, da, so Vogt, die Mutter sein ganzes Geld „verspreuliert" habe. In der Eckhardtstraße in Darmstadt, wo er am Wochenende wohnte, wurden lediglich die Schnürschuhe des Beschuldigten, ein Ausgabenbuch, Postkarten und vier Blätter eines Notizblocks beschlagnahmt.

Nun saß der Untersuchungshäftling im Provinzial-Arresthaus in seiner Zelle und hatte Zeit, über die Vorgänge der letzten Tage nachzudenken. Dabei kam ihm immer wieder der Gedanke an seine Mutter, der die ganze unselige Mordgeschichte ziemlich zugesetzt hatte. Vogt schreibt an sie: „Weinst du auch nicht Mutterle? Gelle, das tue bitte nicht, es tut mir so weh." Er rät ihr, zur Beruhigung eine gute Flasche Moselwein zu trinken, geht aber dann gleich auf seine eigenen Wünsche ein: eine schwarze Krawatte, schwarze Stiefel, frische Wäsche, eine Mütze und ein Tagebuch. Auch um die geliebte Helene kreisten die Gedanken des Inhaftierten. Er ließ ihr über die Mutter ausrichten, dass sie jetzt keinen Tropfen Alkohol trinken dürfe und auch keinen Kaffee – wohl wissend, dass die Gute den wahren Sachverhalt über den Tod ihres Gatten kannte und keine Ruhe mehr fand. Sicherlich aus ähnlichen Erwägungen bat er Adeline, frei verkäufliche Schlaftabletten für die Hausherrin zu besorgen. Und selbst an Liebesgrüße in Form von Rosen hatte er gedacht, die seine Mutter auf dem Markt für Helene kaufen sollte. Vogt bezog auch ganz selbstverständlich die Villa in der Kaiser-Wilhelm-Straße in seine Fürsorge ein, gerade so, als sei er jetzt der Hausherr. Der junge Mann erinnerte daran, dass dort ein Hase geschlachtet werden müsse und dass sich jemand um den Garten kümmern solle. „… er war Onkels Heiligtum,

Zimmer des Tatorts nach den Aufräumungsarbeiten: Der Verputz ist größtenteils von den Wänden gefallen, vom Fenster sind nur noch die Klappläden übrig geblieben. Links steht der Schrank, in dem der Verstorbene seine Versteinerungen aufbewahrte, rechts an der Wand stand nach Angabe der Zeugen der Schreibtisch und ein weiteres kleines Schränkchen. Polizeifoto der Kriminalabteilung, HStAD, Abt. G 27 Staatsanwaltschaft Darmstadt Nr. 3453 Bd. 2

und das soll respektiert werden." Außerdem ließ der Häftling seine Lieben wissen, dass er sich später um die Sammlung des Onkels kümmern wolle. Rechnete er etwa mit seiner baldigen Freilassung? Oder war alles wohlüberlegtes Kalkül, um seine Unschuld glaubhaft zu machen?

Am 22. Mai gab Oberamtsrichter Münzer zu Protokoll, dass er Wilhelm Vogt auf dessen Wunsch in seiner Zelle besucht habe. Der Häftling schien wesentlich ruhiger zu sein als am Tag zuvor, an dem er mit der Leiche Heydrichs konfrontiert worden war. Er erkundigte sich zunächst nach seiner Mutter und dem von ihm bestellten Verteidiger, aber auch nach Helene. Dann wollte er wissen, wie hoch er wohl bestraft werden würde und ob die Möglichkeit zur Fortsetzung seines Studiums bestehe. In diesem Moment sah Amtsrichter Münzer die Gelegenheit, den Studenten von der Aussichtslosigkeit weiteren Leugnens zu überzeugen. Er sprach davon, dass Vogt zweifellos die Tat begangen habe und dass ein Geständnis die Entlastung seiner Seelenpein bedeuten würde. Eine halbe Stunde redete Münzer auf ihn ein, bis sich Wilhelm geschlagen gab und ein Teilgeständnis ablegte. Der junge Mann sagte aus, dass Wolfgang Heydrich zunächst im Schlafzimmer eine Flasche Spiritus geholt habe, um damit seine Schränke auszureiben. „Beim Einräumen der Nägel stand Onkel am Schreibtisch zwischen Tisch und kleinem Schrank am Fenster, mit dem Rücken nach dem Zimmer. Onkel sprach über Geschlechtsverkehr, wobei er sich rühmte, als Pennäler Orgien gefeiert zu haben. Da er dabei wie gewöhnlich ... aufschnitt, hörte ich kaum zu, um mich nicht zu ärgern. Ich horchte erst auf, als er eine Bemerkung über homosexuellen Verkehr machte. Leider ist dieselbe mir entgangen. Vielleicht hat er sie auch unterdrückt, als ich stutzte, und er lud mich sofort ein, er wolle mal wieder nach Heidelberg kommen, einen Schlag mit mir zu bauen. Meine Erregung war in diesem Augenblick schon derartig, dass ich schon nicht mehr seinen Ausführungen folgte. Ich dachte, ich sah es klar vor Augen stehen: Ich hatte ihn um Geld für meine Mutter gebeten, jetzt wollte er mich drücken.“ Als dann der Hausherr auch noch ganz gemeine Lügen über seine Gattin Helene, deren Schwester und das Adelinchen erzählt habe, will Vogt wütend geworden sein. „Ich fuhr rum, schrie ‚Onkel' und sehe das grinsende Gesicht, wie er sich eine Zigarette ansteckt. Ich muss ihm eine Ohrfeige runtergehauen haben ... Ich sehe nichts, ich spüre nur einen Schmerz in der linken Seite, der mich auffahren lässt. Ich sehe Onkels großes rotes, bartumrandetes Gesicht mit einem noch größeren Ammoniten[136] auf mich

136 Versteinerter Kopffüßler.

Blick in den ausgebrannten Hausflur mit Treppenpfosten (rechts), von der Haustür aus gesehen. Polizeifoto der Kriminalabteilung, HStAD, Abt. G 27 Staatsanwaltschaft Darmstadt Nr. 3453 Bd. 2

zukommen. Ich schließe die Augen. Es ist fertig; es überläuft mich kalt und heiß. Ich werde wütend, ich bin rasend, ich schreie, ich packe etwas rechts und werfe es links, ich packe etwas links und werfe es rechts, ich packe etwas und drücke es zu Brei. Ich krieche oder liege, da kommt ein blaues züngelndes Flämmchen. Dann weiß ich nichts mehr. Ich sitze oben in Tantes Zimmer auf dem Stuhl und schaue nach der Türe, wartend, auf was, weiß ich nicht.“ Später will der junge Mann Rauch gerochen haben und in das Zimmer des Onkels gelaufen sein, wo alles voller Flammen war. Der Rest ist bekannt.

Nach Aussage Vogts handelte es sich also um eine Tat, die im Affekt geschah. Um ein Unglück, das vom Hausherrn provoziert wurde und an dessen tragischem Ausgang der Student nur bedingt schuld gewesen sein will. Mit dem Geständnis schien die Sachlage geklärt zu sein, und der Untersuchungshäftling harrte nun der Dinge, die da kommen würden.

Zunächst einmal passierte so gut wie nichts. Außer, dass Wilhelm sich in einem weiteren Brief an den Amtsrichter über die seiner Meinung nach unhaltbaren Verhältnisse in der Zelle beklagte. „Denken Sie …, heute Nacht haben sie mich mit noch drei anderen zusammengesperrt. Ich glaube, Dr. Schwarz will mich systematisch verrückt machen … Der eine spuckt und schnarcht, der andere schreit und frisst, der dritte sitzt an meinem Bette und stinkt. An meinem Kopf sind Schweißfüße. Ich habe keinen Kamm und keine Zahnbürste, ich werde toll.“ Eine amtliche Bemerkung am Rand des Briefes besagt, dass Vogt absichtlich nachts mit anderen Gefangenen zusammengelegt wurde – wohl um zu verhindern, dass er in selbstmörderischer Absicht Hand an sich legen könnte.

Aus den Zeilen des Studenten ist auch eine gewisse Überheblichkeit herauszulesen. Er spricht von Juristen und Medizinern als „Schablonedenkern“, die ihm ihre Denkungsart aufzwingen wollten, ihn niederringen, knechten. „Ich soll so sehen und fühlen wie sie, dann werde ich auch so denken. Ich glaube, sie

Zimmer der Helene Heydrich im Obergeschoss, in dem sich Wilhelm Vogt nach der Tat aufhielt. In der Zimmermitte ist der Gaslüster zu sehen, rechts unter der Schräge die Chaiselongue; beides Relikte, die beim Gasmord-Versuch eine Rolle spielten. Polizeifoto der Kriminalabteilung, HStAD, Abt. G 27 Staatsanwaltschaft Darmstadt Nr. 3453 Bd. 2

bringen es fertig – wenn sie mich nur tot machten. Ich bin ja sowieso schon nicht mehr recht im Dachstübchen."

Ein paar Tage saß Wilhelm Vogt in Haft, und schon begann das Seelenkostüm des jungen Mannes aus den Fugen zu geraten. Der Geständnisdruck war gewichen, aber die Ehre und sein Selbstwertgefühl begannen zu leiden. Was macht ein sensibler, intelligenter Mensch in einem solchen Fall? Er versucht, seine Verfehlungen aus einem anderen, günstigeren Blickwinkel zu sehen. Wilhelm nahm also ein blaues Schulheft der Hofpapierbuchhandlung L.B. Müller zur Hand und schrieb: „Über die Tat selbst lässt sich vernünftigerweise keineswegs streiten. Jedoch, wenn man ihre Folgen ins Auge fasst, so könnte man in

Versuchung kommen, sich zu rechtfertigen, zum Mindesten zu entschuldigen. Abgesehen von den Folgen für mich und dem unangenehmen Teil für Tante war es doch für Letztere eine Befreiung, eine Rettung aus einer Zwangslage, einem Leben, das schlimmer wie der Tod war. Und wenn man bedenkt, dass sie geradewegs aufs Irrenhaus zusteuerte, so möchte ich es als ein Glück für sie ansehen, denn irrsinnig oder nicht mehr fähig zu sein, Sinneseindrücke aufzunehmen und zu verwerten, blind oder taub zu sein, ist fürchterlicher wie ‚leben'." Wilhelm sah sich als Retter in der Not. In seinen Gedanken stand er als Erlöser da. Und das nicht nur für die Frau des Hauses. Auch den Sohn Hellmuth bezog der junge Mann in seine Rechtfertigungstheorie ein: „Mit dem Tode seines Vaters ist eine Möglichkeit gegeben, die Veranlagung des Jungen zu beeinflussen und seinen Charakter zu biegen …" Hellmuth war nun dem schlechten Einfluss seines Erzeugers entzogen und konnte fortan sittsam aufwachsen. Vielleicht bei fremden Menschen, zu denen er in Pension gegeben würde.

Auch für den Hang zu der erheblich älteren Helene fand der Untersuchungshäftling eine Erklärung. Seinen Beobachtungen zufolge habe fast jeder junge Mann einmal im Leben für eine reifere Frau geschwärmt. Also, konstatierte er, sei auch seine Vorliebe für die 35-Jährige nichts Ungewöhnliches. Schließlich war sie keine alte Frau in herkömmlichem Sinne, sondern eine Dame in den besten Jahren, deren Figur zwar ein wenig fülliger geworden war, aber dennoch dem gängigen Schönheitsideal entsprach.

Vogt sah sich selbst als Intellektuellen, der seinen Zeitgenossen in vielem überlegen war. Er hatte sich sogar eine eigene Natur- und Weltanschauung zurechtgezimmert. Dabei ging er davon aus, dass die Gedanken eine Summe von Reaktionserscheinungen der Gehirn- und Körperzellenarbeit sind. Somit betrachtete er alle Handlungen, die bewussten wie die unbewussten, als eine Folgeerscheinung von Sinneseindrücken, die durch Auge, Ohr, Mund, Nase und Tastsinn erfahren werden. Logischerweise kam er dabei zu der Erkenntnis, dass der Wille des Menschen nicht wirklich frei ist. Auf den Mord an Heydrich angewendet, bedeutet dies, dass Wilhelm zwangsläufig durch die erfahrbaren äußeren Umstände im Hause des Privatiers der Gedanke kommen musste, den Störenfried zu beseitigen. Mit anderen Worten: Es blieb ihm gar keine Wahl. Nach seiner Theorie war die Tat eine notwendige Handlung, und er hatte als unschuldig zu gelten – auch wenn er ein Mörder war. „Aber meine Ehre ist fleckenrein und makellos und ich bin bereit, sie gegen jede andere zu verteidigen."

Helene war inzwischen ebenfalls verhaftet worden. Sie saß seit dem 28. Mai 1914 im Darmstädter Arresthaus ein, da man sie verdächtigte, Wilhelm Vogt zur Begehung des Mordes an ihrem Gatten angestiftet zu haben. Am 21. Juni ordnete der Untersuchungsrichter an, die junge Frau in eine öffentliche Irrenanstalt zu überwiesen, um sie auf ihren Geisteszustand untersuchen zu lassen. Also kam die 35-Jährige in eine Klinik für psychische und nervöse Krankheiten nach Gießen, wo sie sechs Wochen lang unter Beobachtung stand. Den Tag über verbrachte sie in einem Zimmer der ruhigen Wachabteilung, während der Nacht hingegen unter ständiger direkter Überwachung, da Selbstmordgefahr bestand. Helene schlief unruhig, wälzte sich im Bett herum und sprach oft Unverständliches im Schlaf. Die Zeit vertrieb sie sich mit dem Lesen moderner Romane. Sie ging regelmäßig mit ihrer Pflegerin im Garten spazieren und wurde immer dünner, da sie kaum noch Appetit verspürte. „In ihrer ganzen Haltung, Gesichtsausdruck, Sprechweise hat sie etwas Müdes"[137], schreibt Prof. Berliner in seinem Gutachten vom 4. Juli 1914. Beim Sprechen schloss sie oft die Augen. Der Professor will bemerkt haben, dass ihre Redeweise manieriert klang. Wollte sie etwas hervorheben,

137 Ärztliches Gutachten der Klinik für psychische und nervöse Krankheiten über Helene Heydrich, Prof. Dr. Berliner, Gießen, 4. Juli 1914, in: Gerichtsakten, Bd. 1.

dann betonte sie jede Silbe, fast singend. Helene war offenbar bestrebt, ihre Seelenpein und das Ehemartyrium dementsprechend wirkungsvoll klingen zu lassen. In einer solchen Situation erregten sich ihre Nerven zuweilen so sehr, dass sie in einen Krampfanfall verfiel. Die 35-Jährige öffnete dann den Mund und schnappte nach Luft. Ihre Glieder zuckten, sie schlug um sich, und infolge der Atemnot wurde ihr Gesicht blaurot. Außerdem stellte sich eine Gefühllosigkeit der Arme und des Gesichts ein, sodass sie selbst auf tiefe Nadelstiche nicht mehr reagierte. Kam Helene wieder zu sich, zitterten die Hände und Schweiß brach aus. Im Anschluss an einen solchen Anfall lag sie fast den ganzen Tag mit geschlossenen Augen im Bett. Sie erschrak, sobald sich ihr jemand näherte, und war nicht in der Lage, sich selbst zu versorgen. Die junge Frau musste sogar gewaschen und frisiert werden.

Aufgabe des Professors war es herauszufinden, ob die beschriebenen Attacken, unter denen die Patientin auch zu Hause gelitten hatte, krankhafter Natur waren oder ob Helene diese Anfälle nur vorspielte. Prof. Berliner kam zu dem Ergebnis, dass die Patientin unter echten hysterischen Anfällen litt. Eine absichtliche Hervorrufung erschien ihm bei den beobachteten Symptomen als völlig ausgeschlossen. Ins Gesamtbild dieser Krankheit passten auch ihr theatralisch-pathetisches Gebaren und die Neigung, durch auffallendes Benehmen Aufmerksamkeit auf sich zu lenken. Allerdings bescheinigte der Professor Helene keine Schuldunfähigkeit im Sinne des § 51 RStGB, bzw. eingeschränkte Schuldfähigkeit. Er befand, dass sie im Vollbesitz ihrer geistigen Kräfte sei.

Auch Wilhelm Vogt wurde in Gießen auf seinen Geisteszustand untersucht. Medizinalrat Dr. Wagner bescheinigte ihm vollkommene körperliche und geistige Gesundheit, wobei der Mediziner hervorhob, dass der Student überdurchschnittlich begabt sei. Er habe eine komplizierte Natur, sei verschlossen, neige zu Jähzorn und zum Grübeln. Zur Tat bemerkte der Arzt: „Er stand durch den Einfluss einer hysterischen Frau, die er mit den Augen eines Verliebten ansah und der er helfen wollte, unter einem mächtigen Sexual-Affekt. Die Voraussetzungen des § 51 RStGB zur Zeit der Tat bestehen nicht." Helene und Wilhelm konnten nach diesen Diagnosen – zumindest was ihre Zurechnungsfähigkeit betraf – vor Gericht nicht mit mildernden Umständen rechnen.

Beweisstücke zur Klärung des Mordfalles gab es genug. Am 20. Mai kam noch ein weiteres hinzu, das zunächst Rätsel aufgab. Es handelte sich um einen Hundertmarkschein, der an der Stadtkasse Darmstadt eingenommen wurde. Der Geldschein wies merkwürdige rote Flecke auf, von denen man annahm, dass es sich womöglich um Blut handeln könnte. Ein Mann hatte ihn eingezahlt, und der Kassierer glaubte sich zu erinnern, dass damit das Schulgeld des Hellmuth Heydrich in Höhe von 32 Mark beglichen werden sollte. Wie sich später herausstellte, hatte Helenes Bruder aus Berlin an diesem Tag die Schulrechnung seines Neffen bezahlt. Das verdächtige Beweisstück wurde in einem Laboratorium der Technischen Hochschule untersucht. Das Ergebnis fiel negativ aus. Es handelte sich lediglich um rote Farbflecke.

Helene hatte im Vorfeld des Prozesses gegenüber dem Untersuchungsrichter angekündigt, dass sie sich auf gar keinen Fall vor Gericht zerren lasse. „Ich weiß genau, was ich zu tun habe … Mein Leben hat gar keinen Wert mehr, ich gebe es jederzeit gerne dahin, lieber heute als morgen." Mit anderen Worten: Sie wollte vor dem öffentlichen Spektakel aus dem Leben scheiden. Doch dazu sollte es nicht kommen, da man sie wegen der bekannten Selbstmordgefahr ständig bewachte. Und so musste die junge Frau die Schmach des Prozesses durchstehen, ob sie wollte oder nicht.

Die Eröffnung des Hauptverfahrens im Mordfall Heydrich war auf den 9. Dezember 1914 festgesetzt worden. Der Termin wurde aber immer wieder verschoben, da wichtige Zeugen fehlten. Sie waren bei Ausbruch des Ersten Weltkrieges zum Militärdienst beordert worden und nicht sogleich verfügbar, bzw. hatten lange Wege zum Gerichtsort zurückzulegen. So dauerte es schließlich bis zum 10. März 1915, als der Mordfall endlich aufgerollt wurde. Es gab noch einen zweiten Verhandlungstag am 11. März, und am folgenden 12. März wurde das Urteil gesprochen.

Wilhelm Vogt wurde angeklagt, am Samstag, dem 16. Mai 1914, in der Kaiser-Wilhelm-Straße 86 in Eberstadt den Rentner Wolfgang Heydrich vorsätzlich getötet und die Tötung mit Überlegung ausgeführt zu haben. Außerdem beschuldigte man ihn der Brandstiftung und der Hilfeleistung für die Tat seiner Geliebten. Helene wurde vorgeworfen, in den Monaten April bis Mai 1914 den Angeklagten Vogt zu den von ihm begangenen Taten „bestimmt" zu haben, also die Anstifterin gewesen zu sein. Außerdem wurde sie des Mordversuchs in der Nacht vom 3. auf den 4. Mai bezichtigt, womit der Gasanschlag gemeint war.

Die Verhandlung fand im alten Justizgebäude des Großherzoglichen Schwurgerichts Darmstadt am Mathildenplatz statt. Um 9.30 Uhr begann der Prozess. Dabei wurde schnell deutlich, wohin die Reise ging: geradewegs auf den minder schwer wiegenden Anteil des Wilhelm Vogt an der Tat. Oberstaatsanwalt Dr. Schwarz ließ keinen Zweifel daran. Er schilderte Helene als zielstrebig vorgehende, geldgierige Gattin, die den Angeklagten nicht nur verführte, sondern auch mental in ihrer Gewalt hatte. Vogts Verteidiger Neuschäffer bezeichnete seinen Mandanten gar als „Wachs in ihren Händen"[138]. Justizrat Hallwachs, der Helene vertrat, fand da mit seinen Argumenten über das unrühmliche Vorleben und das Sexualverhalten des Ermordeten wenig Zustimmung.

Immerhin wurde im Prozess endgültig geklärt, wie Wolfgang Heydrich wirklich aus dem Leben schied. Es entsprach in etwa dem, was bereits in der Anklageschrift zu Papier gebracht worden war. Danach kam Vogt am 16. Mai zwischen vier und

138 Darmstädter Tagblatt, Samstag, 13. März 1915, HStAD.

fünf Uhr nachmittags in die Villa, wo er den Hausherrn allein antraf. „Er begab sich mit ihm in dessen Arbeitszimmer; beide beschäftigten sich mit Einräumen von Büchern in ein neues, über dem Schreibtisch angebrachtes Büchergestell. Im Laufe der Unterhaltung soll Heydrich nach Angabe Vogts eine Äußerung dahin getan haben: Die Angeklagte Heydrich habe, als sie jung gewesen sei, ebenfalls gerolzt, Tante Anna (Frau Schweder) sei ebenfalls geil (oder so ähnlich) und die Adele würde nicht besser. Vogt schwieg hierzu, es will ihm jedoch heiß und erregt zu Mute geworden sein, sodann er einen Fenstervorhang zerknüllt habe. Nach kurzer Zeit der Überlegung glaubte er dann den geeigneten Zeitpunkt für gekommen, um die schon seit Wochen zwischen beiden Angeklagten besprochene Absicht, Heydrich zu töten, zur Ausführung zu bringen. Er ergriff einen schweren kantigen Gegenstand, wahrscheinlich einen Steinhammer, den Heydrich in den Händen hielt, und versetzte damit dem Heydrich einen derartigen wuchtigen Schlag auf die rechte Kopfseite, dass der Schädel in einer Höhe von 6,5 cm und in einer Länge von 7,5 cm zertrümmert wurde. Dann packte er ihn und warf ihn mit voller Wucht wider einen Sammlungsschrank, in dem Heydrich Versteinerungen aufbewahrte. Heydrich sank, mit dem Oberkörper an den Schrank gelehnt, seitlich und tot zu Boden. Nunmehr bedeckte Vogt den Oberkörper des Heydrich mit einer Menge loser Papierblätter, auch mit Büchern, holte eine mit Spiritus gefüllte Flasche aus dem oberen Stock, zerschlug den Hals der Flasche am Türpfosten und goss den Inhalt der Flasche auf den Leichnam aus. Alsdann nahm er das Benzinfeuerzeug, klappte es auf und steckte damit die Leiche des Heydrich am linken Hosenbein an, sodass alsbald hohe Flammen in die Höhe schlugen. Hiernach ging er in das Nebenzimmer und beobachtete durch das verbindende Kamin das Feuer. Nachdem er schließlich noch den vergeblichen Versuch gemacht hatte, über die Schwelle des lichterloh brennenden und mit dichtem Rauch gefüllten Zimmers von Heydrich zum Schreibtisch zu gelangen, um diesen zu retten, begab er sich in das obere Stockwerk, von wo ihn die Feuerwehr auf einer Leiter heruntersteigen ließ.[139]

Der Verteidiger Helene Heydrichs plädierte auf Freispruch, der des Heinrich Vogt darauf, für seinen Mandanten nur die Frage nach Körperverletzung mit Todesfolge zu bejahen. Doch die Geschworenen entschieden anders. Nach dreiviertelstündiger Beratung verkündete deren Obmann den folgenden Spruch: „Der Angeklagte Vogt ist schuldig des vollendeten Mordes, der vollendeten Brandstiftung und der Beihilfe zum Gasmordversuch; die Angeklagte Heydrich ist schuldig der Anstiftung zum Mord, der Anstiftung zur Brandstiftung und des Gasmordversuchs."[140] Schon nach Bejahung der ersten Schuldfrage fiel Helene in Ohnmacht, während Wilhelm Vogt laut Berichterstattung des Darmstädter Tagblatts den Spruch gefasst aufnahm. Als der Oberstaatsanwalt den Antrag auf Todesstrafe gegen den Studenten stellte, schwanden Helene ein weiteres Mal die Sinne. Das folgende Urteil war für beide niederschmetternd: Wilhelm wurde zum Tode und zu zehn Jahren Zuchthaus verurteilt, Helene zum Tode und zu zwölf Jahren Zuchthaus. Außerdem wurden beiden Angeklagten wegen ihrer „ehrlosen Gesinnung" die bürgerlichen Ehrenrechte auf Lebenszeit aberkannt.[141]

Die Geliebte war also härter bestraft worden als der Mörder. Das verwundert zunächst, war aber rechtens. Selbst nach dem heutigen Strafrecht wird der Anstifter in gleichem Maße bestraft wie der Täter. Weil nun aber Helene zusätzlich noch den Gasanschlag verübt hatte, fiel ihre Zuchthausstrafe um zwei Jahre höher aus.

139 Anklageschrift der Staatsanwaltschaft bei Großh. Landgericht der Provinz Starkenburg, 6. November 1914, in: Gerichtsakten, Bd. 1.

140 Darmstädter Tagblatt, Samstag, 13. März 1915, HStAD.

141 Urteil in der Strafsache gegen Wilhelm Vogt und Helene Heydrich, Darmstadt, 12. März 1915, in: Gerichtsakten, Bd. 1; außerdem: Darmstädter Tagblatt, Samstag, 13. März 1915, HStAD.

Die Verhandlungen fanden unter Ausschluss der Öffentlichkeit statt. Dennoch nahm die Darmstädter Bevölkerung regen Anteil am Geschehen, da das *Darmstädter Tagblatt* in aller Ausführlichkeit darüber berichtete. Am Tag der Urteilsverkündung, einem Freitag, war sogar eine große Menschenmenge vor dem Gerichtsgebäude zusammengekommen, um den Ausgang des Prozesses zu erfahren. Die Anwälte beider Verurteilter legten Revision ein. Justizrat Hallwachs gab als Grund Verfahrensfehler an. So habe das Gericht beim Prozess die Vorschriften über die Öffentlichkeit des Verfahrens verletzt.[142] U.a. sei einzelnen Personen, wie z.B. den Vertretern der Presse und Juristen, das Verbleiben im Gerichtssaal gestattet worden. Die Revisionen wurden verworfen.

Helene war am Boden zerstört. All ihre Hoffnungen, jemals die Welt hinter Gittern verlassen zu können, schienen dahingeschmolzen wie der letzte Schnee in der Frühlingssonne. Sie würde ihren Sohn nicht mehr aufwachsen sehen, und es sollte niemals wieder eine Liebesnacht in den Armen eines jugendlichen Verehrers geben. Auf sie wartete der Tod! Bedenkt man, dass erst mit Gründung der Bundesrepublik und Einführung des Grundgesetzes im Jahr 1949 die Todesstrafe durch Artikel 102 abgeschafft wurde, dann wird deutlich, dass die junge Frau tatsächlich mit ihrem Ende durch das Fallbeil rechnen musste.[143] Was konnte sie noch tun? Um eine Begnadigung bitten? Oder sich mit dem Unausweichlichen abfinden? Einen Tag nach Ablehnung der Revision entschied sich Helene, ein letztes Mal ihr Leben selbst in die Hand zu nehmen.

142 Revisionsbegründung in der Strafsache Vogt/Heydrich, Justizrat O. Hallwachs, Darmstadt, 25. März 1915, in: Gerichtsakten, Bd. 1.

143 Die Todesstrafe ist in der Bundesrepublik Deutschland seit 1949 abgeschafft. Allerdings steht immer noch in Artikel 21 der Hessischen Verfassung, dass besonders schwere Verbrechen mit dem Tode bestraft werden können. In diesem Falle bricht aber Bundesrecht das Landesrecht, sodass auch für Hessen das Verbot der Todesstrafe gilt.

Es war die Nacht vom 5. auf den 6. Mai 1915.[144] Helene hatte sich wie gewohnt in ihrer Zelle zu Bett gelegt. Auch die zwei zu ihrer Sicherheit abgeordneten Mitgefangenen ruhten bereits. Das elektrische Licht brannte. Gegen zehn Uhr schaute die Gefangene Hahl noch einmal nach der jungen Frau. Doch die schien tief und fest zu schlafen. Kurz vor Mitternacht erwachte Besagte erneut und warf einen prüfenden Blick auf das Nachbarbett. Es war leer. Eilig wurde die Aufseherin herbeigeschellt, und diese rief sogleich die Nachtaufseher Bellmann und Trautmann. Es gab nur eine Möglichkeit, wo sich die Verurteilte aufhalten konnte: im Abort, der durch eine Tür mit der Zelle verbunden war. Was die Anwesenden dort sahen, war grausig: Helene hatte sich erhängt – am Fenster, in knieender Stellung. Als Strick hatte sie eine abgetrennte Einfasskordel ihres Hausrocks benutzt. Die Nachtaufseher Bellmann und Trautmann übernahmen die traurige Aufgabe, sie abzuschneiden. Beide versuchten noch, die junge Frau wiederzubeleben, doch sie hatten keinen Erfolg. Der sogleich hinzugezogene Verwalter konnte nur noch den Tod feststellen. Am nächsten Morgen, gegen 8.30 Uhr, fand in Gegenwart des Arztes und des Oberstaatsanwalts die Leichenschau statt. Außerdem wurde das Anatomische Institut in Gießen ersucht, die Leiche abzuholen. Offenbar sollte noch einmal die genaue Todesursache festgestellt werden.

Als man in der Zelle die letzten Habseligkeiten der Verstorbenen zusammensuchte, fiel ein Brief auf, der an Helenes Bruder, den Fabrikbesitzer Paul Schulze in Magdeburg, adressiert war. Beim Öffnen des Umschlags stellte sich heraus, dass er das Testament der Erhängten enthielt, ausgefertigt am 2. Mai 1915[145]. Hierin verfügte die junge Frau, dass ihr Körper verbrannt werden solle – eine für die damalige Zeit

144 Meldung über den Selbstmord Helene Heydrichs, Darmstadt, 5./6. Mai 1915, in: Gerichtsakten, Bd. 1.

145 Abschrift des Testaments der Helene Heydrich, Darmstadt, 2. Mai 1915, in: Gerichtsakten, Bd. 1.

noch weitgehend unübliche Art der Bestattung. Selbst auf dem zu Beginn des Ersten Weltkriegs angelegten Waldfriedhof in Darmstadt gab es erst seit 1914 ein Krematorium. Hätte man Helene dort zur letzten Ruhe gebettet, wäre sie in einem der ersten Urnengräber bestattet worden. Die alten Unterlagen des Friedhofs weisen allerdings keine Bestattung dieses Namens auf. Auch auf dem Alten Friedhof und auf dem in Eberstadt sucht man danach vergebens. Wahrscheinlich wurde die Asche der Verstorbenen nach Berlin überführt, wo man sie im Kreise ihrer Familie beigesetzt hat.

Die Vormundschaft über Sohn Hellmuth sollte der Bruder Paul Schulze übernehmen, ein weitgereister Mann, der durch eine Fabrik im Ausland zu Geld und Ehren gekommen war. Helene verfügte, dass Hellmuth die Schule bis zum Einjährigen besuchen solle und dann einen Beruf seiner Wahl ergreifen könne. Ganz treusorgende Mutter, machte sie sich auch Gedanken über das finanzielle Auskommen ihres Kindes. Die Verstorbene setzte Hellmuth zum Universalerben ein und bestimmte darüber hinaus, dass dem Jungen das Geldvermögen nicht vor seinem vollendeten 30. Lebensjahr auszuzahlen sei.

Kleidung und Wäsche vermachte die Verschiedene ihrer Schwester Anna, also der Mutter des Adelinchens. Und dann waren da noch all die Möbel, mit denen das Heim in der Kaiser-Wilhelm-Straße ausgestattet war. Damit sollte nach dem Willen Helenes kurzer Prozess gemacht werden. Sie ordnete an, alles zu verkaufen, bis auf ein vollständiges Zimmer, das für Hellmuth zurückzubehalten sei. Über den Verbleib des Hauses in der Villenkolonie verlor sie kein Wort. Ein Blick ins Darmstädter Adressbuch aus dem Jahre 1916 zeigt, dass dort unter dieser Adresse ein gewisser Friedrich Metzler, Generalleutnant a.D., eingetragen ist, und 1921 wiederum jener Herr Metzler, allerdings mit dem Zusatz: „Heydrich Wolfgang Erben“. Offenbar blieb also das Haus noch eine Zeitlang im Familienbesitz. Dass es nicht weiter von Sohn Hellmuth bewohnt wurde, ist sicher. Der wurde, wie neuere Recherchen ergaben, von Helenes

Schwester Anna Schweder in Berlin-Lichterfelde aufgezogen – laut Aussagen der heutigen Nachfahren wie ihr eigenes Kind.

Die ganze Tragik des Hinscheidens der Helene Heydrich offenbarte sich am 26. Mai 1915, also etwa drei Wochen nach ihrem Selbstmord. Denn just an diesem Tag wurde die gegen Wilhelm Vogt verhängte Todesstrafe gnadenweise in eine lebenslange Zuchthausstrafe umgewandelt.[146] Hätte Helene nur ein wenig Geduld und Zuversicht gehabt, dann wäre ihr der Tod in der selbst geknüpften Schlinge erspart geblieben.

Der bedächtigere, weniger impulsive Wilhelm hatte einen großen Teilerfolg erzielt und konnte sich fortan seiner Haut sicher sein. Am 31. Mai 1915 wurde er vormittags, gegen 10.30 Uhr, von Darmstadt aus in die Zellenstrafanstalt Butzbach gebracht, wo er seine Strafe absitzen sollte. Doch der junge Mann ruhte nicht; er wollte sein Leben in Freiheit genießen. Und so kam es, dass Rechtsanwalt Neuschäffer am 29. Juli 1916 die Wiederaufnahme des Verfahrens beantragte[147], und zwar mit der Begründung, dass Wilhelm Vogt zum Zeitpunkt der Tat geistig anormal, zumindest aber in seiner Zurechnungsfähigkeit gemindert oder beschränkt gewesen sei und dass für ihn höchstens der Tatbestand des Totschlags zutreffe. Als mildernde Umstände gab Neuschäffer an, dass Vogts Großmutter väterlicherseits unter religiösem Wahn gelitten habe, zwei Brüder des Vaters geisteskrank gewesen seien und der junge Mann selber in der Kindheit an epileptischen Anfällen gelitten habe. Außerdem könne es sich bei der Beihilfe zum Mord und bei der Brandstiftung höchstens um eine „fahrlässige Begehung“[148] gehandelt haben. Das Gesuch wurde korrekt gestellt, aber

146 Benachrichtigung über die gnadenweise in lebenslängliche Zuchthausstrafe umgewandelte Todesstrafe des Wilhelm Vogt, Darmstadt, den 26. Mai 1915, in: Gerichtsakten, Bd. 1.

147 Antrag auf Wiederaufnahme des rechtskräftig geschlossenen Verfahrens in der Strafsache gegen Wilhelm Vogt, Darmstadt, 29. Juli 1916, aaO.

148 Antrag auf Wiederaufnahme des rechtskräftig geschlossenen Verfahrens in der Strafsache gegen Wilhelm Vogt, Darmstadt, 29. Juli 1916, aaO.

am 26. Februar 1917 vom Großherzoglichen Ministerium der Justiz abschlägig behandelt.[149]

Doch Wilhelm Vogt sollte ein weiteres Mal vom Glück begünstigt werden. Er verbüßte seine Strafe nur bis zum 3. Mai 1919. Der Rest wurde ihm durch Reichsamnestie vom 3. Dezember 1918 bedingt erlassen, und zwar mit der Begründung, „dass Vogt die Erwartung rechtfertigt, dass er seine Freiheit demnächst nicht zur Begehung neuer Straftaten missbrauchen werde ...“[150] Die lebenslange Zuchthausstrafe war gegenstandslos geworden, und so konnte Wilhelm im Frühling des Jahres 1919 das Zuchthaus Butzbach als freier Mann verlassen – gerade einmal viereinhalb Jahre nach seinem Todesurteil!

Einen Makel gab es allerdings noch: die Aberkennung seiner bürgerlichen Ehrenrechte. Ohne sie konnte der junge Mann das Studium nicht wieder aufnehmen. Keine deutsche Universität erlaubte die Immatrikulation. Zwei Semester fehlten ihm noch zum Abschluss, aber wie sollte er das bewerkstelligen? Wilhelm wollte zunächst als Gasthörer an den Vorlesungen und Seminaren teilnehmen, doch selbst wenn er mit gutem Erfolg gearbeitet hätte, wäre er niemals zu einer Prüfung zugelassen worden. Also entschloss er sich, ein Gesuch zur Wiedererlangung seiner Ehrenrechte zu stellen, und zwar mit der Begründung, dass er als Akademiker nicht in einem handwerklichen Beruf arbeiten könne, dass er in Darmstadt aufgrund seiner Verurteilung keine Arbeitsstelle finden würde und ihm zwangsläufig nur das Studium bleibe. Im Sommer 1919 wurden Vogt die bürgerlichen Ehrenrechte erneut verliehen. Man argumentierte in der Befürwortung seines Antrags[151],

149 Großherzogliches Ministerium der Justiz: Abschlag des Gesuchs des Wilhelm Vogt zur Wiederaufnahme des Verfahrens, Darmstadt, 26. Februar 1917, aaO.

150 Bedingter Erlass der Freiheitsstrafe des Wilhelm Vogt, Hessische Staatsanwaltschaft Darmstadt, 14. Februar 1919, in: aaO.

151 Befürwortung zur Wiederverleihung der bürgerlichen Ehrenrechte des Wilhelm Vogt, Darmstadt, 26. August 1919, aaO.

dass jemandem, dem die Freiheit gewährt wurde, nun auch die Möglichkeit gegeben werden müsse, nach seiner Vorbildung und seinen Fähigkeiten entsprechend eine Existenz zu gründen.

Nach diesem Aktenstück verliert sich die Spur des jungen Mannes – bis zum 24. Juni 1933, als ein gewisser Dr. Vogt aus Gießen ein Gnadengesuch beim Hessischen Justizminister einreichte. Es handelte sich um Wilhelm, der offenbar mittlerweile den Lebensweg als approbierter Arzt eingeschlagen hatte und der um die Löschung seines Strafregistervermerks bat, also um die Tilgung des letzten kleinen Makels aus der Vergangenheit. Bereits 1931 hatte er schon einmal vergeblich versucht, dieses Relikt aus alten Zeiten ausmerzen zu lassen. Aber auch am 10. Juli 1933 wurde ihm dieses erneut verwehrt mit den Worten: „Die von dem Gesuchsteller begangenen Verbrechen, die schwersten, die das Strafrecht kennt, können auch durch eine Löschung des Strafregistervermerks niemals aus der Welt geschafft werden. Die Löschung des Vermerks ist im Übrigen im Interesse der deutschen Volksgemeinschaft und der Sicherheit des einzelnen Volksgenossen nicht zu verantworten.“[152]

Damit endet die Geschichte um einen jungen Mann, der sich von einer wesentlich älteren attraktiven Frau zu einer schweren Straftat hinreißen ließ und der dann in seinem weiteren Leben mehr Durchsetzungsvermögen an den Tag legte, als man es hätte vermuten können. Ein Mörder, der wieder in die bürgerliche Gesellschaft aufgenommen wurde und der seinen Weg ging – offenbar unbescholten und zielstrebig.

Die schöne Helene hätte ihr Leben ebenso meistern können, doch das Schicksal wollte es anders. Sie ist an der Tat zugrunde gegangen. Und vielleicht auch ein Stück weit ihr Sohn Hellmuth, der ohne Vater und Mutter aufwuchs. Neuere Recherchen haben ergeben, dass der junge Mann in späteren

---

152 Antwort auf das Gnadengesuch des Dr. Vogt aus Gießen, Frankfurter Straße 32, Darmstadt, 10. Juli 1933, aaO.

Jahren heiratete und Vater zweier Kinder wurde. Allerdings hat auch er sie nicht aufwachsen sehen, denn Hellmuth starb als Soldat im Zweiten Weltkrieg. Inwieweit Sohn und Tochter über das Geschehen in Darmstadt Bescheid wussten, ist nicht bekannt. Helene jedenfalls wurde fortan in der Familie „totgeschwiegen". Eines schönen Tages hat sich dann ihre Enkelin Bärbel auf den Weg gemacht, um im Hessischen Staatsarchiv in Darmstadt die Akte Heydrich einzusehen – zwei Kartons mit kiloschweren Akten, die einen Einblick in die Hintergründe der Tat und das Sittenleben der damaligen Zeit geben. Wie Bärbel Heydrich die Konfrontation mit dem Familiengeheimnis empfand, lässt sich nicht mehr ergründen, denn inzwischen ist auch sie verstorben – wiederum nicht friedlich in einem Bett, sondern bei einem Autounfall.

Das Einzige, was auch heute noch in Darmstadt an die Tat erinnert, ist das ehemalige Haus der Heydrichs in der Villenkolonie: ein architektonisch ansprechendes Gebäude aus der Zeit des Jugendstils, mit dicker Bruchsteinmauer und einem parkartigen Garten, das nichts von seinem ursprünglichen Charme verloren hat. Es war in den Fünfzigerjahren Wohnhaus des Generalmusikdirektors Fritz Mechlenburg und wird heute von einer Familie bewohnt, die bestrebt ist, den ursprünglichen Charakter zu erhalten. Nur der Straßenname hat sich geändert. Aus der altehrwürdigen Kaiser-Wilhelm-Straße wurde der bezaubernde „Elfengrund".

Blick auf die Häuser der mittleren Rheinstraße Nr. 10 und 12 in Darmstadt mit dem Café Ernst Ludwig (rechts) und dem Ständehaus. Die Aufnahme stammt aus der Zeit um 1890. Stadtarchiv Darmstadt, Da/B/1

Gaudeamus igitur?

Mord auf der Rheinstraße –
Wer war Alfred Weiser?

Es war eine kalte Novembernacht. Ein eisiger Nordwestwind fegte durch die Straßen und blies Regen- und Schneeschauer vor sich her, als in der mittleren Rheinstraße im Hotel Heß ein gewisser Herr Pabst in den warmen Pfühlen lag und schlief.[153] Ob er ein Geschäftsreisender war, ein einfacher Handelsvertreter oder vielleicht ein Besucher mit privatem Interesse, ist nicht bekannt. Verbrieft ist allerdings, dass besagter Schläfer kurz vor sechs Uhr jäh aus dem Schlaf gerissen wurde. Drei Pistolenschüsse, laute Stimmen auf der Straße und womöglich auch ein Schrei ließen ihn in die Höhe fahren, aus dem Bett hüpfen und ans Fenster eilen, von wo aus sich dem Betrachter ein unheimliches Bild darbot. Geradewegs gegenüber, in der Nähe des angesehenen Café Ernst Ludwig, wälzten sich zwei dunkle Gestalten auf der regennassen Straße, umringt von einigen Männern, die dem Geschehen tatenlos zusahen. Es war ein Kampf auf Leben und Tod.

Einen Tag später, am Donnerstag, dem 14. November 1912, wusste ganz Darmstadt, wie der nächtliche Zweikampf ausgegangen war. Das *Darmstädter Tagblatt* vermeldete auf seiner Titelseite: „Erstochen wurde gestern früh im Verlauf einer Schlägerei unter Studenten der Student Alfred Weiser

153 Darmstädter Zeitung, 5. März 1913. Zum Fall Weiser existieren nur noch wenige Unterlagen in Form von Zeitungsartikeln, Aufsätzen und Personenstands-Einträgen. Dank des Archivs in Czenstochau, des Deutschen Polen-Instituts in Darmstadt sowie des Darmstädter Gästeführers Udo Steinbeck konnten einige bisher nicht bekannte Details zum Bild über die Mordgeschichte hinzugefügt werden.

aus Czenstochau, der Student Allstädt aus Langensalza wurde schwer verletzt."[154]

Was war geschehen? Und vor allem: Wie konnte es dazu kommen? Das Studium der wenigen noch vorhandenen Unterlagen zu diesem Fall vermittelt einen Blick auf die Hintergründe der Tat.

An jenem unwirtlichen Novemberabend hatten sich der 20-jährige Student Alfred Weiser[155] und sein Freund Belajoff[156] aufgemacht, um ins Café Ernst Ludwig zu gehen, in eine Lokalität in der mittleren Rheinstraße, die im Erdgeschoss eines respektablen fünfgeschossigen Gründerzeithauses lag, direkt neben dem Ständehaus, und nur einige Schritte entfernt vom Louisenplatz.[157] Nachmittags konnte man dort bei Kaffee und Kuchen den vorbeieilenden Darmstädtern nachschauen und zuweilen auch den einen oder anderen Abgeordneten erblicken, der den im Ständehaus untergebrachten Hessischen Landtag verließ. Abends aber, wenn sich das muntere Treiben auf der Rheinstraße gelegt hatte, frönten die Besucher einer ganz besonderen Leidenschaft: Sie spielten Billard. In einem extra dazu eingerichteten Raum standen vier Tische paarweise nebeneinander. Sie waren mit Jugendstil-Mustern verziert und wurden durch tief hängende Lampen mit jeweils zwei flachen Glasschirmen erhellt. Für die Zuschauer standen an der Wand zierliche Holzstühle bereit. Ansonsten gab es kein Mobiliar. Nur dunkle, gemusterte Tapeten, die dem Raum den Hauch einer verruchten Spielerstätte verliehen.

Am 14. November, also einen Tag nach dem tragischen Unglücksfall, sollte in besagtem Café ein großes Billard-Turnier

---

154 Darmstädter Tagblatt, 14. November 1912, 1.

155 Alfred Weiser, geb. 25. Januar 1892 in Czenstochau; siehe Grabinschrift auf dem Jüdischen Friedhof in Darmstadt.

156 Der Name des Studenten wird im Darmstädter Tagblatt mit „Belajoff" angegeben. In anderen Texten spricht man auch von „Bolajeff" oder „Belajeff".

157 Heutige Bezeichnung: Luisenplatz.

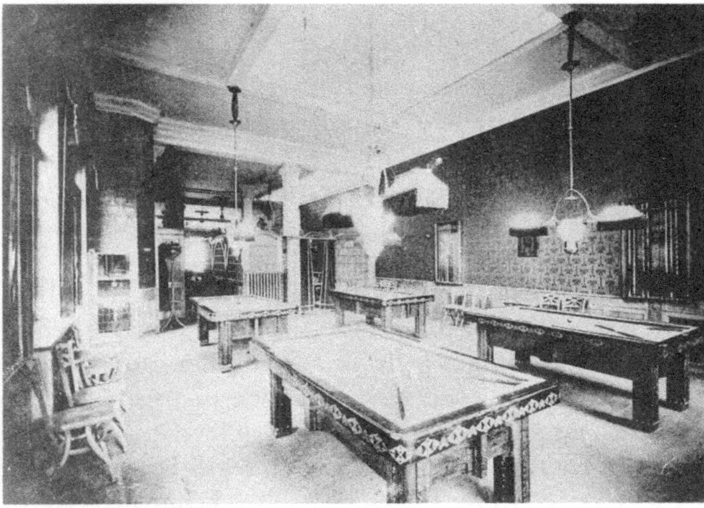

Innenansicht des Billardsaals im Café Ernst Ludwig, um 1905. Stadtarchiv Darmstadt Da/B/2.21.7

stattfinden, und zwar „zwischen dem bekannten Billardmeister L. Haubl und einem in Darmstadt wohlbekannten Amateur"[158], wie eine große Annonce des Tagblatts vom 13. November ankündigte. Auf acht Uhr war der Beginn des Turniers festgesetzt worden. Der Starspieler des Abends stand fest, doch wer war sein Herausforderer? Die Annonce hüllte sich darüber in Schweigen. Vielleicht hatte Alfred Weiser die Absicht, als Zuschauer an besagtem Abend dabei zu sein. Und es sei die verwegene Frage erlaubt: War am Ende gar er der ominöse Gegner? Immerhin kannte sich der Student beim Spiel mit Queue und Kugel aus. Doch genug der Spekulationen, bleiben wir bei den Fakten.

Zunächst zur Person des Ermordeten: Da keine bildlichen Darstellungen des Alfred Weiser vorliegen, kann seine äußere Erscheinung nur anhand der fragmentarischen Darstellungen in den vorliegenden Unterlagen rekonstruiert werden. Dem-

158 Darmstädter Tagblatt, 13. November 1912, 22.

nach war der am 25. Januar 1892 Geborene schmächtig, von „semitischem Äußeren“[159] und trug einen „Zwicker“ auf der Nase. Seit dem Wintersemester 1910/11[160] hatte der junge Mann in der Gutenbergstraße 27 und der Liebigstraße 79 gewohnt und war nun ins benachbarte Johannesviertel umgezogen, in die Irenestraße 12[161], also wiederum ganz in die Nähe der Technischen Hochschule, wo er Maschinenbau studierte.

Es war die Nacht von Dienstag auf Mittwoch, und Alfred Weiser lag nicht etwa daheim in seinem Bett, sondern genoss die Freuden des Nachtlebens, das heißt die Bewirtung im Café des Herrn Schmitz, wo er weit nach Mitternacht im Gastraum saß, sich mit seinem Kommilitonen Belajoff unterhielt und die neuesten Zeitungen durchblätterte. Zu seiner Sicherheit hatte Weiser einen Revolver eingesteckt. Ob er befürchtete, wegen seines Aussehens auf dem Heimweg überfallen zu werden? Weiser war Jude und stammte aus Czenstochau[162], einer Industriestadt im russisch besetzten ehemaligen Polen. Er war sich dessen bewusst, dass seine Herkunft nicht gerade bei allen deutschen Kommilitonen freundschaftliche Gefühle auslöste. In gewissen Kreisen herrschte sogar offen feindselige Stimmung gegen Studenten aus dem Ausland, noch dazu, wenn sie dem Judentum angehörten. Die Deutschen argwöhnten, dass man ihnen die Studienplätze wegnehme, und argumentierten, dass die Eingangsvoraussetzungen für ausländische Studierende geringer angesetzt seien als für einheimische Studenten.[163] In der Tat war der Ausländeranteil in Darmstadt der höchste

159 Jörg Becker, Ein Mord in Darmstadt. Wer war Alfred Weiser aus Częstochowa?, o.O. 1912, 4; vgl. auch: Israelitisches Familienblatt Nr. 11 vom 13. März 1913, 1.

160 Jörg Becker, aaO., 3.

161 AaO., 4.

162 Schreibweise auch: Tschenstochau.

163 Vgl.: Studentische Nachrichten, Hessische Hochschul-Zeitung, Sonder-Nummer der Darmstädter Ausgabe, 26. November 1912, III.

aller Technischen Hochschulen in Deutschland. Allein im Sommersemester 1912 kamen auf 1037 deutsche Studierende 347 Ausländer, davon 247 Russen.[164]

Doch warum bevorzugten die ausländischen Studierenden gerade Darmstadt? Weil an dieser Universität u.a. dank des fortschrittlich denkenden und handelnden letzten Großherzogs Ernst Ludwig (1868–1937) die neueste Technologie gelehrt wurde. Die große Anzahl der polnisch-russischen Studenten erklärt sich aus der Tatsache, dass der Vielvölkerstaat Russland seit 1887 Schulabgängern jüdischen Glaubens ein Universitätsstudium verweigerte[165], weshalb auch Alfred Weiser nichts anderes übrig blieb, als seine Heimat zu verlassen und fern von Zuhause sein Glück zu versuchen.

Der junge Mann war in jener unheilvollen Nacht aber nicht nur wegen der möglicherweise ausländerfeindlichen und religiösen Repressionen in Darmstadt in Gefahr. Es gab noch einen weiteren Grund, weshalb er sich vielleicht zu schützen versuchte: Weiser war Mitglied des „Polnischen akademischen Lesezimmers", einer Vereinigung, die bis 1902[166] unter Leitung von Stanislaw Wysocki, Ignacy Boerner und Alfons Kühn eine linke polnische Exilgruppe gewesen war und die gut zehn Jahre vor Weisers Zeit sozialistische Bücher nach Polen geschmuggelt und Geld für den polnischen Widerstand gesammelt hatte.[167]

---

164 Ebd.

165 Jörg Becker, aaO., 1.

166 Vgl. Dirk Becker, Die Alma mater nährte auch den Hass – Warum wurde 1912 in Darmstadt der Student Alfred Weiser erstochen? in: FAZ, 20. 1. 2001.

167 „Zur Zeit der Ermordung von Alfred Weiser gab es an der THD folgende politsch-russisch-jüdische studentische Vereine, Zirkel oder Lesezimmer: Polnisches akademisches Lesezimmer, Polnischer Studenten-Verein ‚Lechitia', Russische akademische Tolstoi-Lesehalle, Technisch-wirtschaftliche Vereinigung russischer Studenten, Kunstverein russischer Studenten, Russischer akademischer Architekten- und Ingenieur Verein, ‚Viadrina' im Kartell-Convent der Verbindungen deutscher Studenten jüdischen Glaubens und Akademischer Verein ‚Makkabaea'." (Jörg Becker, aaO.12).

Da offenbar sowohl die deutsche wie die russische Geheimpolizei ihre Spione unter den Mitgliedern der Lesezimmer hatte, erhebt sich auch die Frage, ob der später Ermordete gar ein Polizeispitzel gewesen sein könnte.[168]

Es gab also Gründe genug, warum Weiser die Schusswaffe bei sich trug. Ob er sie auch tatsächlich gebraucht hätte, sei dahingestellt. Offenbar gab der Revolver dem jungen Mann ein Gefühl von Sicherheit, das ihm an besagtem Abend notwendig erschien, als zwei Nachtschwärmer zu vorgerückter Stunde das Café betraten: der 23-jährige Architekturstudent Erich Allstädt[169] und ein Student namens Steinlein. Sie hatten bereits mit ihren Freunden Erich Bauer[170] und Erich sowie Friedebert Johannson einige Lokale aufgesucht, sich zwei Stunden in einer hiesigen Bar vergnügt und wollten nun offenbar die Nacht im Café Ernst Ludwig ausklingen lassen. Später folgten der Rest der Gruppe und der 31-jährige Ingenieurstudent Ewald Bahr aus Soldin.[171]

Die Stimmung im Gastraum war von Anfang an gereizt. Der angetrunkene Bahr schlug gleich beim Eintreten mit seinem Spazierstock auf die Tische und setzte sich provokativ auf verschiedene Plätze, wobei er auch bei Alfred Weiser Platz nahm. Der hatte auf den Stühlen neben seinem Tisch ca. 50 bis 60 Zeitungen gestapelt[172] und bot so ein für die fortgeschrittene Stunde ungewöhnliches Bild. Zu einem ersten unliebsamen Kontakt mit ihm kam es, als sich Steinlein über Weiser lustig machte und noch weitere Zeitungen holte, die er zu den übri-

168 AaO., 13.

169 Erich Allstädt, geb. 22. November 1889 in Langensalza, Thüringen, wohnhaft in Frankfurt-Heddernheim; Darmstädter Tagblatt, 5. März 1913.

170 Erich Bauer, geb. 9. August 1887 in Aerrinat (Russland) (mögl auch: Errinat); Darmstädter Tagblatt, 5. März 1913, Bauingenieurstudent an der THD seit 1906; vgl.: Jörg Becker, aaO., 9.

171 Ewald Bahr, geb. am 14. Juli 1881 in Soldin, Westpommern; Darmstädter Tagblatt, 5. März 1913.

172 Vgl. Darmstädter Tagblatt, 5. März 1913.

gen legte – eine Geste, die wohl als Provokation zu verstehen war. Doch Alfred Weiser reagierte nicht. Erst als Steinlein sich nochmals an ihn wandte, „entstand eine Schimpferei, bei der Weiser den Allstädt mit ‚Du' anredete, was sich dieser verbat. Weiser zeigte darauf einen Revolver, den er auf ihn und Steinlein anlegte"[173], und stieß die drohenden Worte aus: „Nehmt euch in Acht!"[174] Doch die Bedrohung nach Wildwest-Manier schien nicht den gewünschten Erfolg gehabt zu haben, denn nun warf Steinlein seinem Widersacher eine Handvoll Streichhölzer ins Gesicht und spuckte vor dessen Tisch aus. Eine Provokation, die er später damit entschuldigte, dass sich ein deutscher Student nicht von einem „Russen" in einem deutschen Lokal mit einer Schusswaffe bedrohen lasse. Aber auch Weiser hatte völlig überzogen gehandelt. Einen Revolver zu ziehen und auf wehrlose Menschen anzulegen entsprach nicht dem gängigen Bild, das man sich von zivilisierten Studenten machte.

Dennoch gab es zunächst keine weitere Eskalation. Vielleicht, weil Alfred Weiser anschließend den Raum verließ, um mit dem Studenten Belajoff im Nebenzimmer Billard zu spielen, mit Sicherheit aber auch deshalb, weil sich die übrige Gesellschaft inzwischen beruhigt zu haben schien. So hätte die Nacht ohne weitere Vorkommnisse friedlich zu Ende gehen können, wenn nicht der Student Steinlein auf eine weitere unglückselige Idee gekommen wäre. Er nahm einen Zettel zur Hand, schrieb etwas auf und begab sich ins Billardzimmer zu den Ausländern. Es war eine Aufforderung, das Lokal zu verlassen. Weiser und Belajoff zerrissen das Papier, zahlten bald darauf und gingen in die Novembernacht hinaus, nach Westen, der Neckarstraße zu.

Der schwer betrunkene Bahr war inzwischen auf Ersuchen des Wirtes ebenfalls in die kühle Abendluft hinaus expediert

173 Ebd.
174 Darmstädter Zeitung, 4. März 1913

worden und trat mit Unterstützung des Studenten Steinlein gegen halb sechs Uhr den Heimweg an. Erich Allstädt begleitete sie. Als die Gruppe in der Nähe des Monuments vom „Langen Ludwig" angelangt war, wurde ihnen von Erich Bauer etwas zugerufen, weshalb sie noch einmal umkehrten und sich zu ihrem Kumpanen gesellten. Dieser hatte in Höhe der Saalbaustraße die beiden „Russen" eingeholt und bemerkt, dass Alfred Weiser wiederum seinen Revolver in der Hand hielt. Eigentlich hatte man ihm bereits im Café die Schusswaffe abnehmen wollen. Doch jetzt schien es höchste Zeit, dem jungen Mann das gefährliche Ding aus den Händen zu reißen. Um zu verhindern, dass Weiser von der Waffe Gebrauch machte, sprang Allstädt hinzu, hielt ihn von hinten fest und würgte seinen Kontrahenten. Just in diesem Moment zog Weiser „den Revolver und feuerte über die Schulter weg einige Schüsse ab, die natürlich niemand verletzten"[175]. Er versuchte heftig, sich dem Zugriff zu entwinden, worauf beide das Gleichgewicht verloren und hinfielen. Mittlerweile schlug auch der junge Bauer mit seinem Spazierstock auf den Studenten ein. Aber der kämpfte verbissen weiter. In seiner Not rief Allstädt den betrunkenen Bahr zu Hilfe. Und dieser stürzte sich, der Gefahr nicht achtend, ebenfalls ins Getümmel. Nach den hastig ausgesprochenen Worten: „Willst du den Revolver hergeben?"[176], soll Bahr in einem Anfall von maßloser Wut sein Taschenmesser gezückt, es aufgeklappt und blindlings auf den schmächtigen Weiser eingestochen haben, worauf sich Allstädt und Bauer zurückzogen. Doch der aufgebrachte Bahr hieb weiter auf den am Boden Liegenden ein, bis sich dieser nicht mehr rührte. Er hatte ihm sechs Stiche in die Brust und weitere in die Arme und in den Kopf verpasst. „Letztere rissen ihm die ganze Gesichtshälfte auf."[177] Der Kampf war entschieden. Aber mit welchen Folgen?

175 Darmstädter Tagblatt, 14. November 1912.
176 Darmstädter Tagblatt, 5. März 1913.
177 Darmstädter Tagblatt, 14. November 1912.

Die Augenzeugen des nächtlichen Disputs befürchteten das Schlimmste. Bahr selbst soll die Rettungswache benachrichtigt haben, die umgehend ein Krankenauto schickte und das Opfer aufnahm. Doch ehe der Transport das Hospital erreichte, war der schwer Verwundete den Verletzungen erlegen. Sein Tod wurde im Städtischen Krankenhaus festgestellt.[178] Im Sektionsbefund des Sachverständigen Dr. Marcus stand später, dass der Körper des Alfred Weiser eine ganze Anzahl von Stichwunden aufgewiesen habe. „Unbedingt tödlich war ein Stich, der unter der dritten rechten Rippe hindurch die Lungenschlagader durchschnitt und den Herzbeutel verletzte. Der dadurch verursachte Blutverlust betrug ein Drittel der gesamten Blutmenge. Der Tod muss kurze Zeit nach der Verwundung eingetreten sein."[179] Das Taschenmesser wurde in der Nähe des Tatortes aufgefunden. Es war in geschlossenem Zustand 10 cm lang und wies zu beiden Seiten zwei ziemlich abgegriffene Hornplatten auf. Auch die Klinge zeigte deutliche Gebrauchsspuren. Sie war an der Spitze in einer Länge von 5 bis 6 mm frisch abgebrochen. Der fehlende Teil steckte, wie die *Darmstädter Zeitung* vom 15. November 1912 vermutete, wohl noch in einer der Wunden.

Ewald Bahr kam mit einer blutenden Verletzung am Finger davon, die er sich gleich in demselben Krankenauto verbinden ließ, in dem sein Kontrahent mit dem Tode rang. Nach dem Ableben Weisers soll er weinend zusammengebrochen sein. Student Allstädt hatte bei der Rauferei so gravierende Verletzungen erlitten, dass er zunächst nicht vernehmungsfähig war. Laut einer Meldung der *Darmstädter Zeitung* vom 13. November 1912 sollen es Schusswunden gewesen sein. Wie später beim Gerichtsprozess erwähnt wurde, hatte er Lähmungen an Arm und Hand davongetragen. Und wie ist es Steinlein ergangen? Dem Provokateur, durch dessen freche Spielchen die unglückselige Geschichte erst begann? Der scheint mit

178 Darmstädter Zeitung, 13. November 1912.
179 Darmstädter Tagblatt, 5. März 1913.

seinen Kumpanen in sicherer Entfernung um die Raufenden herumgestanden zu haben und unverletzt gewesen zu sein. Offenbar hatte er nicht den Mut gehabt, sein Leben für eine solch unsinnige Machtprobe aufs Spiel zu setzen. Der Tote wurde, da er nun schon im Krankenhaus angelangt war, bis zu seiner Beerdigung dort belassen.

Bemerkt sei an dieser Stelle, dass die Rekonstruktion der Tat aus vielen Einzelinformationen erfolgte, die zumeist auf Beschreibungen des Unglücks und Zeugenaussagen beruhen. Sie wurden vorwiegend dem *Darmstädter Tagblatt* und der *Darmstädter Zeitung* entnommen. Dabei ergaben sich zuweilen Ungereimtheiten, die mangels Unterlagen heute nicht mehr eindeutig zu klären sind.

Am Freitag, dem 15. November, also zwei Tage nach der Tat, verkündete eine Annonce im *Tagblatt*, dass der Trauerzug noch am selben Tag, gegen zwei Uhr nachmittags, vom Städtischen Krankenhaus in der Grafenstraße aus beginne. Auftraggeber waren die trauernden Eltern, Joseph und Dorothea Weiser, die von der Hiobsbotschaft im fernen Czenstochau überrascht wurden. Wie mag es ihnen ergangen sein, als sie vom Tod ihres einzigen Sohnes erfuhren? Darüber schweigen die Quellen. So viel aber ist sicher: Sie müssen sich umgehend auf den Weg nach Darmstadt gemacht haben, um die sterblichen Überreste ihres Kindes zu bestatten.

Alfred Weiser wurde am 25. Januar 1892 in Czenstochau geboren, in jener polnischen Barockstadt, die durch die „Schwarze Madonna“ weltberühmt wurde. Der Ort lag damals im russisch-polnischen Gouvernement Petrikan und galt als Befestigungs- und Garnisonsstadt an der Westgrenze Russlands mit dem Deutschen Reich. Ein Drittel der Einwohnerschaft bekannte sich zum jüdischen Glauben.[180] Alfred Weiser kam aus einer gutbürgerlichen Familie. Personenstandsakten des Archivs in Czenstochau besagen, dass der zum damaligen

180 Vgl. auch: Jörg Becker, aaO., 3.

Die Beerdigung des Herrn

Stud. Alfred Weiser

findet Freitag, den 15. d. M., nachmittags 2 Uhr, vom Städtischen Krankenhaus (Grafenstrasse) aus, statt. (23633

Darmstadt, den 15. Novbr. 1912.

Die trauernden Hinterbliebenen.

Traueranzeige für Alfred Weiser im Darmstädter Tagblatt vom 15. November 1912. HStAD

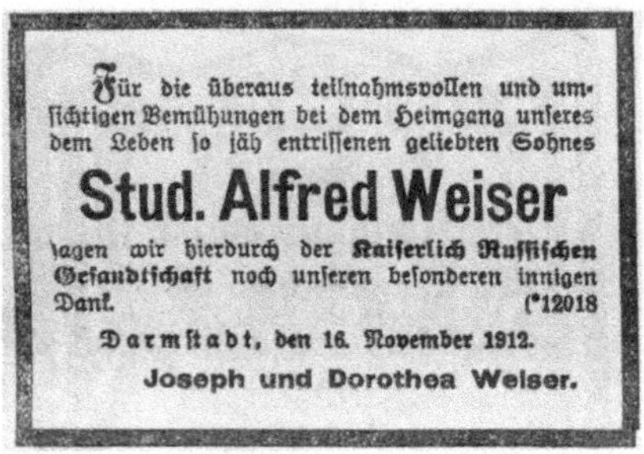

Für die überaus teilnahmsvollen und umsichtigen Bemühungen bei dem Heimgang unseres dem Leben so jäh entrissenen geliebten Sohnes

Stud. Alfred Weiser

sagen wir hierdurch der **Kaiserlich Russischen** Gesandtschaft noch unseren besonderen innigen Dank. (*12018

Darmstadt, den 16. November 1912.

Joseph und Dorothea Weiser.

Danksagung der Eltern für die Beweise der Anteilnahme am Tod Alfred Weisers im Darmstädter Tagblatt vom 18. November 1912. HStAD

Zeitpunkt 41-jährige Vater Józef Wajzer[181] als Angestellter oder Beamter tätig war. Die zwei Jahre jüngere Mutter Dorota Wajzer, geborene Poznańska, führte den Haushalt und kümmerte sich um ihre minderjährige Tochter Stanislawa. Ob die 13-Jährige ebenfalls zur Beerdigung nach Darmstadt reiste, ist nicht bekannt. In den Todesanzeigen im *Darmstädter Tagblatt* wurde sie nicht namentlich erwähnt. Die gesamte Familie war jüdischen Glaubens, wie bereits Alfred Weisers Großvater

181 Die Personenstandsdaten der Familie Weiser im Archiv von Czenstochau lauten folgendermaßen: Józef Wajzer, geb. am 11. November 1861 in Czenstochau, gest. 28. November 1922 in Czenstochau; Dorota Wajzer, geb. Poznańska, geb. 13. November 1863 in Czenstochau, gest. 18. Oktober 1924 in Czenstochau; Stanislawa Wajzer, geb. 4. Februar 1899 in Czenstochau.

Abram Icyk Wajzer und dessen Frau Roza, geborene Dzialoszyńska, und wohl auch die Großeltern mütterlicherseits, Markus Poznański und Etta Poznańska, geb. Keller.

Aufgrund seiner Religionszugehörigkeit war klar, dass Alfred Weiser auf dem Jüdischen Friedhof in Darmstadt beerdigt werden würde, jener Ruhestätte im Steinbergviertel zwischen Seekatz- und Martinstraße, die im Jahre 1680 angekauft wurde und dessen ältester Stein von 1714 stammt. Dass die Eltern Weisers den Leichnam nicht ins nahezu 1000 km entfernte Czenstochau überführen ließen, ist nachvollziehbar. Offenbar war der Transport zu weit und zu zeitintensiv. Der jüdische Glaube erlaubte nur eine Erdbestattung, und die Grablegung musste innerhalb von 24 Stunden, spätestens jedoch nach drei Tagen erfolgen. Am Sabbat durfte keine Bestattung durchgeführt werden. Da nützte es nichts, dass die Wurzeln des jungen Mannes in Czenstochau lagen, der Stadt im russisch besetzten Polen, in der es eine große jüdische Gemeinde gab, ein jüdisches Viertel, zwei stattliche Synagogen und einen idyllisch gelegenen Friedhof in der Złotastraße. Alfreds Eltern werden sich der Schwierigkeiten einer Bestattung in Polen bewusst gewesen sein und wählten den praktikablen Weg, auch wenn es ihnen schier das Herz zerreißen musste, den geliebten Sohn so weit entfernt in fremder Erde zu wissen.

Ob man sich im Städtischen Krankenhaus – nach alter jüdischer Sitte – mit einer Feder auf der Oberlippe von Weisers Tod überzeugte, bleibt im Dunkel der Vergangenheit. Ebenso, ob der Kopf, nachdem die Augen des Verblichenen zugedrückt waren, mit einem Tuch umwickelt wurde, damit der Mund geschlossen blieb. Und auch die Frage nach der in der jüdischen Tradition üblichen Totenwache bleibt unbeantwortet. Man wird die sterblichen Überreste des Studenten mit lauwarmem Wasser gewaschen und ihn in ein schlichtes naturfarbenes Sterbekleid gehüllt haben. Es handelt sich dabei um ein Gewand ohne Taschen, das auch die bekannte Redensart begründet, dass das letzte Hemd keine Taschen habe. Außerdem wird dem Toten in der Regel sein Gebetsmantel, der Tallit, beigegeben.

Da die Juden in Deutschland seit dem 18. Jahrhundert von der Beerdigung ihrer Glaubensgenossen in Leichentüchern abkamen, ist Alfred Weiser wohl in einen einfachen Holzsarg gebettet und zum Friedhof gebracht worden – zu jener Ruhestätte im Süden Darmstadts, die ein imposantes, fremdländisch anmutendes Portal kennzeichnet. Es wurde von Stadtbaumeister Friedrich Anton Louis im Jahre 1863 in ägyptisierendem Stil geplant und führt im Seitenbereich auf eine mit Gräbern flankierte Allee.

Das *Darmstädter Tagblatt* berichtete in seiner Ausgabe von Samstag, dem 16. November 1912, ausführlich über die Beerdigung. Demnach hatte sich tags zuvor eine überaus große Menschenmenge vor dem Israelitischen Friedhof versammelt. „In dem Trauerzuge, der vom Städtischen Krankenhaus ausging, sah man u.a. den Rektor der Technischen Hochschule, Professoren, zahlreiche nichtinkorporierte Studenten und Abordnungen wohl sämtlicher Verbindungen mit ihren Fahnen." Voran schritt die Kapelle eines Feldartillerie-Regiments. Weiter schreibt das *Tagblatt*: „In der überdachten Friedhofshalle vollzog sich die schlichte, aber ergreifende Feier, die von Herrn Rabbiner Dr. Italiener mit einer Ansprache eröffnet wurde. Versöhnlich waren seine Worte, in denen er der Trauer und der Teilnahme für die gebeugten, von ferne herbeigeeilten Eltern Ausdruck verlieh und hinsichtlich des Täters die Äußerung der unglücklichen Mutter des W. erwähnte, man müsse seinem Bruder verzeihen."[182]

Das war eine Geste der Nächstenliebe und Güte, die wohl niemand erwartet hätte. Aber auch der Fortgang der Ereignisse sollte zeigen, dass es sich bei diesem Todesfall um etwas ganz Besonderes handelte. Wie sonst ist es zu erklären, dass der Rektor der Hochschule, Professor Georg Wickop, persönlich

182 Darmstädter Tagblatt, 16. November 1912.

eine Kranzspende überbrachte und in seiner Ansprache vor der Trauergemeinde das Geschehene als eine Ausschreitung bezeichnete, die „dem ganzen Wesen und der Anschauungsweise der deutschen Studenten widerspreche ... Gerade die Hochschule vereinige in ihrer Hörerschaft eine Menge jugendlicher, heißblütiger Charaktere, so dass in einem Einzelfalle, durch eine unheilvolle Fügung, sich die schwere Verfehlung eines Unbesonnenen abspielen konnte, ohne dass sie aus prinzipiellen Gegensätzen erwachsen sei."[183] Auch der Student Düwel, Vorsitzender des Ausschusses der Studentenschaft, äußerte sich in ähnlicher Weise. Er argumentierte, dass die Handlungsweise zweier Einzelner nicht der Allgemeinheit, der Studentenschaft als solcher, zur Last zu legen sei. Und selbst das *Darmstädter Tagblatt* versuchte in seinem Artikel, die Tragweite des Vorfalls herunterzuspielen. Man schloss aus, dass die Tat zu irgendeiner Strömung in Beziehung stehe, und bekräftigte die Annahme, dass es lediglich eine Augenblickshandlung[184] gewesen sei.

Aber wozu dann die ganze Aufmerksamkeit für den Mordfall? Die große Beerdigung mit prominenten Vertretern der Öffentlichkeit? Die Kranzspenden nahezu aller Verbindungen und Korporationen und das Polizeiaufgebot vor dem Friedhof? Nach der Berichterstattung im *Darmstädter Tagblatt* schien alles lediglich auf eine überwältigende menschliche Anteilnahme am Tode eines Studenten hinausgelaufen zu sein. Aber das war nur die halbe Wahrheit. Die Hintergründe konnte man in den Studentischen Nachrichten der *Hessischen Hochschulzeitung* nachlesen. In der Ausgabe vom 26. November 1912 berichtete das Blatt, dass es bereits im Vorfeld der Beerdigung zu heftigen Streitereien gekommen sei, weil die russischen Studierenden in einer Versammlung beschlossen hatten, am Grabe Weisers „tendenziöse Reden" zu halten. Sie wollten offenbar einen Skandal provozieren, auf ihre missliche Lage als nur halbwegs

183 Ebd.
184 Ebd.

Eingangsgebäude zum Jüdischen Friedhof in Darmstadt.
Foto: Barbara Hauck

geduldete Studenten aufmerksam machen. Immerhin wurde ihnen vorgeworfen, sich die begehrten Studienplätze anzueignen und deutsche Technologie ins Ausland zu transportieren. Nur mit Mühe gelang es dem Rektorat, den geplanten Eklat zu verhindern. Um Einigkeit mit den deutschen Studenten vorzugaukeln, rief sogar am Morgen vor der Beerdigung „der Vorsitzende des Ausschusses der Studierenden eine Vertretersitzung der Korporationen und der Freien Studentenschaft zusammen und bat dringend, dass alle Korporationen vollzählig an der Beerdigung teilnehmen möchten."[185]

In der Tat kam es dann aber doch beinahe zu einem Eklat, als der offizielle Vertreter der akademischen russischen und

185 Studentische Nachrichten, Hessische Hochschul-Zeitung, Sonder-Nummer der Darmstädter Ausgabe, 26. November 1912

der polnischen Lesehalle, Alexander Korin, eine kurze Grabrede hielt, die mit den Worten endete: „Ruhe sanft, du Opfer sozialer Missstände und menschlicher Rohheit.“[186] Hierdurch fühlten sich einige deutsche Studierende provoziert. Und so bekundeten sie ihren Unmut nach Studentensitte, indem sie laut und vernehmlich mit den Füßen scharrten. Dabei war ihnen vonseiten des Rektorats jegliche Meinungsäußerung am Grabe verboten worden. Später versuchte man Schadensbegrenzung zu betreiben und behauptete, dass sich Korin auf russische Zustände bezogen habe. Und auch die deutsche Studentenschaft lenkte ein, indem sie sich am 20. November 1912 zu einer Resolution bekannte, die auf eine Entrüstung über die an Alfred Weiser begangene Tat hinauslief. Außerdem ließ man den geplanten Festkommers zum Geburtstag des Großherzogs als Zeichen der Trauer ausfallen.[187]

Der nationale Aspekt war ein Teil der Brisanz des Falles Weiser, ein anderer die religiöse Komponente. Sie wurde von Dr. Bruno Italiener in der Grabrede angesprochen, jedoch mit keinem Wort in der Tagespresse erwähnt. Lediglich die *Studentischen Nachrichten* vermeldeten: „Der Rabbiner führte das Ereignis auf Rassenhass und Glaubenshass zurück ...“[188], also auf antisemitische Tendenzen, die mindestens ebenso gravierend erschienen wie die nationale Komponente. Mit anderen Worten: Der Fall Weiser war weit mehr als nur eine unbedeutende Mordgeschichte. Er avancierte zum Politikum.

Kein Wunder also, dass sich viel Publikum zur Beerdigung an besagtem Freitagnachmittag einfand. Nur mit größter Mühe konnte in der Leichenhalle Platz für die Angehörigen und die offiziellen Vertreter geschaffen werden. Der anschließende Trauerzug führte zum westlich des Hauptweges gelegenen Grab und endete unter den Klängen von Beethovens Trauermarsch.

---

186 AaO., II.

187 Darmstädter Zeitung, 21. November 1912

188 Studentische Nachrichten, Hessische Hochschul-Zeitung, Sonder-Nummer der Darmstädter Ausgabe, 26. November 1912, I Titelblatt.

Am Tag der Beerdigung machte auch der russische Student Jakub Landau aus Warschau von sich reden, ein Freund Alfred Weisers. Der junge Mann wurde dabei erwischt, wie er beim Einkaufen aus einem Geschäft in der Rheinstraße zwei Krawatten entwendete. Wahrscheinlich wollte er der Trauerfeier beiwohnen und hatte nicht das genügende Kleingeld für eine anständige Garderobe. Auf der Polizeiwache gab Landau an, durch den Tod seines Kumpanen sehr erregt gewesen zu sein und sich an nichts mehr zu erinnern, weshalb man ihn auf seinen Geisteszustand untersuchen ließ. Das Ergebnis war wenig schmeichelhaft. Man bestätigte ihm, geistig etwas minderwertig zu sein, aber nicht in dem Maße, dass der strafausschließende Paragraph 51 zur Anwendung kam. Landau wurde zu einem Tag Gefängnis verurteilt und für vier Jahre aus dem Senat verwiesen.[189]

Im *Darmstädter Tagblatt* wurde in Traueranzeigen das tragische Hinscheiden Alfred Weisers beklagt. Sowohl seine Eltern, Joseph und Dorothea, wie auch der Ausschuss der Freien Studentenschaft gedachten seiner.

Ewald Bahr wurde direkt nach der Tat verhaftet. Im Prozess, der am 4. und 5. März 1913 im Schwurgerichtssaal des Landgerichts in Darmstadt stattfand, ging man zunächst auf das Vorleben des 31-Jährigen ein. Der junge Mann stammte aus Soldin in Westpommern. Er war vier Jahre in Stellung gewesen und seit 1909 an der Technischen Hochschule in Darmstadt immatrikuliert. Doch es haperte offenbar mit dem Abschluss. Einmal war Bahr schon vom Examen zurückgetreten, und nun machte ihm auch noch sein angereister Bruder am 12. November[190] schwere Vorwürfe wegen seines offenbar nutzlosen Aufenthalts in Darmstadt. Aus Kummer griff der in die Jahre gekommene, bereits wegen Sachbeschädigung und Bedrohung vorbestrafte Student zum Alkohol und betrank sich am folgen-

189 Darmstädter Zeitung, 21 Dezember 1912.
190 Darmstädter Tagblatt, 5. März 1913.

den Abend über Gebühr – mit dem Resultat, dass er all seine Hemmungen verlor und auf Alfred Weiser einstach.

Wie war die Tat juristisch zu beurteilen? Das mussten die Richter und Geschworenen klären. Zur Wahrheitsfindung wurden 16 Zeugen[191] und zwei sachverständige Ärzte vernommen. „Als erster führte Staatsanwalt Schreiber aus, dass der Getötete nicht als Opfer einer gegen Russen in Szene gesetzten Hetze oder seines jüdischen Glaubens gefallen ist.“[192] Dabei hielt er dem Angeklagten Bahr seine Trunkenheit zugute und plädierte auf Körperverletzung mit tödlichem Ausgang, andernfalls wäre es auf Mord hinausgelaufen.[193]

Bahrs Verteidiger, Rechtsanwalt Dr. Hoffmann, schilderte seinen Mandanten als friedlich, strebsam und rechtschaffen. Die unter dem enthemmenden Einfluss des Alkohols begangene Tat sah er als berechtigte Notwehr, eine Art Nothilfe an. „Nichts lag ihm ferner, als Weiser, den er gar nicht kannte, zu erstechen“[194], so Hoffmann. Er beantragte Freispruch und im Falle einer Bejahung der Schuldfrage mildernde Umstände bei fahrlässiger Tötung.

Auch Justizrat Hallwachs, der Verteidiger des Angeklagten Allstädt, wies alle Schuld seines Mandanten von sich. Er betonte die Streit schlichtende Funktion des Studenten. Rechtsanwalt Neuschäffer fand ebenfalls keinen Grund, den jungen Bauer zu beschuldigen. Zum Schluss beteuerten alle drei Angeklagten ihre Unschuld, und die Geschworenen zogen sich zur Beratung zurück. Das Urteil lautete wie folgt: Der Ingenieurstudent Ewald Bahr wurde zu einem Jahr und drei Monaten Haft verurteilt, abzüglich von drei Monaten und zwei Wochen Untersuchungshaft. Allstädt sollte drei Monate hinter Gitter und Bauer drei Wochen.[195]

---

191 Im Gegensatz zur Darmstädter Zeitung vom 4. März 1913 ist im Darmstädter Tagblatt vom 5. März 1913 von 24 Zeugen die Rede.
192 Darmstädter Zeitung, 5. März 1913.
193 Ebd.
194 Ebd.
195 Ebd.

Die Strafen waren verhältnismäßig milde ausgefallen – vor allem für Bahr, der immerhin ein Menschenleben ausgelöscht hatte. Das zahlreich erschienene Publikum im Schwurgerichtssaal und auf der Galerie wird sich seinen eigenen Reim auf den Ausgang der Geschichte gemacht haben. Es bestand mehrheitlich aus Frauen. Drei von ihnen wurden während des Prozesses ohnmächtig und mussten hinausgebracht werden. Ob ihre zarten Nerven das grausige Mordgeschehen nicht verkraftet hatten oder ihnen im überfüllten Saal die Luft knapp wurde, ist nicht bekannt.

Man fragt sich natürlich, wie der Fall unter anderen Prämissen ausgegangen wäre – wenn z.B. Weisers Freund Belajoff beim Prozess ausgesagt und die drei Angeklagten belastet hätte. Nur er konnte den wahren Sachverhalt im Café Ernst Ludwig aus der Sicht der Angegriffenen darstellen. Doch dazu kam es nicht, weil der junge Mann im Anschluss an die Tat nach Russland abreiste und offenbar auch nicht wieder zum Prozess erschien.

Die Befürworter der Unschuld Weisers mussten sich die Frage gefallen lassen, ob der Ermordete am Ende selbst schuld an seinem Unglück war. Denn hätte er keinen Revolver bei sich gehabt, wäre vermutlich gar nichts Schlimmes passiert.

Doch was nützte alles Spekulieren? Die Fakten lagen vor und mussten akzeptiert werden. Dabei fügten sie sich in eine überregionale Konfliktkonstellation. Denn auch in Marburg und Gießen kam es nach der Jahrhundertwende immer wieder zu Auseinandersetzungen zwischen betont nationalen Korporationen und Studenten der jüdischen und katholischen Verbindungen. Einig war man sich nur bei Demonstrationen gegen die drohende Konkurrenz der Frankfurter Universitätsgründung. Mit anderen Worten: Was sich in Darmstadt abgespielt hatte, entsprach dem Zeitgeist und passte in die damalige politisch-soziale Landschaft. Es erklärt zugleich die große Aufmerksamkeit, die man dem Fall Weiser beimaß. Darmstadt galt als Gradmesser und Spiegelbild dessen, was sich an Hessens

Universitäten abspielte. Und das war nicht nur „gaudeamus igitur“, sondern knallharte politisch bedingte Realität.

Das Grab des Alfred Weiser ist auch heute noch auf dem Jüdischen Friedhof in Darmstadt zu finden. Der schlichte Grabstein besteht aus einer dunklen polierten Granittafel, die im oberen Bereich durch ein Mäander-Muster verziert ist. Seitlich wird sie von säulenartigen, kannelierten Stehlen eingefasst und auf einer Seite von einem mächtigen Lebensbaum flankiert. Die Inschrift lässt den Besucher der Stätte noch einmal das Leid der Eltern nachempfinden. Sie ließen den folgenden Spruch für die Ewigkeit einmeißeln:

Dem Andenken
unseres einzigen
innigstgeliebten
und hoffnungsvollen
Sohnes u. Bruders
Alfred Weiser
aus Czenstochau
Stud. der techn. Hochschule
zu Darmstadt
geb. am 25. Januar 1892
dahingeschieden
am 13. November 1912
die trauernden unglücklichen
Eltern und Schwester.

Ob die Eltern wohl jemals wieder nach Darmstadt gekommen sind, um das Grab ihres Sohnes zu besuchen? Die Archivakten in Czenstochau besagen, dass Vater Joseph am 28. November 1922 das Zeitliche gesegnet hat. Er wurde nur 61 Jahre alt. Mutter Dorothea starb am 18. Oktober 1927, also im Alter von 64 Jahren. Die beiden haben also nicht mehr die schlimmste Zeit der Judenverfolgung miterlebt. Nur Schwester Stanislawa wird, sofern sie in Czenstochau geblieben ist, den Judenpo-

Grabstein des am 13. November 1912 ermordeten Studenten Alfred Weiser auf dem Jüdischen Friedhof in Darmstadt. Foto: Barbara Hauck

grom zur Zeit der deutschen Besatzung erfahren haben und wahrscheinlich in eines der Arbeits- oder Vernichtungslager gebracht worden sein – in einer Stadt, die als Durchgangsstation der Transporte nach Auschwitz bezeichnet wurde.

Welch eine Familiengeschichte! Welch ein Drama, das sich hinter den dürftigen Fakten auf dem schlichten Grabstein des Alfred Weiser verbirgt! Vielleicht hilft es, künftige Generationen von der Sinnlosigkeit solcher Verbrechen aus der Vergangenheit zu überzeugen.